TÜRKISCHE BIBLIOTHEK

TÜRKISCHE BIBLIOTHEK

Herausgegeben von Erika Glassen und Jens Peter Laut

Eine Initiative der Robert Bosch Stiftung

www.tuerkische-bibliothek.de

Kultgedichte
Kült Şiirleri

Herausgegeben von Erika Glassen und Turgay Fişekçi
Vorwort von Erika Glassen

Aus dem Türkischen von
Sabine Adatepe, Cornelius Bischoff,
Nevfel Cumart, Eric Czotscher, Helga Dağyeli-Bohne,
Yıldırım Dağyeli, Monika Demirel, Angelika Gillitz-Acar,
Erika Glassen, Angelika Hoch, Christoph K. Neumann,
Johannes Neuner, Yüksel Pazarkaya, Uta Schlegel,
Klaus-Detlev Wannig

Unionsverlag

Der Verlag dankt den Autorinnen und Autoren
der Gedichte bzw. ihren Rechtsnachfolgern
für die Überlassung der Abdruckgenehmigung.
Die Rechte an des Essays liegen für die deutsche Sprache beim
Unionsverlag, für alle anderen Sprachen bei den Autoren.

Im Internet
Mehr Informationen zu dem Band *Kultgedichte*
www.tuerkische-bibliothek.de

© by Unionsverlag 2008
Rieterstrasse 18, CH-8027 Zürich
Telefon 0041-44-283 20 00, Fax 0041-44-283 00 01
mail@unionsverlag.ch
Alle Rechte vorbehalten
Reihengestaltung: Doris Grüniger, Zürich
Umschlaggestaltung: Andreas Gähwiler, Zürich
Umschlagmotiv: Hüseyin Bahri Alptekin, »Heterotopia« (1992)
Druck und Bindung: Freiburger Graphische Betriebe
ISBN 978-3-293-10014-5

Inhalt

Vorwort 9

AHMET HAMDİ TANPINAR 24
Jedes Ding hat seinen Platz/Her şey yerli yerinde
Essay von Ataol Behramoğlu

AHMET OKTAY 30
Der welke Garten/Solgun bahçe
Essay von Tahsin Yücel

AHMET MUHİP DIRANAS 40
Schnee/Kar
Essay von Gülten Akın

MELİH CEVDET ANDAY 46
Die Nacht auf dem Bauernhof/Çiftlikteki gece
Essay von İlhan Berk

FAZIL HÜSNÜ DAĞLARCA 50
Schwer krank/Ağır hasta
Essay von Adnan Binyazar

SENNUR SEZER 58
Ärztlicher Rat/Hekim öğütleri
Essay von Vecihi Timuroğlu

YAHYA KEMAL BEYATLI 62
Horizonte/Ufuklar
Essay von Komet

TURGUT UYAR 70
Das Große Frieren/Çok Üşümek
Essay von Aydın Engin

BEHÇET NECATİGİL 76
Panik/Panik
Essay von Eray Canberk

ATAOL BEHRAMOĞLU 84
Wenn ich sterbe .../Ben ölürsem ...
Essay von Feridun Andaç

YUNUS EMRE 94
Wir scheiden nun aus dieser Welt/Biz dünyadan gider olduk
Essay von Yaşar Kemal

NECİP FAZIL KISAKÜREK 100
Selbstkasteiung der Seele (eine Sinfonie)/Çile (Senfoni)
Essay von Beşir Ayvazoğlu

İSMET ÖZEL 116
Nimm diesen qualvollen Zweifel von mir .../
İçimden şu zalim şüpheyi kaldır ...
Essay von Sefa Kaplan

BEHÇET NECATİGİL 124
Traverse/Travers
Essay von Doğan Hızlan

HİLMİ YAVUZ 132
dolch und abend/akşam ve hançer
Essay von Can Bahadir Yüce

AHMET HAŞİM 138
Der Baum/Ağaç
Essay von Selim İleri

BEJAN MATUR 142
Wissen über die Unendlichkeit/Sonsuzluk bilgisi
Essay von Banu Yıldıran Genç

KEMAL ÖZER 148
Wie eine Flamme/Bir alev gibi
Essay von Nihat Ateş

NEDİM 154
Lied/Şarkı
Essay von Ahmet Necdet

EDİP CANSEVER 162
Der Tennislehrer/Tenis öğretmeni
Essay von Demir Özlü

CAHİT KÜLEBİ 168
Lieder/Türküler
Essay von Turgay Fişekçi

BEDRİ RAHMİ EYÜBOĞLU 174
Vorwurf/Sitem
Essay von Hıfzı Topuz

ORHAN VELİ KANIK 180
Für Helene/Helene için
Essay von Lütfü Özkök

YAHYA KEMAL BEYATLI 184
Rückzug/Ric'at
Essay von Şavkar Altınel

KÜÇÜK İSKENDER 190
Trennung wegen nichts/Son dakika ayrılığı
Essay von Altay Öktem

CAN YÜCEL 198
Der explodierende Tanker/Patlayan tanker
Essay von Erdal Alova

OKTAY RİFAT 204
Das Telefon/Telefon
Essay von Cevat Çapan

SAİT FAİK ABASIYANIK 210
Die Freundin/Arkadaş
Essay von Adnan Özyalçıner

GÜLTEN AKIN 218
Ich schnitt meine schwarzen Haare ab/Kestim kara saçlarımı
Essay von Nurgül Ateş

ORHAN VELİ KANIK 224
Der Gast/Misafir
Essay von Yüksel Pazarkaya

CEMAL SÜREYA 230
Ich warf die Zigarette ins Meer/Cıgarayı attım denize
Essay von Öner Ciravoğlu

NÂZIM HİKMET 236
Das Gespenst am Mittelmeer/Akdeniz'de dolaşan hayalet
Essay von Gülriz Sururi

ECE AYHAN 244
Grabmal des Unbekannten Schülers/Meçhul öğrenci anıtı
Essay von Emine Sevgi Özdamar

NÂZIM HİKMET 250
Heute ist Sonntag/Bugün pazar
Essay von Sennur Sezer

AHMED ARİF 256
Dreiunddreißig Kugeln/Otuz üç kurşun
Essay von Refik Durbaş

A. KADİR 276
Blutige Gedichte/Kanlı şiirler
Essay von Kemal Özer

İLHAN BERK 286
Der Name des Leids/Acının adı
Essay von Leylâ Erbil

TURGUT UYAR 292
geografie des leids/acının coğrafyası
Essay von Semih Gümüş

EDİP CANSEVER 300
Tragödien III/Tragedyalar III
Essay von Melisa Gürpınar

ATTİLÂ İLHAN 316
Alte Filme/Eski sinemalar
Essay von Atilla Dorsay

REFİK DURBAŞ 322
Die Glocke/Kampana
Essay von Konur Ertop

TURGUT UYAR 336
Ich bin in der Straße des Glücks .../Meymenet Sokağı'na ...
Essay von Hatice Meryem

Die Herausgeber/Die Übersetzer 347

Zur Aussprache des Türkischen 349

Vorwort

Wenn man Glück hat, kann man sie heute noch erleben in der Türkei, gesellige Stunden in einem gastlichen Haus der älteren Generation, in dem – eher zufällig – ein Kreis von Freunden zusammentrifft, dazu stößt ein junger Saz-Spieler mit angenehmer Stimme. Einer beginnt zu rezitieren, um den Sänger herauszufordern, vielleicht Nâzım Hikmets Gedicht von der *Trauerweide* (*Salkımsöğüt*) oder Orhan Velis *Ich höre Istanbul, meine Augen geschlossen* (*İstanbul'u dinliyorum, gözlerim kapalı*). Andere stimmen ein. Später geht man über zu den İlahis, den Gebetshymnen von Yunus Emre, Tee wird gereicht. Solche Stunden waren mir in den Neunzigerjahren vergönnt in der legendären Istanbuler Wohnung der Architektin Mualla Eyüboğlu, die mit ihrem deutschen Mann, dem früheren Leiter des Istanbuler Goethe-Instituts, Robert Anhegger, noch im hohen Alter das kulturelle Erbe ihrer Heimat pflegte, ja lebte. Sie hatte in ihrer Jugend viele Dichter gekannt, die zum Kreis ihrer Brüder, des Kulturphilosophen und Übersetzers Sabahattin Eyüboğlu und des Malers und Poeten Bedri Rahmi Eyüboğlu, gehörten. Von Letzterem ist ein Gedicht in unserer Anthologie vertreten, und zwischen seinen Bildern fanden solche Geselligkeiten ihren Platz. Damals durfte ich als Islamhistorikerin Erfahrungen sammeln, die mein abstraktes Wissen verlebendigten und vertieften.

Die Poesie bildete im islamisch-orientalischen Kulturkreis immer das Zentrum des Geisteslebens. Gedichte waren im Osmanischen Reich und sind auch in der modernen Türkei Spiegel der gesellschaftlichen Verhältnisse und der inneren Haltung von Individuen, die sie schreiben und lesen. Es gibt keine philosophische Tradition bei den Türken, es sind jeweils die Gedichte einer Epoche, die ihr Denken und Fühlen zum Ausdruck bringen. Gedichte, die diese Funktion erfüllen und von vielen Menschen rezipiert werden, kann man getrost als Kultgedichte bezeichnen. So entstand die Idee, eine originelle Anthologie solcher Gedichte für die Türkische Bibliothek zusammenzustellen. Als Mitherausgeber konnten wir den Lyriker Turgay Fişekçi gewinnen, der in der literarischen Szene der Türkei zu Hause ist und die Kontakte knüpfte. Wir wollten erkunden, wie sich die geistige Situation der Türkei zu Beginn des 21. Jahrhunderts in Gedichten darstellt, und haben eine Reihe von bekannten türkischen Künstlern und Kritikern gebeten, für unsere Anthologie ein Gedicht zu nennen, das ihnen persönlich viel bedeutet und ihrer Meinung nach jeder kennen sollte, weil es unbestritten als ein Höhepunkt der türkischen Poesie gelten kann. In einem Essay sollten sie ihre Wahl begründen. Die meisten betonen, wie schwer es ihnen gefallen sei, auf das Ansinnen zu reagieren, aus der Fülle der ihnen vertrauten Gedichte nur eines auszuwählen.

Die vorliegende Sammlung von zweiundvierzig Gedichten ist also eine subjektive Auswahl und keinesfalls repräsentativ. Mit der Ausnahme von zwei Gedichten (Yunus Emre und Nedim) stammen alle aus der Zeit der Türkischen Republik nach dem Alphabetwechsel 1928. Vorausgegangen war in den Zwanzigerjahren eine rigorose Kulturrevolution, in der die Fäden zur traditionellen osmanisch-türkischen Lyrik konsequent durchschnitten wurden. An den beiden Gedichten aus der vormodernen Zeit lässt sich vielleicht am besten demonstrieren, was diese Kulturrevolution bedeutete. Yunus Emre, gestorben etwa 1321 – seine genauen Lebensdaten lassen sich nicht ermitteln –, gilt unbestritten als der erste große türkische Dichter Anatoliens. Er war ein religiöser Mensch, ein Mystiker, Freund Gottes, nach dessen Nähe er sich sehnt, auch wenn er, wie jeder Sterbliche, vor dem Tod Angst hat. Es ist sicher nicht zufällig, dass Yaşar Kemal, der uns in seinen Romanen die mythische Welt Anatoliens und die Menschen seiner engeren Heimat, der Çukurova, nahebringt, dieses Gedicht ausgewählt hat. Yunus benutzt ein einfaches, etwas altertümliches Türkisch und dichtet im volkstümlichen, silbenzählenden Versmaß. Er repräsentiert damit die türkische Volksliteratur, die über die Jahrhunderte lebendig geblieben ist, wenn sie auch meist mündlich überliefert wurde. Diese volkstümliche Dichtung bediente sich der einfachen türkischen Sprache, die die türkischen Nomadenstämme, die seit dem 11. Jahrhundert aus Zentralasien nach Anatolien eingewandert waren, mitgebracht hatten. Ganz anders das *Lied* des osmanischen Divan-Dichters Nedim (gestorben 1730), das uns der Literaturlehrer und Übersetzer Ahmet Necdet für unsere Anthologie beschert hat. Nedim wirkte am Hof der Osmanen, denen es nach bescheidenen Anfängen gelungen war, sich zu einer mächtigen Dynastie aufzuschwingen und nach der Eroberung Konstantinopels (1453), das dann zur osmanischen Hauptstadt Istanbul gekürt wurde, ein islamisches Imperium zu errichten. Die osmanisch-türkische Hofsprache entwickelte sich also relativ spät nach dem Arabischen und Persischen zur dritten islamischen Kultursprache im Vorderen Orient. Die gemeinsame islamische Religion hatte dazu geführt, dass das heilige Buch, der Koran, auch das äußere Gewand, nämlich die arabische Schrift, für die persische und die osmanisch-türkische Sprache lieferte. Für die vokalreiche türkische Sprache war dieses Alphabet besonders unangemessen, denn in den semitischen Sprachen, wie dem Arabischen, werden keine Vokale geschrieben. Durch politische Konstellationen bedingt, hatten die türkischen Muslime, die häufig in einer kulturellen Symbiose mit den Persern lebten, eine besondere Vorliebe für die persische Sprache und Literatur gezeigt. Bis zum Zusammenbruch des Osmanischen Reiches gehörte es zum Bildungskanon der türkischen Elite, Persisch zu lernen, um das berühmte mystische Lehrgedicht von Mevlânâ Celâleddîn Rûmî, der im 13. Jahrhundert am Seldschukenhof in Konya gelebt hatte, und andere persische Dichter im Original lesen zu können. Der Einfluss der persischen Literatur auf die Entwicklung der osmanisch-türkischen Literatur war dadurch beträchtlich. Man übernahm nicht nur viele arabische Lehnwörter, besonders aus dem religiösen Bereich, in der Form, wie die Perser sie adaptiert hatten, sondern auch grammatische Strukturen, poetische Gattungen und Formen, mythische Vorstellungen, Heldensagen und eine hermetische Bildersprache. So entfernte man sich immer weiter vom einfachen Türkisch, das volkstümliche Dichter wie Yunus Emre benutzt hatten. Nedims *Lied*, das aus der sogenannten Tulpenzeit (1718–1730), der letzten Blütezeit der osmanischen Divan-Lyrik, stammt, zeigt viele Merkmale dieser komplexen Hochsprache, besonders die beliebten persischen Wortbildungen und Strukturen (Ezafet). Ahmet Necdet hat deswegen nicht nur das Gedicht in der Urfassung aus der arabisch-osmanischen Schrift transkribiert, sondern auch eine moderne türkische Fassung geboten, weil sonst die türkischen Zeitgenossen das Gedicht nicht lesen könnten. Christoph K. Neumanns Nachdichtung wirkt des Reimes wegen üppig redundant, fängt aber sehr schön die Stimmung dieses heiteren Lieds ein.

Die osmanischen Literaten hatten also den Wortschatz von drei Sprachen (Arabisch, Persisch und Türkisch) zur Verfügung, und sie pressten ihre Gedichte, wie die Perser, in das arabische metrische System (Aruz), das nach Längen und Kürzen misst, was für die autochthonen türkischen Wörter, die nur kurze Vokale kennen, ungeeignet ist und sehr gekünstelte Effekte bewirkt.

So hatte sich die osmanisch-türkische Literatursprache zu einem komplizierten Instrument entwickelt, das nur von einer kleinen, gebildeten Schicht der Osmanlıs beherrscht wurde und im 19. Jahrhundert von den Reformern der Tanzîmât-Zeit als Hindernis für die kulturelle Kommunikation mit dem Westen empfunden wurde. Wie sollte man in einer solchen Sprache den Landsleuten die neuen Ideen nahebringen, die aus Europa importiert wurden?

Der bedeutendste der reformfreudigen Literaten der Tanzîmât-Zeit war Namık Kemal (1840–1888), der auch als einer der Ersten bislang unter den Osmanen unbekannte westliche Literaturgattungen wie den Roman und das Schauspiel einführte und diese benutzte, um seine Ideen publik zu machen und seine Vorstellungen von einer Vereinfachung der osmanischen Schriftsprache selbst zu praktizieren.

Auf Gedichte wollte man ebenfalls nicht verzichten. Sie waren trotz ihrer sprachlichen Extravaganz auch damals das beliebteste Medium der geselligen Kommunikation unter den Gebildeten. Aber die Reformer hatten eine Botschaft, sie konnten mit den alten, erstarrten Themen der osmanischen Divan-Poesie, wie Herrscherlob, Preis der höfischen Feste, mystische Religiosität, homoerotische Liebe, nichts mehr anfangen. Namık Kemal und seine Mitstreiter, die für die Einführung einer konstitutionellen Monarchie kämpften, wagten es, neue brisante Themen wie Vaterland und Freiheit in Gedichten zu behandeln. Sie taten das meist noch in den alten poetischen Formen, wie der Kaside (Ode) und dem Gasel (Liebesgedicht) und benutzten das überkommene metrische System des Aruz. Besonders berühmt wurde ein Gasel von Ziya Paşa (1825–1880), in dem er den sichtbaren Verfall der islamischen Welt dem prosperierenden christlichen Europa gegenüberstellte: »Ich bereiste die Länder des Unglaubens, sah Städte und prächtige Häuser/Ich durchwanderte das Reich des Islam und sah alles in Ruinen«.

Wie in vielen autobiografischen Schriften erwähnt wird, ließen fortschrittsliebende Eltern ihre Kinder Namık Kemals *Freiheitskaside* (*Hürriyet Kasidesi*) auswendig lernen wie den Koran; und in der düstersten Zeit des Despotismus von Sultan Abdülhamid II. (1876–1909) war das von der Zensur verbotene Gedicht *Nebel* (*Sis*) von Tevfik Fikret (1867–1915) in aller Munde. Es ist die Vision von der byzantinisch infizierten Stadt Istanbul, die als alte, abgetakelte Hure immer noch gefährlich attraktiv erscheint. Wir wissen, dass auch der junge Mustafa Kemal (Atatürk) im Ersten Weltkrieg dieses Gedicht rezitierte. Es war so verbreitet unter den Gebildeten, dass es eine Mentalität beförderte, die es später erleichterte, die »dekadente« Sultansmetropole am Bosporus zugunsten der neuen Hauptstadt Ankara im Herzen Anatoliens aufzugeben.

Das sind Beispiele für echte »Kultgedichte«, sie gehören heute der Geschichte an, zeigen uns aber, wie fruchtbar die gesellschaftliche Funktion der Lyrik sein konnte.

Die Bildungsbürger, die damals noch Wert darauf legten, Osmanlıs und nicht etwa Türken genannt zu werden, lernten seit der Tanzîmât-Zeit eifrig Französisch und rezipierten die zeitgenössische französische Lyrik, etwa den Symbolismus. Losungen, wie »L'art pour l'art« wurden unter den Literaten diskutiert, und die Dichtervereinigung Morgenröte der Zukunft (Fecr-i âtî) schrieb sich 1909 das Motto »Die Kunst ist persönlich und ehrwürdig« auf die Fahnen. Solche ästhetizistischen Bewegungen übten einen gewissen retardierenden Effekt aus auf die Bestrebungen, die osmanische Literatursprache zu vereinfachen. Denn die Poeten wurden sich plötzlich in einer Art nostalgischem Affekt des unendlichen Reichtums der komplexen osmanischen Sprache bewusst, den sie jenseits der festgefügten traditionellen Poetologie im freien Spiel nutzbar machen wollten. Doch das waren Intermezzi, die nur von Einzelnen ernst genommen wurden. Der Weg war vorgezeichnet, er musste zu einer Türkisierung der Hochsprache führen.

Diese Entwicklung wurde von den politischen Ereignissen begünstigt. Der Putsch der jungtürkischen Offiziere und die Einführung einer demokratischen Verfassung 1908 setzten der tyrannischen Herrschaft Abdülhamids ein Ende, die durch Zensur, Verbote und Verbannung von Autoren das literarische Leben gelähmt hatte. Zahlreiche Zeitschriften und Clubs boten nun den Literaten offene Diskussionsforen. Das nationale Unabhängigkeitsstreben der verschiedenen Völker, die noch unter dem Dach des Osmanischen Reiches versammelt waren, führte dazu, dass auch die türkischstämmigen Osmanlıs sich auf ihre zentralasiatischen Wurzeln und ihr »Türkentum« besannen. Erstmals geriet die türkische Volksliteratur wieder näher in den Blick, die man aus intellektueller Arroganz lange nicht beachtet hatte. Ein bahnbrechendes Werk über die frühen türkischen mystischen Dichter von

Fuad Köprülü, 1919 in Buchform erschienen, brachte den ganzen Reichtum der türkischen Derwisch- und Aşık-Dichtung ans Licht. Yunus Emre und andere volksnahe Dichter wurden nun auch zunehmend von den Literaten wahrgenommen, die bislang nur die Divan-Lyrik gelten ließen und alles rein Türkische als grob abgetan hatten. In literarischen Zeitschriften und Klubs begannen leidenschaftliche Diskussionen über die Sprachreform und das angemessene metrische System. Viele bekehrten sich zum »nationalen« silbenzählenden Metrum (Hece), doch andere hielten aus Überzeugung am traditionellen quantitierenden Aruz-Metrum fest. Der Fischersohn Mehmet Emin (1869–1944) verwandte die silbenzählende »nationale« Metrik und behandelte Themen aus dem Alltagsleben der kleinen Leute. Dem erwachenden Nationalgefühl der Türken verlieh er Ausdruck in dem Vers: *Ich bin Türke, meine Religion, meine Herkunft sind erhaben* (*Türküm, dinim, cinsim uludur*). Im populären türkischen Schattentheater, das in den Ramadannächten auch von den Gebildeten besucht wurde, nahm der volkstümliche Held Karagöz seinen gebildeten Freund Hacivat wegen seiner hochgestochenen, unverständlichen osmanischen Hochsprache allabendlich auf die Schippe. Man dachte nun auf allen Ebenen öffentlich über eine Sprachreform nach, in der statt der vielen arabischen und persischen Lehnwörter echt türkische Wörter zu ihrem Recht kommen sollten. Ohne diese kulturelle nationale Bewegung, die in Istanbul vor allem im Dunstkreis des literarischen Clubs Türkenherd (Türk ocağı) gedieh und von den Emigranten aus den türkischen Provinzen Russlands angefacht wurde, wäre wohl die Begeisterung der gebildeten Jugend für den nationalen Befreiungskampf unter Mustafa Kemal nach dem Zusammenbruch im Ersten Weltkrieg unmöglich gewesen.

Nach dem siegreichen Ausgang des Unabhängigkeitskampfes wurden die nötigen politischen Maßnahmen, die 1923 zur Ausrufung der Republik führten (Abschaffung des osmanischen Sultanats und Kalifats), dank der Willensstärke und des taktischen Geschicks des militärischen Führers Mustafa Kemal zügig durchgeführt, doch immer mit parlamentarischer Zustimmung der Großen Türkischen Nationalversammlung, die ihren Sitz schon in Ankara hatte, bevor diese kleine anatolische Provinzstadt in einem Handstreich zur Hauptstadt deklariert wurde. So erhielt das ehemals islamische Vielvölkerreich, das sich über drei Kontinente erstreckt hatte, den Gnadenstoß durch das Parlament, und auf dem Restterritorium Anatolien entstand ein Nationalstaat nach europäischem Muster. Diese einschneidenden historischen Ereignisse liefen, auch wenn sie durch die kritische intellektuelle Elite seit der Tanzîmât-Zeit ideologisch vorbereitet worden waren, atemberaubend schnell ab. Das geistige Zentrum Istanbul geriet bald in den Windschatten von Ankara, wo die Entscheidungen gefällt wurden. Das osmanische Erbe, das in vielen Monumenten in Istanbul präsent war, wurde vernachlässigt und verfiel, dafür wurde die neue Hauptstadt von europäischen Architekten geplant und aufgebaut.

Die von Ankara aus gesteuerte Kulturrevolution sorgte dafür, dass die gewachsenen Traditionen der Osmanen zugunsten der Übernahme der zeitgenössischen, westlichen Zivilisation aufgegeben wurden. Zu den Reformen gehörten die Gleichstellung der Frau, Übernahme westlicher Rechtskodices anstelle des religiösen Şeriat-Rechts, Vereinheitlichung des Bildungssystems usw. Obwohl in der ersten Verfassung der sunnitische Islam noch als Staatsreligion verzeichnet war, wurde die Säkularisierung vorangetrieben, und die religiösen Hochschulen (Medresen) und Derwischkonvente (Tekye) wurden geschlossen. Auch für die Entwicklung einer Nationalliteratur wurden die Weichen gestellt und Verfügungen erlassen, die keine freien Diskussionen mehr zuließen, sondern befolgt werden mussten. Die folgenreichste Reform für die Literaten war der Alphabetwechsel 1928: Das arabische Alphabet wurde abgeschafft und das Lateinalphabet (ohne q, w, x, aber mit einigen Zusatzzeichen) eingeführt. Das sollte die Kommunikation mit dem Westen fördern, aber vor allem die Analphabetenquote senken. Mustafa Kemal (Atatürk) trat selbst öffentlich als Lehrer auf. Mit dem neuen türkischen Lateinalphabet ließen sich die türkischen Wörter adäquater schreiben, während die vielen komplexen Lehnwörter aus den islamischen Sprachen so schnell wie möglich ausgemerzt werden mussten. So wurde die Sprachreform von Staats wegen in Schüben rasant vorangetrieben, und ad hoc wurden viele künstliche türkische Wörter erfunden, die bald wieder vergessen wurden. Der oben beschriebene Prozess, der aus der einfachen Sprache der türkischen Nomadenstämme eine raffinierte islamische Literatursprache geformt hatte, sollte im Eilverfahren rückgängig gemacht werden. Die osmanische Divan-Lyrik wurde von eifrigen Ideologen als sprachlich und formal volksfern und thematisch inhuman denunziert, die Alphabetreform bewahrte also gewissermaßen die junge Generation davor, sich mit diesem Monstrum zu befassen. Die offizielle türkische Kulturpolitik der frühen Republikjahre suchte nach der autochthonen historischen Tradition der Türken in Zentralasien oder in der fernen anatolischen Vergangenheit bei den Hethitern. Die Geschichte der Osmanen dagegen wurde verdrängt. Die staatlich geförderte Sprach- und Geschichtswissenschaft, für die besondere Gremien gebildet wurden, zeigte zeitweise groteske Auswüchse.

Die Literaten gerieten dadurch in eine zwiespältige Situation. Viele von ihnen hatten noch die repressiven Herrschaftsjahre Abdülhamids in Erinnerung, als der Begriff »Vaterland« (Vatan) verpönt war und literarische Aktivitäten fast ganz unterbunden waren; in der freien aufgeschlossenen Atmosphäre der Zweiten Verfassungsperiode seit 1908 hatten sie dagegen durch ideologische Diskussionen zu einem türkischen nationalen Bewusstsein gefunden, das allerdings schon bald nach der Niederlage im Ersten Weltkrieg auf eine harte Probe gestellt wurde, als die nicht türkischen Minderheiten mit den alliierten Besatzungstruppen in Istanbul kollaborierten. Diese demütigende Erfahrung beflügelte ihren nationalen Enthusiasmus, mit dem sie den Unabhängigkeitskrieg unter Führung Mustafa Kemals unterstützten, und sie erhofften von Ankara die Erfüllung ihrer Sehnsucht nach dem legendären

Heimatland der Türken »Turan«, das sie in der Jungtürkenzeit in utopischen Gedichten und Romanen beschrieben hatten. Aber nun sahen sie sich plötzlich einem autoritären Staat gegenüber, der Reformen, die sie ja im Grunde bejahten, mit totalitären Mitteln durchsetzte. Die Maßnahmen gegen religiöse und separatistische Gegner der Republik (wie im Aufstand des kurdischen Nakşibandi-Scheichs Sait 1925) richteten sich bald gegen alle kritischen Geister. Denn das Gesetz zur Aufrechterhaltung von Ruhe und Ordnung (Takrir-i Sükûn), das vom März 1925 bis zum März 1929 in Kraft war, und die abschreckende Wirkung der willkürlichen Unabhängigkeitsgerichtshöfe schränkten die Pressefreiheit ein und ließen eine gedrückte Stimmung aufkommen, die bei den Istanbuler Literaten zu einer oppositionellen Haltung gegenüber dem Ankaraner System führte. Andere Vorkommnisse, wie das Verbot einer zweiten Partei, die kurzfristig neben der Regierungspartei CHP gegründet worden war, um ein demokratisches Mehrparteiensystem zu etablieren, ein Attentatsversuch gegen den Republikgründer und die Verurteilung beziehungsweise Verbannung einer Reihe seiner früheren prominenten Anhänger, wirkten frustrierend. Wenn auch die Verehrung, die Mustafa Kemal Atatürk selbst entgegengebracht wurde, nicht wirklich geschmälert wurde, so dämpften doch übereifrige Parteifunktionäre die nationale Begeisterung der kreativen Intellektuellen. Der türkische Nationalismus beziehungsweise Pantürkismus (Vereinigung aller Turkvölker), der in der Jungtürkenzeit vor dem endgültigen Zusammenbruch des osmanischen Vielvölkerstaats noch heftig diskutiert worden war, schien nach der Verwirklichung eines ethnisch nahezu homogenen türkischen Nationalstaats nur noch die Gemüter von Extremisten zu erregen. Es wurden zwar immer wieder Gedichte mit nationalem Pathos und Atatürk-Panegyrik produziert, aber sie waren kaum von literarischem Wert. Atatürks Tod 1938 wurde aber von allen Schichten der Bevölkerung ehrlich betrauert.

Man muss sich diese politische Entwicklung der frühen Republikjahre vor Augen halten, um die Stimmung unter den Literaten zu verstehen. Anscheinend hat sich damals ein Spannungsverhältnis zwischen dem Staat und der geistigen Elite aufgebaut, das das gegenseitige Vertrauen auf Dauer störte und sich in krankhafter Form über alle folgenden Regierungen und Militärputsche fortzeugte. Es wurde eine Reihe von Tabus errichtet, die im geistigen Leben verkrampfend wirkten. Es ist eigentlich bis heute unmöglich für türkische Intellektuelle, ein kritisches Geschichtsbewusstsein zu entwickeln, denn sie stoßen bald auf Denkverbote und laufen Gefahr, als »Milli hain – Vaterlandsverräter« gegeißelt zu werden. So lebten die Dichter, die sich der offiziellen kemalistischen Ideologie nicht anpassten, gefährlich. Als der große Revolutionär der türkischen Lyrik, Nâzım Hikmet, der in Moskau studiert hatte, 1929 nach Istanbul zurückkehrte, brachte er nicht nur kommunistische Ideen mit, sondern auch die freien Rhythmen, die sich für den revolutionären Aufschrei gut eigneten. Er hatte großen Publikumserfolg mit seinen Lesungen, und die Schallplattenfirma His Master's Voice produzierte bald eine Schallplatte mit den Rezitationen seiner Gedichte. Er saß ab 1938 in anatolischen Gefängnissen, bis er 1950 begnadigt wurde und in die Sowjetunion emigrierte. Viele seiner Anhänger traf ein ähnliches Schicksal, und seine Werke waren lange verboten. Die Kommunistenfurcht in der Türkei trieb damals seltsame Blüten. Doch Nâzıms Einfluss auf die politische, sozialkritische Lyrik der Türkei dauert bis heute an.

Die Dichtervereinigung Garip (Fremdartig) lag eher auf Regierungskurs. In ihrem Manifest von 1941 proklamierten Orhan Veli, Oktay Rifat und Melih Cevdet Anday ihre radikale Ablehnung der Divan-Poesie und die Schaffung einer volksnahen Lyrik ohne jede dichterische Pose in der Alltagssprache, die auch die kleinen Leute verstanden. Der einfache, witzige, volkstümliche Ton dieser jungen Dichter machte bald Schule, ja wurde Mode. Es gab dann eine Gegenreaktion von Dichtern der folgenden Generation, die die Garip-Gedichte als banal und sprachlich fad empfanden. Sie wurden in Abgrenzung zu den »Ersten Neuen« (Garip) die »Zweiten Neuen« (İkinci Yeni) genannt. Ihre Hauptvertreter waren Edip Cansever, Turgut Uyar und Cemal Süreya. Sie hatten die europäische Nonsense-Dichtung gelesen, flüchteten sich ins Esoterische und Irreale und schufen lustvoll eine neue Bilder- und Chiffrenwelt, die nur schwer zu entschlüsseln ist. Aber man warf ihnen wohl zu Unrecht vor, sich vor der sozialen Problematik zu verschließen. Alle drei Tendenzen und reizvolle Mischformen ihrer Elemente finden bis in die Gegenwart Anhänger, dazu kommen Außenseiter, die ihren eigenen Stil kultiviert haben. Auffällig ist, dass weder die berühmten Gedichte Nâzım Hikmets noch die der Gruppen Garip und İkinci Yeni in unserer Anthologie auftauchen, obwohl die Protagonisten alle vertreten sind, aber nur mit weniger bekannten Gedichten. Seit den Achtzigerjahren scheinen solche Dichtervereinigungen seltener geworden zu sein. Der Individualismus hat sich durchgesetzt, wovon auch unsere Sammlung zeugt.

Wenn Gedichte, die in einer bestimmten Epoche geliebt und gelesen werden, wie wir vermuten, etwas über das Lebensgefühl der Menschen dieser Zeit aussagen, was erfahren wir dann in unserer Anthologie über die Türkei zu Anfang des 21. Jahrhunderts? Zwar sind weder die Befragten repräsentativ für die türkische Gesellschaft noch die ausgewählten Gedichte für die türkische Poesie, aber es lassen sich doch einige Beobachtungen anstellen, die uns aussagekräftig erscheinen. Da sich die Anordnung der zweiundvierzig Gedichte nach literarischen Strömungen oder Generationen wegen der geringen Anzahl und der demonstrativ subjektiven Auswahl nicht anbietet, muss man sich den einzelnen Gedichten wie Individuen nähern und Affinitäten zwischen ihnen aufspüren, die sich in wechselseitigen Spiegelungen und kontrastreichen Spannungsverhältnissen zeigen. Vielleicht kann man durch eine kompatible, konfigurierende Zusammenstellung eine atmosphärische Verdichtung erreichen, die eine gemeinsame Geisteshaltung und Stimmungslage verrät. Das haben wir versucht, doch wir müssen es dem Leser überlassen, ob er unserer Spur folgen kann. Mit den

Worten der Dichter versuche ich meine Beobachtungen zu paraphrasieren:

Eine Grundstimmung der Melancholie, der Schwermut, der Traurigkeit und des Leids beherrscht das Buch, der sich wohl kaum jemand entziehen kann, wenn er sich auf die Gedichte einlässt. Im Einklang mit der Natur erfährt der einzelne Mensch die absolute Stille und magische Einsamkeit der Welt. Im magischen Schlaf der Dinge verbirgt sich die Erinnerung an unsere Vergangenheit und der Traum unseres Lebens. Das Ich verkriecht sich im Wurzelwerk des welken Gartens, um auf den Frühling zu warten, der neues Leben verheißt. Doch immer wieder verdeckt der Schnee alle Wege. Der Mensch erfährt die Zeit nur als Augenblick, in dem Vergangenheit, Gegenwart und Zukunft verschwimmen als schweigende Zeit, von der Hecke des Leids umgeben. Der Horizont unserer gefolterten Seele öffnet sich nicht ins Transzendente, ohne Freunde leidet sie im Diesseits an Einsamkeit. Nicht nur die Saat in der Tiefe der Erde schauert von Frost gequält, auch den Menschen ergreift das große Frieren allüberall, und in der Mittagshitze der Großstädte treibt Pan, als Migrant von den einsamen Weiden, nun sein Unwesen, zerstört die Werte und Segnungen der Zivilisation. Die Beziehung zur erdverbundenen Mutter schafft auch nur vorübergehend Geborgenheit, denn bald wird sie uns der Tod entreißen. Der moderne Mensch glaubt nicht wie der fromme Mystiker, dass er in der vorbestimmten Todesstunde dem geliebten Freund begegnen wird. Das Ich ist zu dominant, um sich aufzugeben, in rebellischem Aufbegehren will es den Jüngsten Tag heraufbeschwören, mit Selbstkasteiung alle Ketten sprengen und als großer Künstler die Schöpfungskraft für sich selbst gewinnen. Oder es wird von Selbstzweifeln und Reue gequält, schreit nach Gott, ihm zu vergeben. Er ist zerknirscht und trauriger als alle Wesen, die in der Chronik der Schwermut verzeichnet sind.

Das lyrische Ich trägt viele Masken. Um etwas über seine Kindheit zu erfahren, muss es sich über vergilbte und zerfledderte Bücher beugen, und später droht ihm das Schicksal, rostig, zerdrückt und verschrottet als Mumie in pompösen Museen ausgestellt zu werden. Doch es vermag auch, sich in die Unendlichkeit des Sternenhimmels emporzuschwingen, als reine Seele zur Liebe und Poesie erkoren. Die Liebe zum irdischen Du ist meist fragil und verletzlich, wie eine kleine zitternde Flamme, man kann sie nur im Traum erleben, im Wachsein ist sie verboten. Vorwurf liegt im Blick der Geliebten, oder aber der Dichter fürchtet, sich zu verlieren, und widersteht im letzten Augenblick der lockenden Verführerin. Verzweifelt bleibt er zurück, wenn sie ihn ohne Grund verlässt. Aber selbstbewusst kann er seiner Geliebten durch ein Gedicht zur Unsterblichkeit verhelfen. Harmlose Heiterkeit und Lebensfreude, wie sie das Lied aus der Tulpenzeit besingt, spiegelt sich nur im koketten Pingpongspiel der Tennispartner, wobei der witzige Refrain doch die Monotonie verrät.

Nicht immer bleibt das lyrische Ich im eigenen Seelenraum befangen. Es öffnet sich weit in die Gesellschaft, bezieht ungewöhnliche Metaphern aus einer aktuellen Situation, wie dem explodierenden Tanker oder einem Telefon. So kann die Liebe eines vom Leid bedrohten Ehepaars weltweite Solidarität erwecken. Die individuelle Melancholie droht durch Mikroben die Menschheit zu infizieren, sie wird zum kollektiven Leid, das durch das Unrecht der Herrschenden verursacht wird. Die Sehnsucht nach einer utopischen, gerechten Gesellschaft verbindet sich mit dem Bild einer geliebten Freundin, mit der man ein einfaches, harmonisches Leben teilen kann. Aber muss eine eitle Frau sich von ihren schwarzen Haaren trennen, um frei und selbstbestimmt leben zu können?

Das Leben spielt sich in Tragödien ab, der Mensch wird von Ängsten verfolgt, flüchtet vor Gefahren, die überall lauern. Alles geschieht im Namen des Leids, in allen Regionen zieht es blutige Spuren, Gespenster der Ermordeten gehen um. Einen Ausweg scheint es nicht zu geben außer der Flucht in die Illusion der Kinowelt, in die Schwermut der Arabeskenschnulzen und den Traum von der Straße des Glücks.

Das Lebensgefühl der Türken zu Anfang des 21. Jahrhunderts wird von der Melancholie (Hüzün) bestimmt, unsere Anthologie bestätigt das. Hilmi Yavuz, der seine gesammelten Gedichte unter dem Titel *Was uns am besten steht, ist die Melancholie* veröffentlicht hat, bringt es in seinem Gedicht *dolch und abend* auf die poetische Formel: »der mensch lebt, ich weiss, nur aus traurigkeit«.

Erika Glassen

AHMET HAMDİ TANPINAR

Her şey yerli yerinde

Her şey yerli yerinde; havuz başında servi
Bir dolap gıcırdıyor uzaklarda durmadan,
Eşya aksetmiş gibi tılsımlı bir uykudan,
Sarmaşıklar ve böcek sesleri sarmış evi.

Her şey yerli yerinde; masa, sürahi, bardak,
Serpilen aydınlıkta dalların arasından
Büyülenmiş bir ceylân gibi bakıyor zaman
Sessizlik dökülüyor bir yerde yaprak yaprak.

Biliyorum gölgede senin uyuduğunu –
Bir deniz mağarası kadar kuytu ve serin
Hazların âleminde yumulmuş kirpiklerin
Yüzünde bir tebessüm bu ağır öğle sonu.

Belki rüyâlarındır bu tâze açmış güller,
Bu yumuşak aydınlık dalların tepesinde,
Bitmeyen aşk türküsü kumruların sesinde,
Rüyâsı ömrümüzün çünkü eşyaya siner.

Her şey yerli yerinde bir dolap uzaklarda
Azapta bir ruh gibi gıcırdıyor durmadan,
Bir şeyler hatırlıyor belki maceramızdan
Kuru güz yaprakları uçuşuyor rüzgârda.

Jedes Ding hat seinen Platz

Jedes Ding hat seinen Platz, am Teich die Zypresse,
Ein Schöpfrad knarrt eintönig in der Ferne
Wie aus magischem Schlaf die Dinge widerhallen.
Efeuranken, Käfersurren umkreisen das Haus.

Jedes Ding hat seinen Platz: der Tisch, die Karaffe, das Glas.
Im schimmernden Licht zwischen den Zweigen
Äugt die Zeit hervor – eine verzauberte Gazelle.
Die Stille fällt lautlos zu Boden, Blatt für Blatt.

Ich weiß, du schlummerst im Schatten,
Wie in einer Meeresgrotte verborgen und kühl,
Die Wimpern niedergesunken über einer Welt voller Wonnen,
Auf deinem Gesicht ein Lächeln an diesem trägen Nachmittag.

Vielleicht sind die frisch erblühten Rosen deine Träume,
Diese sanfte Helligkeit an den Spitzen der Zweige,
Das immerwährende Liebeslied im Gurren der Tauben,
Denn der Traum unseres Lebens verbirgt sich in den Dingen.

Jedes Ding hat seinen Platz, das Schöpfrad ganz in der Ferne
Knarrt unaufhörlich wie eine gefolterte Seele.
Mag sein, es erinnert sich an unsre Abenteuer.
Trocknes Herbstlaub wirbelt im Wind.

ATAOL BEHRAMOĞLU

In der türkischen Literatur ist Ahmet Hamdi Tanpınars *Jedes Ding hat seinen Platz* eines meiner Lieblingsgedichte. Es ist ja nun nicht gerade leicht zu begründen, warum man ein Gedicht mag. Die Faktoren, die letztlich dazu führen, ein Gedicht zu mögen, können so komplex sein wie diejenigen, die an der Entstehung eines Gedichts beteiligt sind. Ich werde es dennoch versuchen: Ich denke, in diesem Gedicht hat mich am stärksten der Umgang mit dem Begriff »Zeit« bewegt; die Zeit als etwas, das vergeht und dennoch gleichsam stillsteht. Oder: Wir sind vergänglich, aber die Dinge vergehen nicht so schnell. Und selbst wenn sie vergehen, ist ihre Lebenserwartung nicht so kurz wie unsere. Der Schmerz, dass das Vergangene vergangen ist, wird dadurch noch größer, dass sich das Erlebte in den Dingen verbirgt und sie Zeugen unserer Erlebnisse werden. Das Erlebte wird damit zu etwas, das gleichermaßen existiert und nicht existiert. »Denn der Traum unseres Lebens verbirgt sich in den Dingen«. Dieses Bild, das meines Erachtens das Rückgrat des Gedichts bildet, drückt dies treffend aus. »Der Traum unseres Lebens« bedeutet nichts anderes, als dass das Leben selbst ein Traum ist. Doch dieser Traum scheint konkreter zu werden, weil sich die Dinge vergegenständlichen und ihn bezeugen. Und dennoch ist er nichts als ein Traum.

Der Vers »Wie aus magischem Schlaf die Dinge widerhallen ...« beschreibt dieses Gefühl. Bleiben wir zunächst einmal bei dem Begriff »magischer Schlaf«: Im Gedicht wird damit ein Sommertag beschrieben, ein vergangener Sommertag, an den man sich erinnert, bevor der Herbst beginnt. Wieder vermischen sich Konkretes und Abstraktes und verschmelzen miteinander. Etwas Vergangenes ist für einen Augenblick konkret, verwandelt sich aber schnell in eine Erinnerung. Gleichzeitig steht der »magische Schlaf« auch für das Leben selbst. Die im Schatten schlummernde Geliebte, Efeuranken und Käfersurren, die das Haus umkreisen, dienen sowohl zur Beschreibung eines Sommerschlafs als auch jenes magischen Schlafs, den wir Leben nennen. Aber diese Verschmelzung von Vergangenheit und Gegenwart oder auch »das Sichverbergen in den Dingen« lindern nicht den Kummer darüber, der Vergangenheit anzugehören. Das spendet keinen Trost, im Gegenteil, es verstärkt noch den Schmerz. Denn nichts kann das, was vorbei ist, wiederbeleben.

Jedes Ding hat seinen Platz, ein Schöpfrad knarrt unaufhörlich »wie eine gefolterte Seele«, das herumwirbelnde trockene Herbstlaub: All dies sind trostlose Symbole eines für immer vergangenen Sommers, einer vergangenen Liebe.

Dass ich gerade dieses relativ unbekannte und wenig beachtete Gedicht Tanpınars ganz besonders ins Herz geschlossen habe, liegt wohl daran, dass wir beim Thema »Vergangenheit« und allgemein bei Zeit ähnlich empfinden. Außerdem ist der »Sommer« die wohl schwermütigste Jahreszeit. Im Sommer erlebt man die sinnliche Seite der Liebe, die Verwandlung von Verliebtheit in körperliche Vereinigung (die Verwandlung der Blüte in die Frucht), Sättigung und Trägheit; aber insgeheim spüren wir auch am stärksten im Sommer, dass dieser »Traum« mit dem Herbst zu Ende gehen wird. So wie die Vergänglichkeit des Frühlings die Vergänglichkeit der Jugend symbolisiert, so steht die Vergänglichkeit des Sommers für die Vergänglichkeit des ganzen Lebens; deshalb schmerzt sie tiefer und anhaltender. Was man im Frühling erlebt, geht so schnell vorbei, dass man sich später nicht mehr daran erinnert. Der Sommer, den man intensiv und stark erlebt, wird schon zum Herbstbeginn, ja noch bevor der Sommer ganz vorüber ist, zur Erinnerung.

Jedes Ding hat seinen Platz ist eines der seltenen Beispiele von Gedichten unserer Literatur, die dieses schmerzhafte Empfinden der Vergänglichkeit von Zeit – u. a. mithilfe des Gegensatzes Konkretes-Bildliches – ausdrücken.

AHMET HAMDİ TANPINAR geboren 1901 und gestorben 1962 in Istanbul, gilt als einer der wichtigsten türkischen Romanciers des 20. Jahrhunderts. Nach Abschluss seines Literaturstudiums und einigen Jahren als Lehrer wurde Tanpınar Professor an der Istanbuler Universität für Ästhetik, Mythologie und Literatur. Mehr noch als für seine Gedichte – das erste erschien 1921 – kennt man Ahmet Hamdi Tanpınar für seine Romane und seine literaturhistorischen Werke. Unter dem Einfluss von Paul Valéry und Henri Bergson erschuf Tanpınar in seinem Werk ein atemberaubendes kulturelles Universum, in dem er westliche Formen und osmanische Kultur miteinander vereinte. In vielen seiner Schriften nehmen psychologische Analysen breiten Raum ein. Seine Romane *Seelenfrieden* (*Huzur*) und *Das Uhrenstellinstitut* (*Saatleri ayarlama enstitüsü*) sind Meisterwerke der türkischen Literatur. • *Jedes Ding hat seinen Platz* (*Her şey yerli yerinde*, 1961) wurde übersetzt von Erika Glassen.

ATAOL BEHRAMOĞLU geboren 1942 in Çatalca (Istanbul), war nach seinem Studium der Slawistik in Ankara und Moskau als Dramaturg am Istanbuler Stadttheater tätig und wurde 1979 Generalsekretär der türkischen Schriftstellergewerkschaft. 1982 wurde er inhaftiert und zur Zwangsarbeit verurteilt, emigrierte dann nach Frankreich, wo er die französischsprachige Zeitschrift *Anka* herausgab. 1989 kehrte er in die Türkei zurück. Dort schreibt er seit 1995 für die Zeitung *Cumhuriyet* und lehrt Slawistik an der Universität Istanbul. 1981 wurde er mit dem Lotus-Literaturpreis ausgezeichnet, 2003 wurde ihm der Große Preis für Dichtung des türkischen PEN zuerkannt. • Den Essay übersetzte Eric Czotscher.

AHMET OKTAY

Solgun bahçe

Geceydi: Olgunlaşan narın içini duydum;
suskun zamanın andacı! Solgun bahçedeki
köklere sindim. Buydu tarih! Titreyen mumun,
gölgesinde düşledim, doğduğum eski evi.

Odada yankılanıyor ilk ağlamalarım,
annem loğusa yatağında, soba çıtırdıyor;
kundağıma nazarlıkla altın takmak için
komşu bir el kapının tokmağını vuruyor.

Dün içimizde kımıldar hep, Mağmamsı katman!
Bizden önce varmıştır kaçtığımız yerlere.
Kendinin hem geçmişi hem geleceği zaman;
Yıkık evi dinleriz taşındığımız evde.

Hâlâ duyuyorum tahta bacağının sesini,
yatsı ezanı okundu, camiye gidecek
iniyor merdivenden komşu köşkün bekçisi;
az sonra bir hayal gibi süzülüp geçecek.

Nice kış gördüm oysa, örttü izlerimi kar,
hiç bilemedim yolculuklarımın yönünü;
siyah bir korku yansıttı eğildiğim aynalar,
ararken bana ayrılan tekinsiz gömüyü.

Der welke Garten

Nacht war es: Des reifenden Granatapfels Inneres erspürte ich,
Erinnerung an schweigende Zeit! Verkroch mich im Wurzelwerk
des welkenden Gartens: Das war Geschichte! Da träumte ich
im Schatten der flackernden Kerze vom alten Haus meiner Kindheit.

Durch den Raum gellt mein erster Schrei;
der Ofen knistert, Mutter im Wochenbett.
Mir Gold zu heften an meine Windeln und ein Amulett,
schaut auf einen Sprung die Nachbarin vorbei.

Stets regt sich in uns das Gestern in magmagleichen Schichten,
Schon ist es vor uns da, wohin wir uns auch flüchten.
Vergangenheit und Zukunft erlebt die Zeit zugleich
im neuen Heim noch lauschen wir dem längst verfall'nen Hause nach.

Ich hör' noch seines Holzbeins Schritt: Tapptapp.
Der Ruf zum Nachtgebet erklang, er strebt nun zur Moschee.
Der Wächter der Nachbarsvilla steigt die Treppe herab,
auf dass er bald einem Gespenste gleich vorüberschwebt.

Wie viele Winter sah ich schon, vom Schnee meine Spuren verweht.
Die Richtung meiner Reisen blieb mir drum verborgen.
Düst'res Entsetzen zeigten mir die Spiegel, über die ich mich beugte,
auf der Suche nach dem ungeheuren Schatz, der mir zugedacht.

Hem ürktüm hem aradım bodrumdan çatıya
oturduğum tüm evlerin hayaletlerini;
neydi söyleyecekleri yeraltından bana?
»Açıklayın« dedim »kalbimdeki lekeyi.«

Yıllarca eşeledim harlanmayan külü,
neyi gizliyordu en dibinde uçurumlar?
Bir akşam açıldı sayfada Hafız'ın gülü;
körlük ve görmek aynı dehşetle doldular.

Solgun bahçe! Muştuladığın yine de ilkyaz.
Dirim de çalışıyor kurumuş köklerinde;
dipte tohum da ürperiyor vurdukça ayaz,
ancak kederi olan duyar onu kalbinde.

»Kimim ki?« diyenin Evrenle konuşur sesi;
zamanları aşıp gelir salyangoz bahçeye;
parlar ay ışığında sırtı bir gezegen gibi
varlığın kendisidir dile gelen fosilde.

Olgunlaşan narın içindeyim. Oluyorum.
Bakire ve dul zaman çökeliyor gövdemde,
öyle genç, her ölümde yeniden doğuyorum,
bir yuvaya varılıyor yolların sonunda.

Mich schauderte, doch suchte ich weiter vom Keller bis unters Dach
die Gespenster all der Häuser, in denen mein Leben ich je verbracht.
Was hätten sie mir aus der Unterwelt wohl zu sagen?
»Erklärt mir«, rief ich. »Den Fleck auf meinem Herzen!«

Jahrelang stocherte ich in Asche, die längst nicht mehr glühte.
Was wohl tief unten die Abgründe bargen?
Als eines Abends zwischen den Zeilen die Rose des Hafis erblühte,
wurden Blindheit und Sehen zugleich von Schrecken erfüllt.

Welker Garten! Und doch ist Frühling deine Botschaft.
Das Leben wirkt weiter in deinem dürren Wurzelwerk.
In der Tiefe, vom Frost gequält, schaudert die Saat,
im Herzen fühlt mit, wer selbst bekümmert.

Im Gespräch mit dem Kosmos fragt eine Stimme: »Wer bin ich?«
Die Zeiten überwindend kriecht eine Schnecke in den Garten,
wie ein Planet funkelt ihr Rücken im Mondlicht.
Das Sein selbst drückt sich aus im Fossil.

Im reifenden Granatapfel hause ich. Gedeihe.
In meinem Körper verschmelzen Jungfraun- und Witwenzeit.
So jugendlich erstehe ich mit jedem Tod aufs Neue.
Endlich führen doch all unsre Wege ins Nest.

TAHSİN YÜCEL

Ahmet Oktay erscheint uns, besonders wenn wir die letzten zehn Jahre seines Schaffens betrachten, als ein Universum außerordentlicher Kontinuität. In zeitlicher und räumlicher Hinsicht wie auch im Hinblick auf Vergänglichkeit verwahrt sich dieses Universum gegen alle möglichen Um- und Einbrüche: Gestern und Heute, Hier und Dort, Gefühl und Gedanke, Gedanke und Fantasie, das Eigene und das Andere sind innig miteinander verbunden. Das lyrische Ich des Dichters, wie es als Instanz von Sprechen und Handeln denkt, imaginiert, sich erinnert und wirkt, bewegt sich zwischen diesen Elementen, die wir eh und je als gegensätzlich betrachten, mit einzigartiger Leichtigkeit und schwindelerregender Geschwindigkeit hin und her. Auf diese Weise tritt die Ganzheitlichkeit des Universums zutage oder, »realistischer« betrachtet, wird ihm so die zuvor fehlende Ganzheitlichkeit verschafft. Dass Oktays Gedicht *Der welke Garten* mit dem Bild des »reifenden Granatapfels« sowohl beginnt als auch endet, bestätigt diese Beobachtung geradezu.

Das lyrische Ich erspürte eines Nachts, allerdings in einer nicht gleichzeitig zum laufenden Diskurs, sondern in einer in naher oder ferner Vergangenheit liegenden Nacht, »das Innere des reifenden Granatapfels« und darin zugleich auch noch anderes. Es beschränkte sich zudem nicht auf das Erspüren, sondern las wie in einer Erinnerung, sodass es ihm gelang, seinen Sinn zu entschlüsseln. Es gelang aber noch viel mehr: Nicht nur zu empfinden und zu verstehen, was es bedeutet, »sich in den Wurzeln im welken Garten zu verkriechen«, der auch den Granatapfel mit seinem Inneren einschließt, sondern teilzuhaben, zu verschmelzen, gemeinsam zu einem Ganzen zu werden, sich zu identifizieren. Zudem in einer allumfassenden Form, die viel tiefer und früher ansetzt.

So ist ein weiterer Schritt auf der Ebene der Existenz getan: der Übergang von Erinnerung zu Geschichte, vom Individuum zum Universalen und die Verwandlung zu einem Teil davon, nicht etwa zu einem beliebigen Teil, sondern zu einem dynamischen Element: das handelnde Ich ist ebenso wie das erspürte Innere des Granatapfels zugleich singulär und plural, kann jederzeit an jedem Ort in Zeit und Raum auftauchen, kann jederzeit alles Geschehen von Neuem erleben und jederzeit an jedem Ort des Kosmos in jeder beliebigen Identität Auslöser für neues Geschehen sein. Wie das sein kann? Geschichte ist hier nicht allein Vergangenheit, sondern auch Zukunft. Um all diese Teile von Zeit und Raum zu erreichen und sie ins Hier und Jetzt zu verwandeln, reicht die Fantasie völlig.

Unter diesem Aspekt ist interessant, dass das lyrische Ich mit der Erinnerung an eine vergangene Nacht die erste Strophe eröffnet und infolgedessen in der Vergangenheit, im Präteritum, zu Beginn der zweiten Strophe dann aber zur Gegenwart, zum Präsens, übergeht: »Durch den Raum gellt mein erster Schrei; der Ofen knistert, Mutter im Wochenbett«.

Da jetzt in der Präsensform gesprochen wird, verläuft das Erzählen des Geschehens gleichzeitig zu diesem Geschehen selbst. Das Geschehen wurde vom lyrischen Ich vermutlich erlebt, ist in dieser Art jedoch kaum erinnerbar, da von der Zeit seines »ersten Schreis« die Rede ist. Befindet es sich später im »welken Garten«, dann ist das ein Element der Gegenwart ebenso wie der Vergangenheit oder der Zukunft: »Stets regt sich in uns das Gestern«. Es ist jedoch sehr viel umfassender als der Begriff, den wir im Allgemeinen mit dem Wort »Erinnerung« bezeichnen; in gewisser Hinsicht ist es sogar dessen Gegenteil, befindet sich ebenso wie in unserer Vergangenheit auch in unserer Zukunft und liegt nicht etwa hinter uns, sondern vor uns: »Schon ist es vor uns da, wohin wir uns auch flüchten«. Uns bleibt nur, ihm zu folgen. So bewegt sich der Wächter der Villa, die dem lange schon zerfallenen Haus des lyrischen Ich benachbart ist, zugleich im Heute: »Ich hör' noch seines Holzbeins Schritt: Tapptapp« und in der Zukunft: »Er strebt nun zur Moschee«. So wie die Zeit im persönlichen Bewusstsein in der Form von Gestern, Heute und Morgen verkettet ist, bewahrt auch der Raum innerhalb unterschiedlicher Ausschnitte und unterschiedlicher Transformationen stets seine Kontinuität: »Im neuen Heim noch lauschen wir dem längst verfall'nen Hause nach«. Zudem ist der Raum angefüllt mit Menschen, Wörtern, Melodien, Stöhnen, Knistern und Rascheln sowie mit Zeichen (also von Sinn erfüllt). Doch wie die Existenz des holzbeinigen Wächters der Nachbarvilla zeigt, steht das verfallene Haus nicht isoliert da, sondern zeigt sich mit seiner ganzen Umgebung, seiner räumlichen wie zeitlichen Kontinuität. Auch dass das lyrische Ich die Richtung seiner Reisen nicht kennt, mag Resultat dieser pluralen Kontinuität und indirekt auch der Endlosigkeit der Ziele sein.

Ist also diese Kontinuität als ununterbrochener Erfolg, dadurch als ungebrochenes Glück zu sehen? Zumindest ist dieses Glück nicht dauerhaft und wird auch erst nach einer gewissen Suche erlangt. Dabei ist nicht sicher, dass die Suche immerzu in der richtigen Richtung stattfindet. Dass die »Spiegel«, über die sich der Erzähler auf der Suche nach dem ihm zugedachten »ungeheuren Schatz« (das individuelle Schicksal, ob gut oder schlecht) beugt, »düst'res Entsetzen« zurückwerfen, erregt in uns berechtigten Zweifel. Es ließe sich auch denken – auch wenn es nicht sicher ist, dass diese Suche eine solche ist, die nicht zur Haltung des Erzählers, wie wir sie bisher gesehen haben, passt –, dass das vielleicht sogar die Fortsetzung einer Suche aus einer Zeit ist, bevor er sich die uns bekannte Haltung zu eigen gemacht hatte. Da er den »Fleck auf seinem Herzen«, also den »dunklen Punkt«, den Kummer, den es zu hinterfragen gilt, bei den »Gespenstern« der Häuser sucht, die er bewohnte, ist zu spüren, dass zwischen Zeit und Raum einerseits und der Identität des lyrischen Ich andererseits eine geheimnisvolle Verbindung besteht, und darin wiederum leuchtet die universelle Kontinuität auf. Das Hinterfragen beschränkt sich nicht auf die Spiegel (wer bin ich?) und auf die »Gespenster der Häuser«, sondern erstreckt sich auch auf die Bücher, und die Antwort erwächst schließlich auch aus einem Buch. So spiegeln sich in dieser dichtest und zugleich schlichtest möglichen Darstellung die drei Strophen zwischen den Zeilen »Wie viele Winter sah ich schon, vom Schnee meine Spuren verweht« und »Blindheit und Sehen zugleich von Schrecken erfüllt« die Suche nach der Realität und ihrer Hinterfragung durch das lyrische Ich wider, also jenes Stadium halber oder vollkommener Finsternis, da es die Fähigkeit, deren Verkettung wir in den vorausgegangenen Strophen sahen, noch nicht erreicht hatte. Dass Blindheit und Sehen zugleich von Schrecken erfüllt sind, hängt mit großer Wahrscheinlichkeit mit der Blendung zusammen, die das Auge des lyrischen Ich erfährt, als es sich zum ersten Mal der Realität ausgesetzt sieht. Diese Realität ist jene Wirklichkeit, die der Dichter in den ersten vier Strophen in Form individueller Erfahrungen darstellt. Die letzten drei Strophen – nach der großen Blendung – beinhalten die erneute Behandlung und Bestätigung derselben Realität, diesmal jedoch in universellem Zusammenhang. In der Zeitspanne vom dürren Wurzelwerk bis zur Saat, die im Frost schaudert, und bis zur Kümmernis im Herzen ist alles zugleich auch Zeichen der Kontinuität, des Frühlings, kurz gesagt, der »Biologie« des Lebens und unseres Platzes darin.

Wollen wir wissen, wer und was wir sind, richten wir unsere Fragen an das gesamte Universum. Das Universum seinerseits, folgen wir unserem Dichter, antwortet uns mit seinen bescheidensten Elementen. Die Schnecke kommt aus der unendlichen Vergangenheit, um in die unendliche Zukunft zu kriechen. Doch so wie in ihr alle vor ihr da gewesenen Schnecken weiterleben, werden die künftigen Schnecken sie selbst fortleben lassen, werden Zeugnis ablegen von ihr, so wie das »Sein selbst« sich im Fossil ausdrückt: Kontinuität ist zugleich eine Transformation, und im Universum haben wir in dieser oder jener Form, aber zu jeder Zeit unseren Platz.

Sagt Ahmet Oktay in der letzten Strophe: »Im reifenden Granatapfel hause ich. Gedeihe«, setzt er zugleich auf der formalen

Ebene um, was er auf der inhaltlichen bereits verwirklicht hat: Das Gedicht kehrt an seinen Anfang zurück und schließt somit seine Transformation ab. Doch hier ging er noch einen Schritt weiter: Beschränkte sich das lyrische Ich am Anfang darauf, das Innere des Granatapfels – dieser äußerlich singulären, innerlich jedoch pluralen »Frucht« – zu erspüren, befindet er sich jetzt – möglicherweise als einer der Granatapfelkerne – innerhalb dieses »Inneren«. Dabei bleibt er kein gewöhnliches lyrisches Ich, sondern vollzieht als aktiv Handelnder sowohl eine Wende als auch eine Wandlung, eine Transformation.

Insofern kann er in der Kontinuität von »Jungfraun- und Witwenzeit« im Kosmos zu Recht sagen: »So jugendlich erstehe ich mit jedem Tod aufs Neue.«

AHMET OKTAY geboren 1933 in Ankara, arbeitete als Beamter im Generaldirektorat für Statistik und begann 1961 seine Tätigkeit als Journalist. Nach Anstellungen bei verschiedenen Zeitungen kam er schließlich 1965 zur Rundfunkanstalt TRT, wo er bis 1974 beschäftigt war. Spätere berufliche Stationen waren ein Radiosender, eine Nachrichtenagentur sowie die Tageszeitungen *Dünya* und *Milliyet*. Ahmet Oktays erstes Gedicht erschien 1948 in der Zeitschrift *Gerçek*. Ahmet Oktay, den man in der Türkei zu den Literaten der vielstimmigen »1950er-Generation« zählt, wurde 1965 mit dem Yeditepe-Preis sowie 1987 mit dem Behçet-Necatigil-Preis ausgezeichnet. • *Der welke Garten* (*Solgun bahçe*) stammt aus dem 1996 erschienenen Gedichtband *Az kaldı kışa* (Bald ist es Winter) und wurde von Sabine Adatepe übersetzt.

TAHSİN YÜCEL geboren 1933 in Elbistan, studierte an der Universität Istanbul französische Sprache und Literatur. Von 1961 bis 2000 unterrichtete er französische Sprache und Literatur an der Universität Istanbul, seit 1978 ist er Professor. Er übersetzte zahlreiche französische Werke ins Türkische. Seit 1950 veröffentlicht Yücel seine Erzählungen, die den anatolischen Menschen, insbesondere aus seiner Heimatregion Elbistan, in einer humorvollen und einfühlsamen Sprache porträtieren, in verschiedenen Literaturzeitschriften. Während seiner Laufbahn als Autor von Kurzprosa wandelte sich Yücel vom sozialen Realisten der Fünfzigerjahre zu einem immer stärker auf den Menschen und seine individuelle Innenwelt Bezug nehmenden experimentellen Autor mit oft schwarz gefärbten humoristischen Zügen. Yücel erhielt für seine Werke verschiedene wichtige Literaturpreise, so 1956 den Sait-Faik-Preis für Kurzgeschichten, 1959 den Kurzgeschichtenpreis der Türkischen Sprachgesellschaft, 1993 den Orhan-Kemal-Romanpreis und 1999 den Literaturpreis der Sedat-Simavi-Stiftung. • Den Essay übersetzte Sabine Adatepe.

AHMET MUHİP DIRANAS

Kar

Kardır yağan üstümüze geceden
Yağmurlu, karanlık bir düşünceden,
Ormanın uğultusuyla birlikte
Ve dörtnala dümdüz bir mavilikte
Kar yağıyor üstümüze inceden.

Sesin nerde kaldı her günkü sesin
Unutulmuş güzel şarkılar için.
Bu kar gecesinde uzak bir yoldan
Rüzgâr gibi tâ eski Anadolu'dan,
Sesin nerde kaldı, kar içindesin.

Ne sabahtır bu mavilik ne akşam,
Uyandırmayın beni uyanamam,
Kaybolmuş sevdiklerimiz aşkına,
Allah aşkına, gök, deniz aşkına.
Yağsın üstümüze kar buram buram.

Buğulandıkça yüzü her aynanın,
Beyaz dokusunda bu saf rüyanın
Göğe uzanır tek ü tenhâ bir kamış,
Sırf unutmak için, unutmak ey kış,
Büyülü yalnızlığını dünyanın!

Schnee

Schnee ist's, was auf uns niedersinkt aus der Nacht,
Aus trüben, düsteren Gedanken.
Mit dem Rauschen des Waldes
Und Hufgeklapper in ausgedehnter Bläue,
Schnee rieselt auf uns hernieder, fein und zart.

Wo ist deine Stimme, deine altvertraute Stimme geblieben
Für die vergessenen, schönen Lieder,
In dieser Schneenacht vom fernen Weg her,
Wie Wind weit aus dem alten Anatolien?
Wo ist deine Stimme, du steckst wohl im Schnee.

Weder Morgen noch Abend kennt diese Bläue,
Weckt mich nicht auf, ich kann nicht erwachen.
Um all unserer Geliebten willen, die wir verloren,
Um Gottes willen, des Himmels und des Meeres willen
Mag er doch auf uns herniedersinken, in großen Flocken der Schnee!

Sobald alle Spiegel beschlagen,
Im weißen Gewebe dieses reinen Traums
Streckt sich zum Himmel einzeln und allein ein Schilfrohr,
Um zu vergessen, bloß zu vergessen, oh Winter,
Die magische Einsamkeit der Welt!

GÜLTEN AKIN

Seit den Siebzigerjahren schreibe ich über Gedichte, die mir gefallen, um andere daran teilhaben zu lassen. Ich möchte damit auf ihre Schönheit aufmerksam machen. Denn gerade junge Leser haben diese Zuwendung nötig.

Ahmet Muhip Dıranas' Gedicht *Schnee* gehört zu meinen zwei, drei Lieblingsgedichten. Es ist ästhetisch gesehen perfekt, und es bezaubert den Leser. Warum liebe ich es aber? Nun, da kommen meine persönlichen Empfindungen ins Spiel. Ich bin an einem verschneiten Wintertag geboren. Die Stadt, in der ich meine Kindheit verbrachte, gehört zu jenen anatolischen Städten, in denen es jedes Jahr sieben bis acht Monate lang beständig schneit. Schnee und Nadelwälder. Wir liefen durch enge Pfade, die zwischen aufgetürmten Schneemassen gebahnt worden waren.

In den meisten Städten und Landkreisen, in denen ich später lebte, setzte sich dieses Winter- und Schneetreiben fort. Manchmal brachte Schnee uns Glück oder ungestörte Ruhe. Aber viel mehr war er das Symbol für die Armut und Entbehrung, denen wir begegneten, für die Einsamkeit und Hoffnungslosigkeit, die wir erlebten, und für das Unglück im Leben der Armen. Da entstand das Gedicht *Schnee Schnee*: »Ist etwa das Dach eingebrochen, sind wir schon tot vor dem Sterben?/Die Stimme einsamer Toter hängt in den Bergen/Schnee Schnee ...«

Dann begannen die Verbannungen. Selbst wenn Schnee fiel, packten wir unsere Kinder und unsere Bücher und zogen los. Im Gedicht *Mündlich* wird beschrieben, wie man jemanden durch das Vergraben im Schnee foltert. Ist der Schnee zu einem Mörder geworden? »Sind die Berge verschneit, liegt ihr nackt im Schnee/Oder ist es ein Wintersee/Sie halten euch für Feuer und löschen ...«

Nach dieser langen Einleitung zurück zu dem Schneegedicht von

Dıranas: Der Dichter beschreibt das Bild, an das ihn der Schnee erinnert, der seit der Nacht fein und zart herabrieselt. Ein Ritt durch den Wald unter rieselndem Schnee. Doch es gibt eigentlich keinen Wald und auch kein Blätterrauschen. Auch keine Bläue im fein rieselnden Schnee. Aber man kann trübselige Gedanken verscheuchen, wenn man sich solche Vorstellungen in Erinnerung ruft.

Die Einsamkeit ist so stark, dass alles Erlebte, Gedachte, Erträumte wie unter Schnee vergraben liegt. Man vermisst die Stimme der Geliebten, die so schöne Lieder singt. Wenn sie doch da wäre, man wäre erlöst. Aber sie ist es nicht. Auch sie ist unter dem Schnee begraben.

So wie der Morgen und der Abend und die ganze Zeit im Schnee verschwinden, muss der Schnee auch den Dichter umhüllen, der vereint sein will mit dem, was er liebt und verehrt. Niemals mag er daraus wieder erwachen.

Durch die originellen Bilder, Vergleiche und Assoziationen bekommt das Gedicht für den Leser eine Qualität, die über seine Schönheit hinausgeht und es zu einem »bedeutsamen Gedicht« macht. Es gibt viele schöne »Schneegedichte« in der türkischen Literatur. Aber ich denke, ich habe den Schnee am intensivsten erlebt und am meisten darüber geschrieben.

AHMET MUHİP DIRANAS geboren 1908 in Sinop, gestorben 1980 in Ankara, arbeitete von 1930 bis 1935 für die Zeitung *Hakimiyet-i Milliye* und studierte Jura in Ankara. Sein Studium brach er ab, um eine Tätigkeit als Bibliothekar in der Akademie der Schönen Künste in Istanbul aufzunehmen. Weitere berufliche Stationen waren das Staatstheater, der Kinderschutzverein, die Nachrichtenagentur Anadolu sowie die İş Bankası. Unter dem Pseudonym Muhip Atalay veröffentlichte Dıranas sein erstes Gedicht, *Bir kadına* (An eine Frau) 1926 in der Zeitschrift *Millî Mecmua*. Dıranas' Werke stehen zum einen unter dem Einfluss des französischen Symbolismus, bedienen sich jedoch meisterhaft auch der türkischen Tradition und machen ihren Verfasser damit zu einem der größten Dichter der Republik. • *Schnee* (Kar, 1974) wurde übersetzt von Erika Glassen.

GÜLTEN AKIN geboren 1933 in Yozgat, ist Absolventin der Juristischen Fakultät der Universität Ankara. Nach ihrem Studium arbeitete sie zunächst für die Türkische Sprachgesellschaft, dann als Lehrerin und Rechtsanwältin. Sie war Gründungsmitglied und Vorsitzende mehrerer demokratischer Nichtregierungsorganisationen in der Türkei. Ihre ersten Gedichte wurden 1951 in der Zeitschrift *Son Haber* veröffentlicht. Für Gülten Akın ist Poesie untrennbar mit sozialer Verantwortung verbunden. In ihren späten Werken entfernte Gülten Akın sich von der »Zweiten Neuen« – einer postmodernen Schule – und versuchte zunehmend, die Volksdichtung für sich zu nutzen. Seit 1972 lebt Gülten Akın in Ankara und widmet sich nahezu ausschließlich der Poesie. Sie wurde mit zahlreichen Preisen für ihr Werk ausgezeichnet, zuletzt erhielt sie 2008 den Erdal-Öz-Literaturpreis. Ihre Gedichte wurden in zahlreiche Sprachen übersetzt. • Den Essay übersetzte Eric Czotscher.

MELİH CEVDET ANDAY

Çiftlikteki gece

Ot almaya gittikti Kalver çiftliğine,
On araba, ne güzeldi kıyının elma rengi,
İkindiye doğru kızardıkça kızarmış.
Yoksul köylerin sessizliği katıldı
Akşamın dar yolunda bize.
Susup kalmıştık tüylü harupların
Ve kederin çiti boyunca garip.
Derken türkü çağırmaya başladı asker.
Uyanan güzel bir deniz rüzgârı gibi,
Yarım bir sevinç gibi gökyüzünden inen.
Şaşkın bir kuş gibi ardımız sıra koşar.
Gecenin sarnıcına düştü boş bir yıldız,
Çam kozalağı gibi gümbürtüyle,
Atlarımızın kusursuz sessizliğinde,
Yaşlı zeytinlerin altından girdik
Ölmüş ot kokulu çiftliğe, sıcak;
Sonra çözdük hayvanları, bıraktık
Uçsuz bucaksız otlağa karanlıkta.
Arabada, samanların üstünde yattım.
Ya atlar çekip giderse, unutmam,
Uykumda onlarla otladım.
Gözüm ve dudağım şişmişti sabahleyin,
Ağulu otlak sineği ısırmış.
Ağzımda çıtır çıtır saman.
Baktım, kırk adım ötemizde atlar,
Ala ala kırk adım yol almışlar,
Uzun gecenin uykusuz otunda.

Die Nacht auf dem Bauernhof

Wir waren Heu holen gefahren zum Kalverhof,
Zehn Wagen, wie schön war der Küste Apfelfarbe,
In der Abenddämmerung war sie tiefrot geworden.
Die Stille armer Dörfer schloss sich uns an
Auf des Abends schmalem Pfad.
Wir schwiegen, entlang der Hecke aus Leid
Und gefiederten Johannisbrotbäumen, fremdartig.
Da begann ein Soldat ein Volkslied zu singen
Wie eine angenehme, erwachende Meeresbrise,
Wie halbe Freude, vom Himmel kommend.
Lief uns nach wie ein verirrter Vogel.
In die Zisterne der Nacht fiel ein leerer Stern,
Knackend wie ein Fichtenzapfen,
In der vollkommenen Stille unserer Pferde,
Unter alten Olivenbäumen hindurch
Betraten wir den nach totem Heu riechenden Hof, heiß;
Dann zäumten wir die Pferde ab
Und entließen sie auf die endlose Weide im Dunkeln.
Im Wagen legte ich mich hin, aufs Stroh.
Wenn die Pferde nun weglaufen, ich vergesse es nicht,
Im Schlaf weidete ich mit ihnen.
Morgens waren meine Augen und Lippen geschwollen
Von der giftigen Weidenfliege zerstochen.
In meinem Mund raschelte Stroh.
Ich sah auf, die Pferde vierzig Schritte entfernt,
Nur vierzig Schritte hatten sie zurückgelegt,
Im schlaflosen Gras einer langen Nacht.

MELİH CEVDET ANDAY

İLHAN BERK

Als ich *Die Nacht auf dem Bauernhof* vor jetzt fast zehn Jahren zum ersten Mal las, war ich tief beeindruckt. Deshalb nehme ich das Gedicht immer wieder einmal in die Hand, und bei jedem Lesen hinterlässt es den gleichen tiefen Eindruck. Es gibt Gedichte, die nicht leicht zu verstehen sind. Sie offenbaren ihren Sinn nicht auf Anhieb, und ihre Interpretation bereitet Probleme. Dennoch fesseln sie einen. Man findet in ihnen eine Art Zauber und gibt sich damit zufrieden.

Die Nacht auf dem Bauernhof ist kein solches Gedicht. Alles, wirklich alles, ist klar verständlich. Eines Abends fährt jemand mit zehn Wagen zu einem Bauernhof, dem Kalverhof, um Heu zu holen. Es wird von den Wegen erzählt, auf denen man fährt, und von den Dörfern, die man passiert. Der Abend weicht der Nacht und der Einsamkeit. Beim Bauernhof angekommen, werden die Pferde abgezäumt, um sie weiden zu lassen. Das Lied eines Soldaten durchbricht die Einsamkeit, die Stimmung wird ausgelassener, die Nacht senkt sich herab. Doch einer findet keinen Schlaf: »Wenn die Pferde nun weglaufen?« Besorgnis. Das ist alles.

Gleich zu Anfang erfreuen wir uns an der reinen, destillierten Sprache des Gedichts. Sie ist einfach, lebendig, pur. Eine ruhige Sprache, als trinke sie Wasser. Alles ist gemessen, geordnet. Nichts stolpert, nichts wird überbetont. Eine reiche Sprache.

Es mag verwundern, dass ich gerade dieses Gedicht ausgewählt habe; dass ich ein Gedicht ausgewählt habe, das wie *Die Nacht auf dem Bauernhof* in jeder Hinsicht konkret ist, obwohl ich in der Regel gegen Erzählgedichte bin und hermetische Gedichte bevorzuge. Vor allem wird es befremden, dass ich anstelle eines Gedichts, das wie die Worte der Propheten offen ist für vielerlei Interpretationen, ein so eindeutiges Gedicht gewählt habe. Tatsächlich bereitet mir das selbst Kopfzerbrechen. Aber es stellen sich auch die folgenden Fragen: Was erwarten wir von einem Gedicht? Was muss ein gutes Gedicht bewirken? Es muss Freude machen, Begeisterung auslösen. Es muss uns Genuss bereiten.

Jedes Mal, wenn ich *Die Nacht auf dem Bauernhof* lese, verspüre ich Freude und vor allem Genuss. Deshalb habe ich dieses Gedicht ausgewählt.

MELİH CEVDET ANDAY geboren 1915 und gestorben 2002 in Istanbul, war in Belgien als Berater im Bildungsministerium und als Bibliothekar tätig, später arbeitete er als Übersetzer (u. a. von Platon, Molière, Gogol, Turgenew, Lagerkvist und Steinbeck) sowie als Journalist bei türkischen Tageszeitungen. Ab 1954 wirkte er als Lehrer am Konservatorium von Istanbul und war Vorstandsmitglied der Türkischen Rundfunkanstalt (TRT). Gemeinsam mit seinen früheren Schulkameraden Orhan Veli und Oktay Rifat war er Wegbereiter der Dichterschule Garip – »Fremdartig«. Sie wollten durch scheinbare sprachliche Kunstlosigkeit und lakonische Kürze Aufmerksamkeit erregen. Später beschritt Anday eigene Wege. Er legte größten Wert auf Ton und Struktur und experimentierte gern mit der Sprache. Seine Gedichte wurden in mehrere Sprachen übersetzt. Er ist einer der vielseitigsten türkischen Autoren des 20. Jahrhunderts. • *Die Nacht auf dem Bauernhof* (*Çiftlikteki gece*, 1984) wurde von Johannes Neuner übersetzt.

İLHAN BERK geboren 1918 in Manisa, gestorben 2008 in Bodrum, studierte Französisch in Ankara. Anschließend war er als Lehrer tätig, bevor er von 1956 bis 1969 für die Ziraat Bank als Übersetzer arbeitete. Nach seiner Pensionierung ließ er sich in Bodrum nieder. Seine frühesten Gedichte erschienen 1935, ebenso sein erstes Buch. Nach der Veröffentlichung seines Gedichtbands *Günaydın yeryüzü* (Guten Morgen, Welt) im Jahre 1953 wurde er verfolgt. İlhan Berk gilt als Protagonist der modernen türkischen Dichtung. Seine vor 1953 meist dem Realismus zuneigende Dichtung bereitete später den Weg für die Lyrikbewegung »Zweite Neue«. Hauptthemen seiner Gedichte sind Geschichte und Sexualität. Für seine Werke erhielt er 1979 den Preis der Türkischen Sprachgesellschaft, 1980 den Behçet-Necatigil-Preis, 1983 den Yeditepe-Preis und 1988 den Preis der Simavi-Stiftung. • Den Essay übersetzte Johannes Neuner.

FAZIL HÜSNÜ DAĞLARCA

Ağır hasta

Üfleme bana anneciğim korkuyorum,
Dua edip edip, geceleri.
Hastayım ama ne kadar güzel
Gidiyor yüzer gibi, vücudumun bir yeri.

Niçin böyle örtmüşler üstümü,
Çok muntazam, ki bana hüzün verir.
Ağarırken uzak rüzgârlar içinde,
Oyuncaklar gibi şehir.

Gözlerim örtük fakat yüzümle görüyorum,
Ağlıyorsun nur gibi.
Beraber duyuyoruz yavaş ve tenha,
Duvardaki resimlerle, nasibi.

Anneciğim, büyüyorum ben şimdi,
Büyüyor göllerde kamış.
Fakat değnekten atım nerde,
Kardeşim su versin ona, susamış.

Schwer krank

Mütterchen, lass es, mich so anzublasen. Mir wird ganz bang.
Wenn du immer nur betest nächtelang.
Ich bin krank, doch wie wunderbar
Sanft entgleitet ein Teil meines Körpers.

Warum nur hat man mich so zugedeckt,
So sorgsam und fest, dass es mich traurig macht.
Wenn der Morgen graut in den fernen Winden,
Erscheint die Stadt wie ein Spielzeugkasten.

Meine Augen sind geschlossen, doch es sieht mein Gesicht
Du weinst stumm und rein wie das Licht.
Gemeinsam spüren wir leise und einsam
Mit den Bildern an der Wand das Geschick.

Mütterchen, ich wachse jetzt,
Es wächst das Schilfrohr am See.
Aber wo ist mein Steckenpferd,
Mein Bruder soll es tränken. Es hat Durst.

ADNAN BİNYAZAR

Als Fazıl Hüsnü Dağlarca auf der 6. TÜYAP-Buchmesse anlässlich seiner Wahl zum Ehrenpoeten von Alpay Kabacalı gefragt wurde, welches seiner Gedichte er für eine Anthologie der Lyrik der Welt vorschlagen würde, wenn darin nur ein einziges seiner Gedichte Eingang finden könnte, erinnerte er daran, dass die serbischen Autoren im Jahr des 25-jährigen Jubiläums des Poesiefestivals von Struga die Meinung geäußert hatten, dass sein Gedicht *Wenn ich Gott wäre nur einen Tag* überall auf der Welt in Anthologien aufgenommen werden könne. Und Dağlarca fügte anschließend bescheiden hinzu: »Ihre Frage müssen andere, ganz andere Leute beantworten.«

Ob eine solche Frage nun dem Dichter selbst oder anderen gestellt wird, die Antwort fällt wirklich nicht leicht. Mehr noch, es versteht sich von selbst, dass jeder in ärgste Bedrängnis geraten würde, wenn er aus der gesamten türkischen Lyrik ein einziges Gedicht auswählen sollte. Da ich fest daran glaube, dass bei der Herangehensweise an Gedichte subjektive Anschauungen eine große Rolle spielen, ist es mir nicht schwer gefallen, mich für Dağlarcas Gedicht *Schwer krank* zu entscheiden. Ich habe *Schwer krank,* das mich bereits beim ersten Lesen in seinen Bann gezogen hat, stets zu den besten zeitgenössischen türkischen Gedichten gezählt.

Dağlarcas Gedicht *Schwer krank* trägt einerseits viele Züge der traditionellen Lyrik, der nachgesagt wird, dass sie veraltet sei, aber andererseits stellt es zugleich, bezogen auf den zeitgenössischen Stand der Dichtung, eine Neuheit dar. Dass diese Verse in einem poetischen Umfeld Furore machen konnten, in dem Nâzım Hikmets Gedichte so populär waren, ist ein Phänomen, mit dem man sich gründlich und einfühlsam auseinandersetzen sollte.

Poetische Empfindsamkeit kreist in den produktiven Dimensionen der »Zeit« und holt Atem in einer universellen Welt. Wenn ein Gedicht sich nicht zum Propagandisten einer Ideologie macht, dann führt sein Lauf in tiefere Bedeutungskanäle. In *Schwer krank* hat Dağlarca Bilder gewählt, die starke Assoziationen an Stille erwecken, und diese versetzen den Leser in den Gemütszustand einer absoluten Ruhe. Die Angst des Kindes wird durch das Beten seiner Mutter hervorgerufen. Das Kind nimmt seine Krankheit als schwereloses Entgleiten eines Teils seines Körpers wahr und betont diese wohlige Empfindung mit dem Adjektiv »wunderbar«. In den zweiten vier Halbversen ist das Kind traurig darüber, dass man es so »sorgsam und fest« zugedeckt hat. Der scharfe Kontrast zwischen dem Bild vom zugedeckten Kranken und dem Bild von der Stadt, die wie Spielzeug unter fernen Winden erbleicht, verdeutlicht, dass sich in der Atmosphäre der Stille zugleich auch Leben und Tod begegnen. Dass dieses mit natürlichen Klangelementen ausgestattete Gedicht bei der Wiedergabe von Empfindungen eine derart endlose Stille erzeugt, ist, glaube ich, das augenfälligste Merkmal von *Schwer krank*.

Ein Gedicht, das aus einem engen Geflecht von Symbolen und Wortassoziationen besteht, lässt sich nicht nur auf eine einzige Weise deuten. Indes kann man, wenn man sich um eine Interpretation bemüht, durchaus zu subjektiven Deutungen gelangen. In der dritten Strophe bietet der Vers »Meine Augen sind geschlossen, doch es sieht mein Gesicht« Hinweise auf den Sinngehalt der Dichtung von Fazıl Hüsnü Dağlarca. In diesem Vers liegt meines Erachtens der semantische Kern des Gedichts. Die geschlossenen Augen symbolisieren den Tod, das Sehen mit dem Gesicht verbildlicht die Fantasiewelt des Kindes. In der Fantasie werden Dinge so existent, dass es nach seinem Steckenpferd fragt und bittet, sein Bruder möge dem dürstenden Tier Wasser geben. Dass das Kind sein Steckenpferd für lebendig hält, vermittelt uns auch dessen Sichtweise auf das Ereignis des Todes.

Die von ihm erzeugte mystische Atmosphäre ist es, die mich an diesem Gedicht fasziniert. Auch das scheinbar zugänglichste Gedicht schafft eine geheimnisvolle Atmosphäre, wenn es sich in die Tiefen der Empfindsamkeit begibt. Man sollte zudem die Bedeutungsüberlagerung nicht übersehen, die zwischen Gott, den man mit dem Wort Gebet assoziiert, und dem Kind, dem Sinnbild der Reinheit, über die Abstraktion zum Begriff Schöpfung zustande kommt. Die Mutter symbolisiert mit ihrem Körper und ihrer Empfindsamkeit den Ursprung unseres Daseins. Sie ist die Bewahrerin unserer Existenz, die Erzeugerin. Die Mutter ist die Barmherzige; sie ist diejenige, in der wächst, was sie schützend bewahrt, die mit ihrem Atem jenem Wesen Leben schenkt, das sie in ihrem Uterus beherbergt, die das von ihr erzeugte Geschöpf mit ihrer Barmherzigkeit nährt.

Gott (der Schöpfer), Mutter (die Fruchtbarkeit) und Kind (das Geschöpf) konstituieren bei Dağlarca eine poetische Trinität. So ist es kein Zufall, dass das Bändchen, in dem *Schwer krank* erschienen ist, den Titel *Kind und Gott* trägt. Die Quelle für die Empfindungen des Kindes müssen in der existenziellen Tatsache gesucht werden, dass es im Atem der Mutter zum Leben gelangt. Alles versammelt sich in »der Mutter«; die Mutter ist eine Säule dieser poetischen Trinität. Es sei daran erinnert, dass Dağlarca einen seiner Gedichtbände mit *Mutter Erde* betitelt hat.

Dass dieses Gedicht ganz und gar in Gefühlen schwelgt, lässt sich auch mit der Tradition von Emotionen in der Divan- und Volkslyrik erklären. Das Gedicht ist eine Morgendämmerung der Gefühle, die alle Schönheiten der Schöpfung im Kopfe des Lesers erzeugen. Dağlarca verarbeitet Elemente traditioneller Poesie in der Gefühlswelt, die mittels der Kraft intuitiver Fantasie in uns ein neuartiges Erschaudern auslösen kann. Darin ist die Originalität seiner Gedichte zu suchen. Viele Dichter sind gekommen und gegangen; keiner hat an Dağlarcas mystische Emotionalität herangereicht. Der Dichter ist Bürger eines von ihm erschaffenen Reichs der Gefühle. Niemand kann die Grenzen des eigenen Reichs übertreten. Er selbst hat seine Poesie übrigens auch geschaffen, ohne die Grenzen anderer poetischer Reiche zu überschreiten.

Dağlarca hat in einer Ansprache einmal Folgendes gesagt: »Als einer, der die türkische Literaturgeschichte kennt und die Ausdrucksmöglichkeiten des Türkischen in seinen Fingerspitzen spürt, als Bürger, der über Beobachtungskraft verfügt, verfolge ich folgendes Ideal: Die nationale Existenz universell zu machen. Meine Werke auf dieses Ziel hin auszurichten. Sicherzustellen, dass sie von nachfolgenden Generationen so verstanden werden, wie ich es gesagt habe. Und ich will noch mehr erreichen: Ich will meine Bemühungen, meine nationale Existenz universell zu machen, mit meinen Werken über meinen Tod hinaus fortsetzen. Das ist mein Ziel. Wenn später einmal der ganze Erdenkreis vereint in einer Sprache, einer Bedeutung, einem Ideal wie eine Nation, ein Heim, eine Familie sein wird, dann wird dies nicht mithilfe himmlischer Kräfte geschehen sein. Es wird Wirklichkeit werden, wenn der Einzelne etwas dafür tut, wenn wir uns alle gemeinsam darum bemühen. Und ich verfolge dieses Ideal nach Maßgabe meiner Kräfte.«

Ich glaube, dass Dağlarca das Gedicht *Schwer krank,* eines der herausragenden fünf oder zehn Gedichte, die in den letzten 65 Jahren verfasst worden sind, mit seiner unendlichen Intuition in diesem Bewusstsein geschrieben hat. Was hätte man von einem Dichter, der die Welt als Heim, die Menschheit wie die Mitglieder einer Familie betrachtet, auch anderes erwarten können?

FAZIL HÜSNÜ DAĞLARCA geboren 1914 in Istanbul, ist Absolvent der Militärakademie Kuleli. Nach fünfzehn Jahren Dienst in der Armee arbeitete er in verschiedenen Regierungsämtern, wobei er sich mehr und mehr der Dichtung zuwandte. Nach seiner Pensionierung eröffnete er 1959 in Istanbul ein Verlagshaus und gab die Zeitschrift *Türkçe* (Türkisch) heraus. Dağlarca hat über hundert Bücher geschrieben, mehr als zwanzig davon für Kinder, aber auch politisch motivierte Bücher wie z. B. *Hiroşima* (1970). Dağlarcas Ruhm ist insbesondere auf seine Gedichtsammlungen zurückzuführen, die zwischen 1940 und

1968 erschienen. Dağlarca ist einer der meistübersetzten türkischen Autoren unserer Zeit und wurde für sein Werk mit zahlreichen Preisen ausgezeichnet. • *Schwer krank* (*Ağır hasta*, 1935) wurde von Nevfel Cumart übersetzt.

ADNAN BİNYAZAR geboren 1934 in Diyarbakır, ist Absolvent des Dorfinstituts von Dicle (1956) und des Fachbereichs für Türkisch der Pädagogischen Hochschule Gazi in Ankara. Er unterrichtete an der Hacettepe-Universität in Ankara, am Staatskonservatorium und an der Medienhochschule und war zeitweise verantwortlich für die Publikationen der Türkischen Sprachgesellschaft. 1981 ging Binyazar nach Berlin, wo er in der Senatsverwaltung für Bildung, Wissenschaft und Forschung tätig war und an Schulbüchern für türkische Kinder mitarbeitete. Nach seiner Rückkehr in die Türkei ließ er sich in Istanbul nieder. Adnan Binyazars Erzählungen erschienen ab 1960 in den Zeitschriften *Türk Dili* und *Varlık*. Von 1966 an verfasste Binyazar Kommentare zu kulturellen, sprachlichen oder literarischen Themen. In seinen Werken lässt er sich von traditionellen Erzählstoffen der Volksliteratur beeinflussen. Im Jahr 2005 wurde Binyazar für sein Werk *Ölümün gölgesi yok* (Der Tod hat keinen Schatten, 2004) mit dem Orhan-Kemal-Romanpreis ausgezeichnet. • Den Essay übersetzte Nevfel Cumart.

SENNUR SEZER

Hekim öğütleri

– Uyanıp gecenin bir yerinde
Karanlığı dinlemek!
  – Sevdadandır
– Dalıp gitmek yıldızların kımıltısına
Yüreği bölmesi türkülerin?
  – Sevdadandır
– Gecedir uzuyor gitgide ...
  – Kıştır
    gecedir uzar
    Sevdadır kısaltan geceyi
– Sevda nasıldır?
Unuttu etim iğde çiçeklerini
Dişlerim kenetli
Sevda dendi mi
  – Elinizi toprağa dayayın
    Duyun tohumun çıtırtısını
    Kekik koklayın
    Toprağın sevgisiyle bakın
    Güneşe ve yağmura
    Bir bebek kıpırdasın kanınızda
    Sevdalanın.

Ärztlicher Rat

– Irgendwann aufwachen in der Nacht
 Und der Dunkelheit lauschen!
    – Das geschieht aus Liebe
– Eintauchen ins Flimmern der Sterne
 Wenn die Lieder das Herz brechen?
    – Das geschieht aus Liebe
– Die Nacht wird immer länger ...
    – Es ist Winter
      Er macht die Nacht lang
      Die Liebe macht sie kürzer
– Was ist Liebe?
 Mein Leib hat die Blüten der Ölweide vergessen
 Mein Mund bleibt verschlossen
 Wurde da von Liebe gesprochen?
    – Stützen Sie Ihre Hand auf die Erde
      Lauschen Sie auf das Knacken der Samen
      Riechen Sie am Thymian
      Schauen Sie auf Sonne und Regen
      Voll Liebe, wie die Erde es tut
      Ein Kind möge sich regen in Ihrem Blut
      Verlieben Sie sich!

VECİHİ TİMUROĞLU

Um ein Gedicht von Sennur Sezer auszuwählen, das mir gut gefällt, und auch zu begründen, warum mir gerade dieses Gedicht gefällt, habe ich Sennurs Gedichte erneut gelesen. Warum also habe ich *Ärztlicher Rat* gewählt? Das Gedicht hat zunächst einmal einen stringenten Aufbau. Es handelt sich um einen inneren Dialog über das Thema Liebe. Bei näherem Hinsehen hat Sennur aus den inneren Nöten der Liebenden, die ihre Nächte schlaflos verbringen, eine ganze Liebesphilosophie entwickelt. Nachdem sie die psychische Verfassung einer Liebenden dargestellt hat, die nächtelang aus Liebeskummer nicht schlafen kann und bis in den Morgen Liebeslieder singt, um ihren Schmerz zu verlängern, wird dann erklärt, wie die Liebe im Menschen erscheint und wohin sie führt. Da der Übergang zwischen den beiden Teilen makellos ist, wird die gesamte Gedichtstruktur gefestigt. Die Liebe zeigt sich nun mit ihren physischen Folgen. Mit einer Symbolik voller Assoziationen (Ölweide und Liebe) wird diese Seite der Liebe dargestellt. Der sparsame Umgang mit den Wörtern, die der Thematik dienen, macht den poetischen Wert des Gedichts aus.

Der letzte Teil zeigt die Folgen der Beziehung zwischen der körperlichen Liebe und dem Leben selbst. Das Samenkorn, das im Bauch der Erde aufbricht, und das Baby, das im Blut des Menschen zu rumoren beginnt, sind identische Lebensprinzipien. Das Universelle in der Liebe ist für Sennur die Teilhabe am Leben.

Ich liebe dieses Gedicht, weil es im Gegensatz zur traditionellen, krankhaften Liebesauffassung, die voller Anspielungen auf den Tod ist, das Leben herausfordert. Ich habe es ausgewählt, weil der Aufbau stringent ist, die Poetin mit wenigen Worten Vorstellungen zu evozieren versteht und die Zeilen eindrucksvoll melodisch klingen. Ich übertreibe wohl nicht, wenn ich Sennurs poetische Auffassung im Zusammenhang mit dem Liebesbegriff aus der Sicht des dialektischen Materialismus sehe. So heißt es: »Ein Kind möge sich regen in unserem Blut«, nicht etwa: »in unserem Bauch«. Den Enthusiasmus, sich mit dem Leben zu vermischen, fühlt nicht nur das weibliche Wesen, diese Lebensfreude ist ein universales Gefühl.

SENNUR SEZER geboren 1943 in Eskişehir, arbeitete zunächst als Buchhalterin und ab 1964 als Korrektorin bei den Verlagshäusern Varlık und Arkım. Sie schrieb für die Zeitung *Cumhuriyet* und arbeitete anschließend als Texterin für einen Verlag. Seit ihrer Pensionierung schreibt sie als freie Publizistin. Sennur Sezer ist eine Dichterin mit einem stark ausgeprägten sozialen Gewissen. Ihre Gedichte erschienen erstmals 1958 in der Zeitschrift *Sanat Dünyası*. Neben Gedichten schrieb Sennur Sezer auch einige Kinderbücher. 1987 wurde sie für ihren Gedichtband *Bu resimde kimler var* (Wer ist alles auf diesem Bild) mit dem Halil-Kocagöz-Preis ausgezeichnet. • *Ärztlicher Rat* (*Hekim öğütleri*) erschien 1982 in dem Band *Sesimi arıyorum* (Ich suche meine Stimme) und wurde übersetzt von Uta Schlegel.

VECİHİ TİMUROĞLU geboren 1927 in Körpınar (Sivas), absolvierte ein Studium an der Fakultät für Sprache, Geschichte und Geografie der Universität Ankara. Er arbeitete als Lehrer für Literatur und Philosophie sowie als Rektor an Gymnasien u. a. in Mersin und Ankara. Nach seiner Pensionierung arbeitete er als freier Schriftsteller. Timuroğlu ist bekannt für seine umfassende Bildung, die sich in seinen Essays und Analysen widerspiegelt. Für sein Werk erhielt er diverse Auszeichnungen, zuletzt 2004 den Yunus-Emre-Preis. • Den Essay übersetzte Uta Schlegel.

YAHYA KEMAL BEYATLI

Ufuklar

Rûh ufuksuz yaşamaz.
Dağlar ufkunda mehâbet,
Ova ufkunda huzûr.
Deniz ufkunda tesellî duyulur.
Yalnız onlarda bulur rûh ezelî lezzetini.
Bu ufuklar avutur rûhu saatlerce, fakat
Bir zaman sonra derinden duyulur yalnızlık.
Rûh arar kendine bir rûh ufku.
Mânevî ufku çok engin ulu peygamberler.
– Bahsin üstündedir onlar – lâkin
Hayli mes'ud idiler dünyâda;
Yaşıyorlardı havârîleri, ashâbıyle;
Ne ufuklar! Ne güzel rûh imiş onlar! Yârab!

Annemin na'şını gördümdü:
Bakıyorken bana sâbit ve donuk gözlerle.
Acıdan çıldıracaktım.
Aradan elli dokuz yıl geçti.
Âh o sâbit bakış el'an yaradır kalbimde.
O yaşarken o semâvî, o gülümser gözler
Ne kadar engin ufuklardı bana;
Teneşir tahtası üstünde o gün,
Bakmaz olmuştular artık bu bizim dünyâya.

Horizonte

Unsere Seele kann ohne Horizont nicht leben.
Im Horizont der Berge spüren wir Würde,
Im Horizont der Ebene Frieden,
Im Horizont des Meeres Trost.
Nur in ihnen schmeckt die Seele Ewigkeit.
Die Horizonte beruhigen die Seele stundenlang, aber
Später spürt sie tief innen Einsamkeit.
Dann sucht sie nach ihrem eigenen Horizont.
Die ehrwürdigen Propheten hatten einen weiten Horizont
Und scheinen über alles erhaben – doch
Sie waren auf Erden sehr glücklich;
Sie lebten mit ihren Aposteln und Jüngern:
Was für Horizonte! Was für schöne Seelen sie wohl waren!
                                                Mein Gott!

Ich habe die Leiche meiner Mutter gesehen;
Während ihre Augen mich starr und frostig anblickten,
Da wurde ich vor Leid fast verrückt.
Neunundfünfzig Jahre sind nun vergangen.
Oh, dieser starre Blick schmerzt noch immer wie eine Wunde in
                                                meinem Herzen.
Als sie lebten, diese himmlischen, lachenden Augen
Wie weit erschienen mir da die Horizonte.
An jenem Tag auf der Leichenbahre
Waren sie schon nicht mehr auf diese unsere Welt gerichtet.

Yaşıyan her fânî
Yaşıyan rûh özler,
Her sıkıldıkça arar,
Dar hayâtında ya dost ufku, ya cânan ufku.

Jeder Sterbliche
Sehnt sich nach einer lebendigen Seele,
Je mehr er leidet, desto verzweifelter sucht er,
Nach Freundes- oder Liebeshorizonten im engen Lebenskreis.

KOMET

Das Gedicht *Horizonte* gehört zu Yahya Kemals späten Gedichten. Thematik, Ausdrucksweise und Seelenwelt weisen Gemeinsamkeiten mit anderen Gedichten aus dieser Zeit auf wie beispielsweise *Gedanke unterwegs* und *Herbst*. Mit diesen Gedichten ist der Dichter, der in seiner Jugendzeit Themen wie Heldentum, Schönheit der Natur, Liebe und weltliche Genüsse behandelt hatte, nun im Alter reifer und weiser geworden.

Die Außenwelt reizt ihn nun weniger, er wendet sich immer stärker der Innenwelt zu. Und legt Rechenschaft ab über das Leben, das er lebt. Die Begeisterung seiner Jugendjahre für das Leben, die Natur und die Geschichte weicht jetzt einem Pessimismus. Pantheistische Gedanken herrschen vor. Von religiösen Motiven, die man früher oft in seinen Gedichten fand, hat er sich offenbar abgewendet.

Das Gedicht *Horizonte* hat einen schlichten Stil und wirkt einfach. Auch die formalen Besonderheiten weichen ab von den für den Dichter sonst typischen traditionellen Formen. Doch mit diesem Gedicht berührt er Gefühle, die der gesamten Menschheit eigen sind.

Der Dichter war im täglichen Leben ein unterhaltsamer Mensch, mit dem man wunderbar reden konnte, der Gespräche und Geselligkeiten liebte. Er hat immer mit Worten und Erzählungen gelebt. Zeit seines Lebens hat er kein Buch veröffentlicht. Seine Gedichte trug er nur im Freundeskreis vor. Man lernte seine Gedichte auswendig, und sein Ruhm wurde dadurch mündlich verbreitet. Er hatte auch nie eine eigene Wohnung, sondern wohnte immer in Hotels.

Die Jünger der Propheten, die der Dichter erwähnt, gab es auch zahlreich in seiner eigenen Umgebung. Das heißt, er war auch ein

Prophet und hatte eigene Jünger. Doch im Gedicht beneidet er die Propheten darum, dass sie nicht allein sind. Denn er selbst fühlt sich trotzdem einsam. Insofern kann man das Gedicht *Horizonte* als ein Gedicht deuten über die individuelle Einsamkeit des Dichters und über die Suche nach echten Freunden.

Warum aber fühlt sich der Dichter so einsam, wo er doch von so vielen Bewunderern umgeben ist?

Mit dem Wort Seele wird auf den inneren Zustand des Dichters Bezug genommen. Er ist eine einsame Seele, die sich in der Menge zunehmend verlassen fühlt und nach dem Sinn des Lebens fragt. In dem Gedicht spielt die Mutterfigur eine große Rolle. Damit ist es ein zutiefst menschliches und sinnliches Gedicht. Der Dichter war in seinem Leben eine Persönlichkeit voller Widersprüche. Gerade das war die Inspirationsquelle für seine Poesie.

In unseren Jugendjahren waren wir auf Yahya Kemal nicht gut zu sprechen. Er arbeitete in Spanien im Konsulat und schrieb, während dort der – von ihm nie erwähnte – Bürgerkrieg tobte, Gedichte über Glöckchen, Schals und Rosen.

Je älter ich werde, desto näher stehen mir seine Gedichte. In *Horizonte* sehe ich eine unbekannte menschliche Seite, sehe ich Leid, Schwermut, die Wirklichkeit, was in seinen anderen Gedichten nicht so deutlich zutage tritt. Diese Gefühle kann man in der Jugend weniger nachvollziehen, aber mit zunehmender Lebenserfahrung versteht man sie besser.

So wie sich die Gedichte Shakespeares an alle richten, ist meiner Meinung nach auch dieses Gedicht von Yahya Kemal für alle da. Denn es beschreibt die innere Zerrissenheit und menschliche Trauer, das Gefühl der Schwermut, also Emotionen, die die Menschen auf der ganzen Welt in gleicher Weise nachempfinden können.

YAHYA KEMAL BEYATLI geboren 1884 in Üsküp (Skopje) in Mazedonien, gestorben 1958 in Istanbul, emigrierte 1903 nach Paris. Während seines neunjährigen Aufenthalts in Frankreich beschäftigte er sich intensiv mit Meistern der französischen Literatur wie Hugo, de Banville, Verlaine und vor allem Baudelaire. Nach seiner Rückkehr wurde er Mitglied des jungtürkischen Komitees für Einheit und Fortschritt. Er war Gesandter der Lausanne-Delegation und 1923 Abgeordneter. Als Botschafter vertrat er die Türkische Republik in Madrid, Warschau, Lissabon und Pakistan. Yahya Kemals Dichtung ist geprägt von einer idealistischen Weltanschauung und dem Glauben an die Unsterblichkeit der Seele. Mit seinem lyrischen, romantischen Schreibstil knüpfte er an die osmanische Divan-Dichtung an. Vielen gilt er als der letzte große osmanische Dichter. • *Horizonte* (*Ufuklar,* 1961) wurde übersetzt von Uta Schlegel.

KOMET geboren 1941, mit bürgerlichem Namen Gürkan Coşkun, zog nach seiner Ausbildung an der Akademie der Schönen Künste (1960–1967) 1971 nach Paris. Seit vielen Jahren pendelt er zwischen Paris und Istanbul hin und her. Die erste persönliche Ausstellung seiner Werke verwirklichte Komet 1974 in Rouen. Ab 1981 wurden seine Bilder auf renommierten Ausstellungen in Frankreich, der Schweiz, Österreich und den USA präsentiert. Seine gesammelten Gedichte aus den Jahren 1960 bis 2006 wurden 2007 in dem Band *Olabilir, olabilir* (Kann sein, kann sein) veröffentlicht. • Den Essay übersetzte Uta Schlegel.

TURGUT UYAR

Çok Üşümek

Bir Kalır uzun resimlerde anısı sakallarımızın
Urban içinde Üşüyüp Üşüyüp kaldığımızın

Bir Kalır yanık yağlar kokusu şehirlerde
Uzun nehirlere binip uzaklaşmadıkça

Bir Kalır yabancı yataklarda o oteller
Meydanlar heykeller sizin olmadığınız o her yer

O çok yalınç gerçekli gelip gitmeler

Bir Kalır uzun duvarlar ve onların dipleri
Bir Kalır Yılgın Adamların hep »Evet« dedikleri

Çok üşürdük hep üşürdük üşümekti bütün yaşadığımız
Üşürdü ellerimiz aşkımız sonsuz uzun sakallarımız

Tükenir dağınık diriliği kaşıntımızın bir gün
Bir Kalır uzun kitaplarda anısı çok Üşüdüğümüzün

Das Große Frieren

Eins Bleibt auf langen Bildern die Erinnerung an unsere Bärte
Und unser Großes Frieren in deinen Kleidern

Eins Bleibt der Geruch nach verbranntem Öl in den Städten
Bis wir in die langen Flüsse steigen und uns entfernen

Eins Bleibt in fremden Betten jene Hotels
Plätze Statuen jeder Ort wo Ihr nicht dabei wart

Jenes ganz normale stetige Kommen und Gehen

Eins Bleibt die langen Mauern und die Plätze am Fuß der Mauern
Eins Bleibt Feige Männer die immer »Ja« sagen

Wir frieren immer unser Leben war ein einziges Frieren
Unsre Hände unsre Liebe unsre endlos langen Bärte

Eines Tages endet die zerstreute Lebendigkeit dieses Kribbelns
Eins Bleibt in langen Büchern die Erinnerung an unser Großes Frieren

AYDIN ENGİN

Die Frage nach dem Lieblingsgedicht macht einen zunächst wütend, und dann lässt sie einen nicht mehr los. Denn warum sollen wir aus den Hunderten von Gedichten nur eines auswählen? Und wenn man sich endlich der Qual der Wahl stellt, wird es noch schwieriger. Denn in dem Augenblick, in dem man sich auf ein Gedicht konzentriert und es auswählen möchte, scheinen die anderen Gedichte sich enttäuscht zurückzuziehen.

Als junger Journalist wurde ich einmal losgeschickt, um mit Politikern Interviews zu führen zu dem Thema: »Politiker und Politik«. Ich geriet an einen berühmten, populären Politiker und fragte ihn damals, so wie man mich jetzt gefragt hat: »Und was ist ihr Lieblingsgedicht?«

Ohne zu zögern, antwortete er: »*Die Mauern der Karawanserei* von Faruk Nafiz. Ich kenne es auswendig.« Er konnte es tatsächlich auswendig. Wie aus der Pistole geschossen, legte er los: »Die schwarzbraunen Pferde wieherten/Die Lederpeitsche knallte/Einen Moment lang geriet der Wagen ins Stocken/Dann schwankten unter mir/Die Spiralen aus Eisen ...« Er war schwer zu bremsen. Ich ging bald zur nächsten Frage über.

Im Verlauf der Unterhaltung stellte ich staunend, amüsiert und wütend fest, *Die Mauern der Karawanserei* war überhaupt das einzige Gedicht, das der arme Mann kannte. Er konnte nicht mal den Namen eines zeitgenössischen türkischen Dichters nennen. Ich weiß noch, wie er anstelle von Orhan Veli ständig Adnan Veli sagte. Ob er nicht ein Lieblingsgedicht von Orhan Veli hätte, fragte ich ihn verbessernd. »Von dem habe ich noch nie etwas gelesen!«, gab er freimütig zu.

Als ich die Anfrage nach einem Lieblingsgedicht erhielt, fiel mir dieser Politiker wieder ein. Denn ich habe genauso wie dieser

Mann, ohne zu zögern und ohne mir darüber Gedanken zu machen, dass die anderen Dichter enttäuscht sein werden, geantwortet: »*Das Große Frieren* von Turgut Uyar. Das Gedicht aus dem Band *Die Schornsteine sind feucht*.« Dennoch gehöre ich nicht zu den Kulturbanausen, die nur ein Gedicht kennen. Gedichte waren und sind noch immer eine der wichtigsten Inspirationen in meiner kulturellen Sozialisation. Doch ich habe nicht die Absicht, mich in meiner Antwort nur auf dieses Gedicht zu beziehen. Ich mag die Gedichte Turgut Uyars in ihrer Gesamtheit. Nur wenn Sie mich fragen würden, welches Gedicht von Turgut Uyar mögen Sie am wenigsten, käme ich in echte Verlegenheit. Aber ich sollte meine spontane Wahl, denke ich, begründen: Ich liebe Gedichte, die sich nicht leicht erschließen. Ich bin der Auffassung, dass Kunstwerke dafür geschaffen wurden, dass mindestens eine weitere Person daran teilhaben kann. Deshalb empfinde ich keinen rechten Respekt für ein Kunstwerk, an dem außer dem Künstler selbst nicht noch eine zweite Person, nämlich der Leser seiner Gedichte, Romane, Erzählungen, der Betrachter seiner Bilder oder Statuen oder der Zuschauer seiner Filme oder Theaterstücke, partizipieren kann. Aber mir gefallen auch keine Kunstwerke, die sich, wenn man sich auf sie einlässt, einem sogleich öffnen.

Turgut Uyar ist ein Dichter, der mich in dieser Hinsicht manchmal ermüdet und anstrengt und mich sehr oft daran erinnert, dass man Gedichte nicht lesen kann, wenn man müde oder betrunken ist oder um die Langeweile zu vertreiben. Er bietet dem Leser freie, originelle und reiche Assoziationsfelder. Er produziert eine lyrische Musik mit Wörtern, die durch Lautspielereien beeindruckt, ohne zu einer Kunstfertigkeit zu greifen wie etwa der Akrobatik mit Wörtern.

Nun gut, aber warum nun gerade *Das Große Frieren* und kein anderes Gedicht von Turgut Uyar? Schauen Sie, darauf gibt es keine Antwort. Sollte es keine geben. Wer dennoch unbedingt eine will, dem sei nur dies gesagt: Lies das Gedicht ... Du wirst die Antwort finden!

TURGUT UYAR geboren 1927 in Ankara, gestorben 1985 in Istanbul, war Absolvent der Militärbeamtenschule, wurde Offizier und danach Zivilbeamter. In seinen frühen Gedichten noch stark von der Volksdichtung beeinflusst, suchte er später nach alternativen Ausdrucksformen und wurde zu einem der wichtigsten Vertreter der »Zweiten Neuen«. Seine Lyrik ist intensiv und kraftvoll. 1963 wurde Uyar mit dem Yeditepe-Preis, 1982 mit dem Behçet-Necatigil-Preis und 1984 mit dem Preis der Sedat-Simavi-Stiftung ausgezeichnet. • *Das Große Frieren* (*Çok Üşümek*, 1962) wurde übersetzt von Uta Schlegel.

AYDIN ENGİN geboren 1941 in Ödemiş (İzmir), machte sich in den Sechzigerjahren einen Namen als Theaterautor und -regisseur. Nach dem Militärputsch 1980 ging er ins Exil nach Frankfurt am Main. Dort entstanden viele zweisprachige musikalische Komödien um die seit Jahren in Deutschland lebende fiktive Familie Taş. Seit 1992 lebt Engin in Istanbul. Von 1992 bis 2004 arbeitete er als Kolumnist für die Tageszeitung *Cumhuriyet*. Seit 2006 arbeitet er als freier Journalist. Seine Erinnerungen veröffentlichte er unter dem Titel *Ben Frankfurt'ta şoförken* (Als ich in Frankfurt Fahrer war). • Den Essay übersetzte Uta Schlegel.

BEHÇET NECATİGİL

Panik

Artık ıssız kırları bıraktı Pan;
Şimdi birçok ülkelerin milyonluk kentlerinde
Asfaltlarda, betonlarda dolaşıyor
Kızgın, uzak yazların öğlen saatlerinde.

Blok apartmanların şahane katlarından
En çalımlı taşıtlara atlıyor.
Devcileyin arkalar, koskoca bankalardan
Yanında yardakçılar, yaşıyor.

Sessiz dilsiz kimseleri kestiriyor gözüne,
Dişlilerden kaçıyor.
Fabrika duvarları sağır kale kapıları
Yılgın yorgun adamlar, bezgin ürkek kadınlar ...
Çullanıyor onların az ekmek sevincine.

Değil yalnız yazların kızgın sıcaklarında
Hemen her gün, hele büyük kentlerde
Bulvarları tarıyor, hain gülüşleri sessiz.
Pan'la karşı karşıya, gözleri kararıyor
Katı cıvık asfaltta yalın ayak bir işsiz.

Yoksullar açlar hastalar sürünürken
Kentyerin göbeğinde, kuytu köşelerinde;
Hıncını alamamış sanki insanlardan
Uygarlığı zalim, daha da azıtıyor
Atom bombalarında, uzay füzelerinde.

Panik

Nun verließ Pan die einsamen Weiden;
In Millionenstädten vieler Länder
Huscht er über Asphalt und Beton
In den Mittagsstunden brütend langer Sommer.

Aus prächtigen Etagen der Apartmenthäuser
Besteigt er prahlerische Karossen.
Gigantischer Rückhalt, von riesigen Banken
Helfershelfer um ihn, lebt er.

Auf stille, stumme Leute hat er es abgesehen,
Weicht denen, die Zähne zeigen.
Die Fabrikmauern taube Festungstore
Eingeschüchtert müde Männer, verdrießlich scheue Frauen ...
Auf ihre knappe Brotfreude stürzt er sich.

Nicht nur in der brütenden Hitze des Sommers
Fast täglich, besonders in Großstädten
Kämmt er die Alleen durch, lautlos sein hämisches Lachen.
Im Angesicht Pans vernebeln sich die Augen
Eines barfüßigen Arbeitslosen auf dem zäh schmierigen Asphalt.

Während Arme, Hungernde, Kranke elend leben
Mitten in Städten, in ihren Ecken und Enden
Grausam seine Zivilisation, als hätte er sein Mütchen
Nicht genug gekühlt an den Menschen, treibt er es noch ärger
In Atombomben, Weltraumraketen.

Yarınlar? Gizli kara gazte haberlerinde
O varsa ekmeklerde, sularda ağulu
Hattâ çocuk yüzlerine düşmüşse gölgesi,
Keser bizim gibiler yarınlardan umudu.

Renklerde, emeklerde, ırklarda ...
Yahudiler, işçiler, zenciler ... Pan!
Şu dünyada insanca yaşamak da yoksa
Ne kalıyor geriye, yüzyıllardan?

Und die Zukunft? Versteckt in dunklen Zeitungsmeldungen
Wenn es ihn gibt im Brot, im Wasser, vergiftet
Wenn sein Schatten sogar auf Kindergesichter fällt,
Gibt unsereiner die Hoffnung auf Morgen auf.

In Farben, Mühen, Rassen ...
Juden, Arbeiter, Schwarze ... Pan!
Wenn in dieser Welt menschliches Leben nicht möglich ist
Was bleibt von den Jahrhunderten dann?

ERAY CANBERK

Necatigils Gedicht mit dem Titel *Panik* beginnt mit einer überraschenden Zeile: »Nun verließ Pan die einsamen Weiden«. Da man weiß, dass Pan in der griechischen Mythologie der Gott der Hirten ist, mag man sich fragen: »Wohin ist Pan gegangen, wenn er die einsamen Weiden verlassen hat?« Die Antwort darauf findet sich in den folgenden Zeilen. Sie denken vielleicht, dass Pan, wenn er schon die einsamen Weiden verließ, in Gegenden gezogen ist, die nicht ganz so einsam sind. Pan zog tatsächlich vom Land in die Stadt; statt der Einsamkeit wählte er »Millionenstädte«, das Menschengewimmel. Statt auf Wiesen und unter Bäumen zu wandeln, zieht er nun über »Asphalt und Beton«. Aber dass der Pan im Gedicht »In den Mittagsstunden brütend langer Sommer« umherwandert, fällt auf. Wenn der Dichter andeutet, dass Pan in Fragen der Zeit wählerisch ist, so muss er darüber etwas wissen.

Um denselben Wissensstand wie der Dichter zu erlangen, muss der Leser sich den Quellen zuwenden, aus welchen sich der Dichter bedient. Wir wissen, dass Necatigil von der westlichen wie auch der östlichen Mythologie inspiriert ist und seine Gedichte Verweise auf beide Mythologien enthalten. Sein 1957 erschienenes *Kleines Lexikon der Mythologie* ist ein Beleg dafür, dass sich der Dichter damit näher befasst hat. In dem erwähnten Buch steht unter dem Stichwort »Pan« folgendes: Pan, Sohn von Hermes, ist im gebirgigen Arkadien der Gott der Hirten von Kleinvieh. Er hat Bocksfüße und hatte früher auch noch einen Ziegenkopf. Dann bekam er zwar ein Menschengesicht, doch die Hörner und den Ziegenbart behielt er. Er liebte es, wie ein geiler Bock den schönen Nymphen nachzulaufen. In den heißen Mittagsstunden des Sommers, wenn Menschen und Tiere gewöhnlich schlafen, machte er plötzlich großen Lärm und versetzte alle Wesen in den vier Himmelsrichtungen in »Panik«. Pan bedeutet im Griechischen »ganz«. Mystiker hoben Pan später auf eine Stufe mit »Gott, der alles machen kann«.

Diese Erklärungen verdeutlichen den ersten Vierzeiler im Gedicht. Pans Gewohnheit, »in den Mittagsstunden brütend langer Sommer« zu erscheinen, gilt auch für die Städte. Ein Blick auf die Besonderheiten seines Vaters Hermes ist von Nutzen. Wir ziehen wieder das Lexikon Necatigils heran: Hermes ist der Gott der Herden, der Gott der List und Schutzpatron der Diebe. Er erfand das Feuer, das Spielen von Flöte und Lyra. Und er ist rhetorisch gewandt. Hermes gilt auch als Gott der Händler. Er ist der Bote zwischen der Welt der Lebenden und der Welt der Toten; als solcher führt er die Seelen Sterbender in die Unterwelt. Mit seinem Zauberstab versetzt er Menschen in den Schlaf und lässt sie in schönen Träumen versinken. Ob Pan nach seinem Vater geraten ist, wissen wir vorerst nicht, doch unsere Kenntnis, dass er einen solchen Vater hatte, verhilft uns für das Gedicht *Panik* zu weiteren Assoziationen.

So verstehen wir auch, dass Necatigil für sein Gedicht einen Titel gewählt hat, der poetischen Assoziationen Raum lässt. Panik ist ein aus dem Wort Pan abgeleitetes Adjektiv. Im französisch-türkischen Wörterbuch heißt *panique/panik*: »in panischen Schrecken versetzend, Angst einjagend, Angst und Grauen auslösend«.

Im zweiten Vierzeiler des Gedichts kommen Eigenschaften Pans zum Vorschein, die er von seinem Vater geerbt hat. Der Dichter gibt einen indirekten Hinweis auf die ökonomische Lage und beschreibt dabei mithilfe Pans den unheilvollen Kapitalismus. Im dritten Vierzeiler erfahren wir, auf wen alles Pan es abgesehen hat. In der vierten Strophe wahrt das Gedicht scheinbar noch seinen örtlichen Charakter und bleibt innerhalb gewisser Grenzen. Erst in der fünften Strophe gewinnt das Gedicht auf einmal an universalem Ausdruck. »Atombomben« und »Weltraumraketen« erscheinen als Symbole einer grausamen Zivilisation. In der sechsten Strophe herrscht der Gedanke vor, dass die Zukunft weit davon entfernt ist, Hoffnung zu verheißen. Hier verleiht Necatigil den Hoffnungslosen eine Stimme: »Gibt unsereiner die Hoffnung auf Morgen auf«.

In der siebten und letzten Strophe tritt uns der universale Charakter mit aller Klarheit entgegen. Hier ist die Rede von all den Menschen, die Pan unterdrücken will. Die Arbeiterklasse, die unterschiedlichen Rassen, Farbige, alle sind betroffen. Und ihnen gegenüber steht Pan! Aber dieser Pan explodiert wie eine Waffe!

Als wäre die Summe aller von der Menschheit über die Jahrhunderte erworbenen Werte, menschlich zu leben, auf einmal kurz und klein geschlagen worden.

Panik ist von der sonst in Necatigils Gedichten vorherrschenden Stimmung – introvertiert, verletzlich, schicksalsergeben und sich gegenüber Widrigkeiten gelassen zu verhalten – weit entfernt. Dies betont auch Selim İleri in seinem Buch *Necatigil, der Dichter der verletzlichen Feinheiten*: »Necatigil verlässt anscheinend zum ersten Mal sein Gottvertrauen.«

Das Gedicht *Panik* kann natürlich auch anders ausgelegt und interpretiert werden. Man kann dieses Gedicht auch als einen Ausdruck der Hoffnungslosigkeit verstehen, die einen sensiblen Dichter angesichts der Lage der Menschheit überkommt. Dennoch sollte dabei nicht vergessen werden, dass die Gedichte Necatigils nicht nur auf der Oberfläche, sondern immer auch auf der Innenfläche gelesen werden können.

BEHÇET NECATİGİL geboren 1916 und gestorben 1979 in Istanbul, ist Absolvent der Literarischen Fakultät der Universität Istanbul. Während seines Studiums, das er 1940 abschloss, lernte er u. a. Deutsch. Als Lehrer für Literatur war seine erste Station der äußerste Osten der Türkei. Er kehrte 1943 nach Istanbul zurück, wo bald sein erster Gedichtband *Kapalı çarşı* (Gedeckter Basar) herauskam. Bis zu seiner Pensionierung im Jahre 1972 arbeitete Necatigil an verschiedenen Istanbuler Schulen. Necatigil war auch als Übersetzer tätig, so etwa von Hamsun, Heine, Dorst, Zweig, Rilke und Hesse. Außerdem führte er die literarische Gattung des Hörspiels in der Türkei ein. 1957 wurde er mit dem Yeditepe-Preis, 1964 mit dem Preis der Türkischen Sprachgesellschaft ausgezeichnet. Nach seinem Tod rief man einen nach ihm benannten Lyrikpreis ins Leben. • *Panik (Panik,* 1962) wurde übersetzt von Yüksel Pazarkaya.

ERAY CANBERK geboren 1940 in Istanbul, schloss 1964 sein Französisch-Studium an der Universität Istanbul ab und arbeitete zwischen 1964 und 1968 als freier Übersetzer und leitete ein Jahr lang den Verlag May Yayınları. Von 1969 bis 1975 war Canberk als Grundschullehrer beschäftigt, von 1976 bis 1982 wieder im Verlagswesen; bis 1988 arbeitete er als Übersetzer und Verfasser von Lexikonartikeln. Gemeinsam mit Afşar Timuçin gründete er das Verlagshaus Kavram. Eray Canberk, der sich selbst auch als Dichter und Schriftsteller betätigt, ist Mitglied der Türkischen Schriftstellergewerkschaft. • Den Essay übersetzte Yüksel Pazarkaya.

ATAOL BEHRAMOĞLU

Ben ölürsem akşamüstü ölürüm

Ben ölürsem akşamüstü ölürüm
Şehre simsiyah bir kar yağar
Yollar kalbimle örtülür
Parmaklarımın arasından
Gecenin geldiğini görürüm

Ben ölürsem akşamüstü ölürüm
Çocuklar sinemaya gider
Yüzümü bir çiçeğe gömüp
Ağlamak gibi isterim
Derinden bir tren geçer

Ben ölürsem akşamüstü ölürüm
Alıp başımı gitmek isterim
Bir akşam bir kente girerim
Kayısı ağaçları arasından
Gidip denize bakarım
Bir tiyatro seyrederim

Ben ölürsen akşamüstü ölürüm
Uzaktan bir bulut geçer
Karanlık bir çocukluk bulutu
Gerçeküstücü bir ressam
Dünyayı değiştirmeye başlar
Kuş sesleri, haykırışlar
Denizin ve kırların
Rengi birbirine karışır

Wenn ich sterbe sterb ich gegen Abend

Wenn ich sterbe sterb ich gegen Abend
Pechschwarzer Schnee fällt auf die Stadt
Mein Herz verdeckt alle Wege
Zwischen meinen Fingern
Sehe ich: die Nacht ist gekommen

Wenn ich sterbe sterb ich gegen Abend
Die Kinder gehen ins Kino
Mein Gesicht in einer Blume vergraben
Mir ist fast zum Weinen zumute
Dahinten fährt ein Zug vorbei

Wenn ich sterbe sterb ich gegen Abend
Ich möchte meinen Kopf nehmen und losgehen
An einem Abend betret ich eine Stadt
Zwischen Aprikosenbäumen hindurch
Geh ich schau aufs Meer
Und seh mir ein Theaterstück an

Wenn ich sterbe sterb ich gegen Abend
In der Ferne zieht eine Wolke vorüber
Eine düstere Kindheitswolke
Ein surrealistischer Maler
Beginnt die Welt zu verändern
Vogelstimmen, Schreie
Des Meeres und der Felder
Farben fließen ineinander

Sana bir şiir getiririm
Sözler rüyamdan fışkırır
Dünya bölümlere ayrılır
Birinde bir pazar sabahı
Birinde bir gökyüzü
Birinde sararmış yapraklar
Birinde bir adam
Her şeye yeniden başlar

Ich bringe dir ein Gedicht
Die Wörter sprudeln aus meinem Traum
Die Welt wird in Kapitel aufgeteilt
In einem ist der Sonntagmorgen
In einem das Himmelsgewölbe
In einem das welke Laub
In einem ein Mensch
Für jedes Ding beginnt alles von Neuem

FERİDUN ANDAÇ

Es war eine kalte, verschneite Winternacht. Keine Menschenseele war mehr auf den Straßen unterwegs. Die fahlen Lichter der Stadt schimmerten durch den Nebel. Der Schnee, der abends in dicken Flocken gefallen war, hatte alles weiß bedeckt. Als ich in die einsamen Wege einbog, die aus der Stadt führten, bekam ich es mit der Angst zu tun und blieb in Panik stehen. An meine Empfindungen von damals erinnere ich mich noch, als wäre es heute. Doch mit einem Mal kam ich wieder zu mir. Ich eilte zurück und begab mich erneut unter den Schein der fahlen Lichter. Diese geleiteten mich an einen warmen Ort und entließen mich in eine Atmosphäre, die sich völlig von der damaligen Stimmung in der Stadt unterschied, und zwar in die eines jener Prachtcafés, an deren Gestaltung ich einmal vor Jahren mitgewirkt hatte und die jetzt überall wie Pilze aus dem Boden schossen. *Wenn ich sterbe sterb ich gegen Abend* war das erste Gedicht, das ich las, als ich den Gedichtband aus meiner Tasche zog. Ich ließ mich von einer schrecklichen Flut von Eindrücken mitreißen. Schluck für Schluck trank ich meinen Tee und beugte mich dabei immer wieder über das Buch.
1976.
Inmitten eines strengen Winters.
Das Gedicht besitzt für mich somit eine zehnjährige Geschichte.

Wenn ich mir die Bedeutung eines Gedichts erschließe, möchte ich folgende Fragen beantworten: Welche Wirkung entfaltet das lyrische Element im Gedicht, wie identifiziert sich der Adressat mit dem Gedicht, welche Bedeutung bekommen seine Erfahrungen dadurch? Lassen Sie uns zunächst einmal das Gedicht selbst betrachten.

Obwohl der Dichter – neben surrealistischen Elementen – meist konkrete Bilder verwendet, handelt es sich um ein hermetisches Gedicht. Aber wenn man weiterliest, merkt man, dass es sich entschlüsseln lässt und somit verständlich wird.

Wie schon der Titel sagt, gibt es im Gedicht einen Ich-Erzähler. Das lyrische Moment im Gedicht reflektiert die innere Wirklichkeit des Ich-Erzählers. Seine Vergangenheit und Gegenwart, ja sein schmerzhaftes und qualvolles Leben werden erzählt, und zwar auf eine ebenso schmerzliche und gequälte Weise. Dieses Leben steht im Zeichen von Einsamkeit, Kränkung und Pein. Die innere Wirklichkeit spiegelt sich im Gedicht in den Dualitäten Vergangenheit – Gegenwart und Erlebtes – Zukünftiges. Im Gedicht ist der Blick des Dichters sowohl von außen nach innen als auch von innen nach außen gerichtet. Das Äußere lässt sich mit dem Blick nach innen darstellen, indem es mit persönlichen Erlebnissen in Verbindung gebracht und ausschließlich aus seinem Blickwinkel dargestellt wird. Die Bilder hinter den surrealistischen Elementen weisen dem Leser den Weg der inneren Bedeutung. Am Ende erfolgt eine Einladung zu einem Neuanfang, der Hoffnung in sich birgt.

Ich überlege mir, weshalb ich das Gedicht damals so interessant fand. Es rührt wohl nicht nur daher, dass im Text das Subjekt »Ich« verwendet wird, das sich mit der Wirklichkeit identifiziert. Das Motiv des Todes, das Bild des Vogels, die Ankündigung der Nacht und der wieder aufgenommene Vers »Wenn ich sterbe sterb ich gegen Abend« – all dies sind Verbindungen zu den Ereignissen jenes Tages sowie der damals erlebten Umgebung und somit die wirkungsvollsten Elemente des Gedichts.

Jahre später, als ich es wieder las und mich erinnerte, spürte ich, dass ich heute nicht mehr so empfinde. Und mir wurde klar, dass das Gedicht nicht allein von solchen Wirkungselementen lebt. Das Potenzial des Gedichts liegt vielmehr darin, dass es in jedem Moment an allen Orten das Allgemeine anspricht und somit etwas Bleibendes besitzt.

Das Gedicht ist Freund, Hoffnung und Stütze.

Damit möchte ich sagen, dass das Gedicht seine Wirkung bei jedem Lesen neu entfaltet, diese Wirkungen aber nicht dieselben sind. Ja, das Gedicht ist immer noch beeindruckend, aber auf eine andere Weise. Das Individuum lebt heute in einer anderen Situation als früher. Das gilt auch für seine Lebensweise und sein Verständnis von Kunst. Dazu kommt der Wandel auf der Bewusstseinsebene. Möglicherweise rührt die Wirkung aus der Vielschichtigkeit des Gedichts, aus der Vielzahl der Stimmen.

Den geschichtlichen Hintergrund des Gedichts bildet eine Dreierperiode (die Phase des Bürgerkriegs bis zum Militärputsch 1980, der Putsch, die Jahre der Militärregierung). Das Gedicht lässt sich deshalb auch als ein Dokument für das Verhältnis von Mensch und Gesellschaft in der damaligen Zeit lesen, insbesondere im Hinblick auf das Individuum und dessen Wirklichkeit. Stellt man einmal Bezüge zum damaligen Umfeld her, dann tragen vor allem die beiden letzten Strophen ihren Teil dazu bei, die Erlebnisse von damals begreifbar zu machen.

Wie erzeugt das Gedicht nun aber seine Wirkung?

Zunächst bezog ich die Wirkung des Gedichts auf mich wegen der Erlebnisse, des psychologischen Moments und des Orts. Außerdem war ich für die lyrische Wirkung des Gedichts empfänglich. Denn ich begegnete den Versen des Dichters zufällig in der Stadt meiner ersten Kindheitsjahre. Voller Empfindsamkeit sog ich die Gedichte regelrecht auf. Ich muss wohl nicht besonders darauf hinweisen, dass diese Wirkung ganz subjektiv war. Heute empfinde ich sie nicht mehr.

Die Aussage und sprachliche Gestaltung eines Gedichts kommt bei jedem Menschen anders an, setzt andere Zwischentöne, schafft andere Bedeutungen, das möchte ich noch einmal betonen. Bei unterschiedlichen Auffassungen entstehen unterschiedliche Assoziationen. Die Botschaft, die vom Dichter ausgeht, ist nicht dasselbe wie das, was beim Leser ankommt. Selbstverständlich gibt es in diesem Sinne keinen Maßstab dafür, ob der Leser das Gedicht richtig verstanden hat und ob er begriffen hat, was der Dichter eigentlich sagen wollte. Darauf werde ich gleich noch zurückkommen.

Ich hoffe, dass ich mit dem Folgenden verdeutlichen kann, was ich mit alldem eigentlich sagen möchte. Ich öffne mein Tagebuch und lese den Eintrag jenes Tages; was mir damals also durch den Kopf ging:

Samstag, 4. Dezember
Ich befinde mich in einer Stimmung furchtbarer Einsamkeit! Ich bin wie ein Fremder in ›meiner Stadt‹. Ich wandere durch einsame Gegenden. (...) Ich greife zum ersten Mal zu Ataols Buch. Dabei hatte ich es schon im November gekauft. Es befand sich unter den Büchern, die ich als ›notwendige Utensilien‹ ganz unten in die Tasche gesteckt hatte. Welch eine Wohltat, mich nach all dem Lärm und der Aufregung in ein Gedicht zu vertiefen! Und das erste Gedicht, das mir entgegentritt, hat mich erschüttert. Das darf doch nicht wahr sein! Ich muss los, muss mich auf den Weg machen, auf einsame, verschneite Wege, muss an alldem wieder vorbei, vorbei- und weitergehen, auch wenn es mich innerlich schmerzt.

In jenen Tagen machten Angst und Leid die Runde. Wir konnten uns nur heimlich in den Seitenstraßen der Stadt bewegen, aber auch hier nur ängstlich und vorsichtig. Es war auch die Zeit, in der sich die Herzen ganz der Liebesleidenschaft hingaben. In diesen gesellschaftlichen Wirren war unser Individualismus – wie angeschlagen er auch wirken mochte – ungebändigt und ungestüm. Nolens volens stelle ich mir hier wieder dieselbe Frage: Was war es, was mich in diesem Gedicht ansprach? Die Sprachbilder, die beschriebene Wirklichkeit, das Dichterische oder das, was zu meinen eigenen Erlebnissen passte?

Dies gilt auch für den Leser: Was er beim ersten Mal versteht und beim späteren Wiederlesen versteht, ist nicht dasselbe. Das Gedicht ist demnach etwas Lebendiges, das die Zeit und Epochen überdauert.

ATAOL BEHRAMOĞLU Biografie siehe Seite 28. • Das Gedicht *Wenn ich sterbe sterb ich gegen Abend* (*Ben ölürsem akşamüstü ölürüm*, 1972) wurde von Erika Glassen übersetzt.

FERİDUN ANDAÇ geboren 1954 in Erzurum, ist Absolvent der Pädagogischen Fakultät der Marmara-Universität in Istanbul. Er arbeitete als Lehrer für Türkisch und Literatur an Gymnasien und als Dozent an der Marmara-Universität. Seit 1987 arbeitete er für verschiedene private Organisationen in leitender Position. Feridun Andaçs erster Artikel (*Über Nurullah Ataç*) erschien 1983 in der Zeitschrift *Yazko Edebiyat*, in den darauffolgenden Jahren war er für viele Zeitschriften als Essayist und Kritiker tätig. Zudem war er Chefredakteur diverser Zeitschriften. Für sein Werk erhielt Feridun Andaç zahlreiche Preise und Auszeichnungen. Er ist Mitglied des türkischen PEN. • Den Essay übersetzte Eric Czotscher.

YUNUS EMRE

Biz dünyadan gider olduk

Biz dünyadan gider olduk
Kalanlara selâm olsun
Bizim için hayır dua
Kılanlara selâm olsun.

Ecel büke belimizi
Söyletmiye dilimizi
Hasta iken halimizi
Soranlara selâm olsun.

Tenin ortaya açıla
Yakasız gömlek biçile
Bizi bir âsan veçhile
Yuyanlara selâm olsun.

Selâ vereler kastımıza
Gider olduk dostumuza
Namaz için üstümüze
Duranlara selâm olsun.

Eceli gelenler gider
Küllisi gelmez yola gider
Bizim halimizden haber
Soranlara selâm olsun.

Derviş Yunus söyler sözü
Yaş doludur iki gözü
Bilmeyen ne bilsin bizi
Bilenlere selâm olsun.

Wir scheiden nun aus dieser Welt

Wir scheiden nun aus dieser Welt
Den Bleibenden gilt unser Gruß
Die bitten hier für unser Wohl
Den Betenden gilt unser Gruß.

Es krümmt das Kreuz die Todesstunde
Sie lähmt die Zunge uns im Munde
Besorgt fragt Ihr nach uns, die siech darniederliegen
Den Fragenden gilt unser Gruß.

Den Leichnam seht Ihr nackt und bloß
Das Totenhemd wird zugeschnitten
Die uns mit leichter Hand nun waschen
Den Waschenden gilt unser Gruß.

Lasst laut den Ruf vom Minarett erschallen
Für uns, die wir den Weg zum Freund nun wallen
Kniet nieder zum Gebet für unsere Seele
Den Flehenden gilt unser Gruß.

Denn dieser Weg in der bestimmten Todesstunde
Ist ohne Rückkehr allen uns beschieden
Wenn Ihr von unserem Schicksal Kunde wollt
Den Fragenden gilt unser Gruß.

Der arme Yunus hat dies Wort gesprochen
Voll Tränen ist sein Augenpaar
Wer uns nicht kennt, nun gut, sei's drum,
Denen, die uns kennen, gilt unser Gruß.

YAŞAR KEMAL

Yunus Emre lebte im 13. Jahrhundert. Er ist wohl der größte Dichter türkischer Zunge. Seine Gedichte sind erst lange Zeit nach seinem Tod in Buchform erschienen, viele von ihnen wurden vom Volk zusammengetragen. Noch heute trifft man auf Gedichte, die bislang nicht gedruckt sind. Anatolien singt und zitiert ihn seit dem 14. Jahrhundert.

Mag Yunus Emre auch immer wieder als Dichter der Mystik charakterisiert werden, so sprengt er doch diesen Rahmen. Er ist eine wesentlich weiter gefächerte, vielseitige Persönlichkeit, ist der Dichter der Liebe und Freundschaft.

Yunus Emre hat mit eben seiner Vielseitigkeit Anatolien beeinflusst. Seit sieben Jahrhunderten gilt er als Verkörperung von Liebe, Freundschaft und Naturverbundenheit. Er steht an der Spitze derer, die anderen den Weg weisen, dass der Mensch den Menschen gut behandle, dass kein Mensch seinem Mitmenschen ein Leid zufüge, jeder Mensch seinem Mitmenschen unverbrüchliche Liebe, Freundschaft und Achtung entgegenbringe und jedes Geschöpf achte. Yunus Emre steht auch an der Spitze der hochgeehrten Dichter der Aleviten, und die Sunniten verehren ihn wie einen Heiligen.

Er beschreibt den Tod in all seiner Bitterkeit und sagt, dass die Menschen dieses Weh nur mit ihrer Liebe zueinander überwinden können. Das Ende von allem ist der Tod, das Grab, die Verwesung und die Tatsache, zum Fraß der Würmer zu werden. Aber es gibt auch die Lebensfreude der Menschen, das Nichtverzichtenwollen auf diese Welt. Eine in der Sprache des anatolischen Volkes verankerte Redewendung lautet: »Die Welt ist schön, das Leben süß.« Dieser Spruch ist in die Sagen eingegangen, hat sich bis heute gehalten, kehrt in Liedern und Totenklagen wieder.

Und selbst wenn das Leben auch nur kurz wie ein Lidschlag ist, können wir es mit Liebe, mit Freundschaft verlängern. Yunus Emre fügt noch hinzu: Wir werden nie wieder auf diese Welt kommen. Daher sollten wir den Wert erkennen, auf diese Welt gekommen zu sein.

Wenn wir Yunus Emre lesen, können wir unsere Welt glücklicher, mit mehr Liebe verlassen. Mit weniger Todesangst ... Weil wir uns gegen Krieg, gegen Ausbeutung des Menschen durch den Menschen, gegen Erniedrigung und Verachtung des Menschen durch den Menschen aufgelehnt haben. In Freude darüber, ein Leben mit Achtung und Liebe für alles in der Welt, ob Wolf, Vogel oder Käfer, geführt zu haben, in Freude darüber, auf diese Welt gekommen zu sein.

YUNUS EMRE geboren 1240 oder 1241 in Sarıköy (Eskişehir), gestorben 1320 oder 1321, war ein Dichter der islamischen Mystik (Sufismus). Legenden und eigenen Gedichten zufolge wurde Yunus Emre an einer Medrese ausgebildet, bevor er sich auf die Suche nach seinem geistigen Lehrer Taptuk Emre machte und diesen nahe dem Fluss Sakarya fand. Nach seiner Ausbildung kam er nach Konya, Damaskus und Aserbaidschan und traf auch seinen Zeitgenossen, den großen Mystiker Mevlânâ Celâleddîn Rûmî. Seine Reise wie auch seinen Lebensweg soll er an seinem Geburtsort beschlossen haben, wo seit 1970 ein Grabmal an ihn erinnert. Yunus Emre, den viele für den größten Dichter der türkischen Literatur halten, hat mit seinen Gedichten, die in einem klaren und einfachen Türkisch verfasst sind, Tausende Künstler nach ihm beeinflusst, und seine Verse werden von Intellektuellen ebenso häufig rezitiert wie von Angehörigen des einfachen Volks. • *Wir scheiden nun aus dieser Welt* (*Biz dünyadan gider olduk*) stammt aus dem Divan des Yunus Emre und wurde übersetzt von Erika Glassen.

YAŞAR KEMAL geboren 1923 in Gökçeli oder Gökçedam bei Adana, arbeitete in einer Baumwollfabrik, danach u. a. als Bürodiener, Landarbeiter, Wasserwächter, Hilfslehrer. Mit siebzehn Jahren wurde er zum ersten Mal aus politischen Gründen verhaftet. Von 1951 bis 1963 schrieb er für die Tageszeitung *Cumhuriyet* Kolumnen und Reportagen. Er war Mitbegründer der neuen Sozialistischen Arbeiterpartei (1962), leitete die linke Zeitschrift *Ant* und fungierte als Vorsitzender der neuen Schriftstellergewerkschaft der Türkei. Zunächst schrieb er Gedichte, darauf folgten ab 1946 Kurzgeschichten. Sein in der *Cumhuriyet* abgedruckter Roman *Memed mein Falke* erregte durch seinen sozialkritischen, modern-romantischen Stoff um einen edlen Räuber großes Aufsehen. Es war das Debüt eines heute international geschätzten Romanciers. Viele seiner Romane wurden ins Deutsche übertragen. • Den Essay übersetzte Cornelius Bischoff.

NECİP FAZIL KISAKÜREK

Çile (Senfoni)

(Allegro)
Gaiblerden bir ses geldi: Bu adam,
Gezdirsin boşluğu ense kökünde!
Ve uçtu tepemden birdenbire dam;
Gök devrildi, künde üstüne künde ...

Pencereye koştum: Kızıl kıyamet!
Dediklerin çıktı, ihtiyar bacı!
Sonsuzluk, elinde bir mavi tülbent,
Ok çekti yukardan, üstüme avcı.

Ateşten zehrini tattım bu okun,
Bir anda kül etti can elmasımı.
Sanki burnum, dedi burnuna (yok) un,
Kustum, öz ağzımdan kafatasımı.

Bir bardak su gibi çalkandı dünya;
Söndü istikamet, yıkıldı boşluk.
Al sana hakikat, al sana rüya!
İşte akıllılık, işte sarhoşluk!

Ensemin örsünde bir demir balyoz.
Kapandım yatağa son çare diye.
Bir kanlı şafakta, bana çil horoz,
Yepyeni bir dünya etti hediye.

Selbstkasteiung der Seele (Sinfonie)

(Allegro)
Aus der verborgenen Welt erscholl eine Stimme: Dieser Mann
Soll die Leere auf seinem Nacken tragen!
Und plötzlich flog das Dach über meinem Scheitel davon;
Der Himmel stürzte ein, überall Schlingen und Fesseln ...

Ich lief ans Fenster: die rote Katastrophe wie am Jüngsten Tag!
Es trat ein, was du vorausgesagt, greise Schwester!
Unendlichkeit, in deiner Hand ein blaues Turbantuch,
Von oben schoss ein Jäger einen Pfeil auf mich herab.

Ich schmeckte das Gift aus Feuer an diesem Pfeil.
Im Augenblick verglühte mein Lebensapfel.
Es war, als stünde ich von Angesicht zu Angesicht dem Nichts
                  gegenüber,
Aus meinem Mund kotzte ich, alles, was mein Schädel barg.

Als wäre sie ein Glas Wasser, schlingerte die ganze Welt:
Die Ordnung löste sich auf, die Leere brach in sich zusammen.
Da hast du die Wahrheit, hier hast du den Traum!
Hier die Besonnenheit, hier die Trunkenheit!

Auf dem Amboss meines Nackens ein Vorschlaghammer aus Eisen.
Ich verkroch mich ins Bett, ein letzter Ausweg.
In der blutigen Morgendämmerung gab mir der gesprenkelte Hahn
Eine nagelneue Welt als Geschenk.

(Adagio)
Bu nasıl bir dünya, hikâyesi zor;
Mekânı bir satıh, zamanı vehim.
Bütün bir kâinat muşamba dekor,
Bütün bir insanlık yalana teslim

Nesin sen, hakikat olsan de çekil!
Yetiş körlük, yetiş, takma gözde cam!
Otursun yerine bende her şekil;
Vatanım, sevgilim, dostum ve hocam!

Aylarca gezindim, yıkık ve şaşkın,
Benliğim bir kazan ve aklım kepçe.
Deliler köyünden bir menzil aşkın,
Her fikir içimde bir çift kelepçe.

Niçin küçülüyor eşya uzakta?
Gözsüz görüyorum rüyada, nasıl?
Zamanın raksı ne, bir yuvarlakta?
Sonum varmıs, onu öğrensem asıl!

Bir fikir ki, sıcak yarada kezzap,
Bir fikir ki, beyin zarında sülük.
Selâm, selâm sana haşmetli azap;
Yandıkça gelişen tılsımlı kütük

Yalvardım: Gösterin bilmeceme yol!
Ey yedinci kat gök, esrarını aç!
Annemin duası, düş de perde ol!
Bir asâ kes bana, ihtiyar ağaç!

(Adagio)
Was ist das für eine Welt, schwer nur zu beschreiben;
Der Raum reine Fläche, ihre Zeit Illusion.
Die ganze Schöpfung eine Wachstuchdekoration,
Die gesamte Menschheit der Lüge verfallen.

Was du auch seist, geh fort, selbst wenn du die Wahrheit bist!
Eile zu Hilfe, Blindheit, eile zu Hilfe, Glasauge!
Statt deiner soll jede Form in mir wohnen;
Mein Heimatland, meine Geliebte, mein Freund und mein Lehrer!

Monatelang streifte ich umher, niedergeschlagen und verwirrt,
Mein Selbst ein großer Kessel, mein Verstand eine Schöpfkelle.
Deine Liebe ein Rastplatz im Dorf der Verrückten,
Jeder Gedanke in mir gleicht einem Paar Handschellen.

Warum werden die Dinge kleiner in der Ferne?
Ich sehe im Traum ohne Augen, wie geht das?
Wie ist der Tanz der Zeit auf einer Kugel?
War das mein Ende? Nur das will ich erfahren!

Ein Gedanke nur, wie Salpetersäure in einer brennenden Wunde,
Ein Ding, wie ein Blutegel in der Hirnhaut.
Sei gegrüßt, sei gegrüßt du prachtvolle Pein;
Magischer Weinstock, der wächst beim Verglühn.

Ich flehte: Zeigt mir die Lösung für mein Rätsel!
O du Himmel, dein siebter Stock eröffne sein Geheimnis!
Das Gebet meiner Mutter, falle herab und werde zum Schleier!
Schneid mir einen Derwischstab, uralter Baum!

(Andante)
Uyku, kaatillerin bile çeşmesi;
Yorgan, Allahsıza kadar sığınak.
Telelli pınarı, sabır memesi;
Size şerbet, bana kum dolu çanak.

Bu mu rüyalarda içtiğim cinnet,
Sırrını ararken patlayan gülle?
Yeşil asmalarda depreniş, şehvet;
Karınca sarayı, kupkuru kelle ...

Akrep, nokta nokta ruhumu sokmuş,
Mevsimden mevsime girdim böylece.
Gördüm ki, ateşte, cımbızda yokmuş,
Fikir çilesinden büyük işkence.

Evet, her şey bende bir gizli düğüm;
Ne ölüm terleri döktüm, nelerden!
Dibi yok göklerden yeter ürktüğüm,
Yetişir çektiğim, mesafelerden!

Ufuk bir tilkidir, kaçak ve kurnaz;
Yollar bir yumaktır, uzun, dolaşık.
Her gece rüyamı yazan sihirbaz,
Tutuyor önümde bir mavi ışık.

Büyücü, büyücü, ne bana hıncın,
Bu kükürtlü duman, nedir inimde?
Camdan keskin, kıldan ince kılıcın,
Bir zehirli kıymık gibi, beynimde.

(Andante)
Der Schlaf ist ein Brunnen, selbst für die Mörder;
Die Bettdecke Zuflucht, dient auch dem Gottlosen.
Quelle des Wahns, Mutterbrust der Geduld;
Für euch das Sorbett, für mich ein Teller voll Sand.

Ist das der Wahnsinn, von dem ich in meinen Träumen trank,
Die Granate, die explodiert, sucht man ihr Geheimnis zu ergründen?
In den grünen Weinreben heftiges Zucken der Begierde,
Ameisenpalast, knochentrockener Schädel ...

Der Skorpion stach Punkt für Punkt in meine Seele,
So schritt ich von einer Jahreszeit zur nächsten.
Dann sah ich: im Feuer, im glühenden Eisen, es gibt
Keine größere Folter als die Qual des Gedankens.

Ja, alles steckt in mir wie ein heimlicher Knoten;
In Todesangst hab ich viel Schweiß vergossen, warum?
Ich habe mich genug gefürchtet vor den bodenlosen Himmeln,
Was ich unter den Entfernungen gelitten habe, reicht!

Der Horizont ist ein Fuchs, verschlagen und schlau;
Die Wege sind wie ein Knäuel, lang und verworren.
Der Zauberer, der mir jede Nacht meinen Traum schreibt,
Hält mir ein blaues Licht vor Augen!

Zauberer, Zauberer, warum dein Zorn auf mich
Was bedeutet dieser schweflige Rauch in meiner Höhle?
Schärfer als Glas, dünner als ein Haar ist dein Schwert,
Wie ein vergifteter Knochensplitter in meinem Hirn.

(Finale)
Lûgat, bir isim ver bana halimden;
Herkesin bildiği dilden bir isim!
Eski esvaplarım, tutun elimden;
Aynalar, söyleyin bana, ben kimim?

Söyleyin, söyleyin, ben miyim yoksa,
Arzı boynuzunda taşıyan öküz?
Belâ mimarının seçtiği arsa;
Hayattan muhacir, eşyadan öksüz?

Ben ki, toz kanatlı bir kelebeğim,
Minicik gövdeme yüklü kafdağı.
Bir zerreciğim ki, Arş'a gebeyim,
Dev sancılarımın budur kaynağı!

Ne yalanlarda var, ne hakikatta,
Gözümü yumdukça gördüğüm nakış.
Boşuna gezmişim, yok tabiatta,
İçimdeki kadar iniş ve çıkış.

Gece, bir hendeğe düşercesine,
Birden kucağına düştüm gerçeğin.
Sanki erdim çetin bilmecesine,
Hem geçmiş zamanın, hem geleceğin.

Açıl susam, açıl! ... Açıldı kapı:
Atlas sedirinde mâverâ dede
Yandı sırça saray, İlâhî yapı,
Binbir âvizeyle uçsuz maddede.

(Finale)
Lexikon, gib meinem Zustand einen Namen,
Einen Namen in einer Sprache, die jeder versteht!
Meine alten Kleider, nehmt mich an die Hand,
Ihr Spiegel, sagt mir, wer ich bin!

Sagt es mir, sagt es mir, bin ich vielleicht
Der Stier, der die Erdkugel auf seinen Hörnern trägt?
Das Bauland, das der Architekt des Leids für sich gewählt,
Geflohen vor dem Leben, verwaist ohne Güter?

Ich bin es, ein Schmetterling mit Staubflügeln,
Auf meinem winzigen kleinen Körper ruht der Berg Kaf.
Ein winziges Staubkörnchen bin ich, geh schwanger mit dem
                                        Thron Gottes,
Das ist die Quelle meiner ungeheuren Wehen!

Weder in den Lügen, noch in den Wahrheiten finden sich
Die Ornamente, die ich sehe, wenn ich meine Augen schließe.
Ich streifte vergeblich umher, nirgendwo in der Natur findet sich
Solch ein starkes Auf und Ab wie in mir.

Als wäre die Nacht in einen Graben gefallen,
Fiel ich plötzlich in den Schoß der Wirklichkeit.
Als wäre ich bei ihrem schwierigsten Rätsel angelangt
Sowohl der vergangenen als auch der künftigen Zeit.

Sesam öffne dich! Es öffnete sich die Tür,
Auf der Atlaszeder ein weiser Greis aus dem Jenseits.
Es brannte der Kristallpalast, das Göttliche Werk,
Mit Abertausenden von Kronleuchtern in unendlichem Stoff.

Atomlarda cümbüş, donanma, şenlik;
Ve çevre çevre nur, çevre çevre nur.
İçiçe mimarî, içiçe benlik;
Bildim seni ey Rab, bilinmez meşhur!

Nizam köpürüyor, med vakti deniz;
Nizam köpürüyor, ta çenemde su.
Suda bir gizli yol, pırıltılı iz;
Suda ezel fikri, ebed duygusu.

Kaçır beni âhenk, al beni birlik;
Artık barınamam gölge varlıkta.
Ver cüceye, onun olsun şairlik;
Şimdi gözüm, büyük sanatkârlıkta.

Öteler, öteler, gayemin malı;
Mesafe ekinim, zaman madenim.
Gökte saman yolu benim olmalı;
Dipsizlik gölünde, inciler benim.

Diz çök ey zorlu nefs, önümde diz çök!
Heybem hayat dolu, deste ve yumak.
Sen, bütün dalların birleştiği kök;
Biricik meselem, Sonsuza varmak.

In den Atomen lärmendes Vergnügen, Feste und große Freude,
Ringsumher nur Licht, allüberall nur Licht.
Ineinander greifen die Architektur und das Ich.
Ich habe dich erkannt, o Herr, berühmter, unergründlicher Geist!

Die Ordnung schäumt über, an den Meeren herrscht die Flut;
Die Ordnung schäumt über, das Wasser reicht mir bis zum Mund.
Im Wasser ein heimlicher Weg, eine leuchtende Spur,
Im Wasser der Urewigkeitsgedanke, das Unendlichkeitsgefühl.

Entführe mich Harmonie, nimm mich auf Einheit,
Ich ertrag es nicht mehr, ein Schattendasein zu fristen.
Gib es dem Zwerg, soll ihm das Dichtertum gehören.
Mein Streben gilt jetzt nur der großen Künstlerexistenz!

Die jenseitigen Welten sind die Waren meines Ziels;
Die Entfernung ist meine Saat, die Zeit mein Rohstoff.
Die Milchstraße am Himmel soll nur mir gehören,
Mir die Perlen in dem Meer der Bodenlosigkeit!

Geh in die Knie, o gewaltige Triebseele, knie dich vor mir nieder!
Meine Satteltasche ist voll mit Leben, mit Bündel und Knäuel.
Du bist die Wurzel, in der sich alle Äste vereinen,
Mein einziges Anliegen ist, zum Unendlichen zu gelangen.

BEŞİR AYVAZOĞLU

Als Necip Fazıl Kısaküreks Gedichtbände *Das Spinnennetz* (1925) und *Großstadtpflaster* (1928) erschienen, boten der Zusammenbruch des Osmanischen Reiches und die Ausrufung der Türkischen Republik in Ankara der türkischen Dichtung genügend ideologischen Stoff. Die anatolische Landschaft, die man neu zu entdecken begann, und die Begeisterung im Zuge der Herausbildung einer neuen nationalen Identität, die so gut wie alle intellektuellen Kreise in ihren Bann zog und deren Ursprünge bis nach Mittelasien reichten, stellten nun zusammen mit den alten, wieder entdeckten Epen und Legenden eine alternative Geschichte dar. Die Siege während des nationalen Befreiungskampfes und die Helden dieser Kämpfe wurden zu den Hauptthemen dieser neuen türkischen Dichtung. Dichter wie Ahmet Haşim und Yahya Kemal, die sich dieser Hauptströmung thematisch nicht anpassten und darauf beharrten, ihre eigenen poetischen Ideale zu verfolgen, wurden ausgegrenzt.

Necip Fazıl Kısakürek war ein Schüler von Yahya Kemal, einem der prominenten Vertreter der intellektuellen Schule, die sich um die Zeitschrift *Dergah* geschart hatte, und des Bergson-Anhängers Mustafa Şekip Tunç, der die philosophischen Leitlinien der Zeitschrift prägte. Dieser hatte sich in den Jahren, in denen er in Frankreich Philosophie studiert hatte, intensiv mit der Philosophie von Bergson beschäftigt, die damals ihr Goldenes Zeitalter erlebte. Zur selben Zeit hatten auch Freuds Theorien über das Unterbewusstsein und die Libido die Gesellschaft erschüttert; die Menschen hatten begonnen, ihr Innenleben noch aufmerksamer zu beobachten.

Während die Hauptströmung der türkischen Lyrik ihre gesamte Aufmerksamkeit und ihren Enthusiasmus all den Dingen widmete, die sich »außen« ereigneten, richtete Necip Fazıl Kısakürek, der im Jahre 1924 sein erstes Gedicht unter dem Titel *Spinnennetz*

(*Örümcek Ağı*) in der Zeitschrift *Millî Mecmua* veröffentlichte, das Augenmerk auf das Innenleben des Individuums; dies kann als ein Ergebnis der oben genannten Einflüsse betrachtet werden.

Necip Fazıl Kısakürek gehörte zur Boheme, zu einer intellektuellen Generation, die Zeuge wurde, wie ein riesiges Imperium mit großem Getöse zusammenstürzte, bis zuletzt nur noch ein Trümmerhaufen übrig blieb. Diese Generation, die ihre ersten Werke in den Gründungsjahren der Türkischen Republik veröffentlichte, leistete nicht nur ihren Beitrag, damit auf diesem Trümmerhaufen der türkische Staat Gestalt annahm, sondern bemühte sich auch darum, die Geschehnisse zu verstehen, ohne sich vom Strom der Ereignisse mitreißen zu lassen. Und, was noch viel wichtiger ist, sie verstand und durchlebte den Schmerz, zwischen zwei Welten zu stehen, als Unentschlossenheit und Einsamkeit. Auch wenn die Mitglieder dieser kultivierten, gut ausgebildeten und wissbegierigen Generation mit ihren ausgezeichneten Französischkenntnissen die aktuellsten Werke der westeuropäischen Dichter und Schriftsteller lasen und sich so mit den neuesten Gedanken auseinandersetzen konnten, wirkten die dunklen und vermischten Nachrichten, die sie mit der alten untergegangenen Welt unterschwellig verbanden, permanent in ihnen und schmerzten sie wie Gewissensbisse. Alle Wege, die sie zu den vielen Reichtümern führen konnten, die sie unter dem riesigen Trümmerhaufen vor ihren Augen erahnten, waren versperrt.

So auch das Werk des Dichters Yunus Emre. Er stellte in den Augen von Necip Fazıl Kısakürek einen möglichen freien, weil bislang nicht als ein solcher wahrgenommener Kanal dar, um zu diesen Reichtümern zu gelangen. In den Jahren der Zweiten Konstitutionellen Verfassung (1908–1918), als sich das Osmanische Reich rasch aufzulösen begann, glich Yunus Emre einem Zweig, an dem die Intellektuellen sich festhalten konnten: Mit seinem reinen, klaren Türkisch, mit seinen tiefschürfenden Gedanken, die er meisterhaft hinter einer aufrichtigen und ungekünstelten Ausdrucksweise verbergen konnte, war er eine Oase, die der dürren und ausgehungerten Lyriklandschaft neues Leben einhauchen konnte. Diese Intellektuellen betrachteten Yunus Emre als einen wahren Vertreter des Türkentums und stürzten sich bei der Herausbildung einer neuen türkischen Identität auf ihn.

Das Gedicht *Großstadtpflaster* (*Kaldırımlar*), das in Necip Fazıl Kısaküreks Dichtung einen Wendepunkt markiert, ist »das Gedicht eines unglücklichen und leidgeplagten Intellektuellen, der in einer Gesellschaft, die ihre Seele und ihre Ziele verloren hat, dem Ersticken nahe ist. Ein Individuum, das seine Einzigartigkeit und Einsamkeit bewusst wahrnimmt, weil es sich nicht der großen Masse angepasst hat und all die Geschehnisse und Vorkommnisse besser deuten kann, weil es eine distanzierte Sichtweise von außen einnehmen kann; ein Individuum, das unglücklich darüber ist, dass seine Kräfte nicht dafür ausreichen, den Lauf der Dinge, den es als falsche Entwicklung betrachtet, zu ändern.« In dem vorliegenden Gedicht *Selbstkasteiung* aus seinem letzten Gedichtband erzählt Necip Fazıl Kısakürek, wie der unglückliche und leidgeplagte Intellektuelle von dieser Angst befreit wird und zur Wahrheit gelangt.

Die vier Abschnitte dieses Gedichts, das zuerst unter dem Titel *Sinfonie* veröffentlicht wurde, tragen die Zwischentitel »Allegro«, »Adagio«, »Andante« und »Finale«. Necip Fazıl Kısakürek, dessen Vorlieben zumindest in der Musik aus der westeuropäischen Kultur gespeist zu sein scheinen, tritt uns in diesem Gedicht als ein starkes poetisches Ich entgegen, das allein die ganze Welt herausfordert, wenn es denn sein muss. Eine Erscheinung, die bei den osmanischen Intellektuellen, die ihre Werke nicht einmal mit dem eigenen Namen zeichneten oder aber sich lediglich hinter einem Beinamen versteckten, undenkbar gewesen wäre. Unter seinen Zeitgenossen findet sich kein anderer Dichter, der in dem Maße von sich überzeugt ist und der so eindringlich seine Persönlichkeit auf Materie und Gegenstände zu übertragen versteht.

Der Allegro-Abschnitt in *Sinfonie*, der die Ausweglosigkeit und auch die erlittenen Schmerzen des tragischen Menschen beschreibt, der mit dem heftigen Schicksal von Angesicht zu Angesicht konfrontiert wird und darunter leidet, ist, so wie es in der klassischen Sinfonie stets der Fall ist, leuchtend und lebendig. Der Adagio-Abschnitt, in dem der Dichter Fragen stellt und darum fleht, dass das Rätsel gelöst wird, ist schwer und gesetzt. Der Andante-Abschnitt, in dem die Fragen fortgesetzt werden und die Ungeduld, mit der die Antworten erwartet werden, schon fast in eine Anklage umschlägt, ist ausdrucksstark und schwer. Der Finale-Abschnitt hingegen, in dem der Dichter die Antwort auf alle Fragen findet, ist prachtvoll und pathetisch.

Die Atmosphäre der Tragik, die die ersten drei Strophen beherrscht, in denen die heftige Auseinandersetzung des Individuums mit dem Schicksal erzählt wird, erhält im letzten Abschnitt plötzlich epischen Charakter. In der Tragödie unterliegt der Held dem Schicksal, gegen das er mit all seiner zur Verfügung stehenden Kraft gekämpft hat. Necip Fazıl Kısakürek hingegen lässt in der letzten Strophe dieses Abschnitts das Schicksal in die Knie gehen und gelangt zur Ewigkeit, indem er sich zur Wurzel begibt, in der sich alle Zweige vereinen.

Necip Fazıl Kısakürek, der in seinen ersten mystischen Erfahrungen eine starke empathische Verbindung mit den dinglichen Gegenständen einging, mit anderen Worten, die Gegenstände mit seinem eigenen Selbst bekleidete, und der zu dem allmächtigen Schöpfer, zu dem die islamischen Mystiker vorzudringen versuchten, indem sie ihr Selbst auslöschten, als ein starkes Individuum gelangen wollte, vollzog in seinem Gedicht *Sinfonie* eine Ost-West-Synthese, die nur von sehr wenigen Lesern bemerkt worden ist. Weil seine frühere allgemeine mystische Grundstimmung sich nun in Richtung der islamischen Tasavvuf-Mystik entwickelte, bereiteten ihm der sinfonische Aufbau und die Struktur des Gedichts – zumindest die Tatsache, dass sich dieser Aufbau zu erkennen gab – Unbehagen. Das Gedicht, das zuerst 1939 in der Zeitschrift *Yeni Mecmua* unter dem Titel *Sinfonie* erschien, wird in den späteren Ausgaben seiner Bücher stets unter dem Titel *Selbstkasteiung* veröffentlicht, und die Zwischentitel der einzelnen Abschnitte fallen ganz weg. Mit dem Wort »Kasteiung« assoziiert man die islamische Mystik. »Çile« bedeutet die vierzigtägige Klausur des sufischen Novizen, in der er sich durch Askese und Nachtwachen selbst peinigt. Was noch wichtiger ist: Indem Necip Fazıl Kısakürek das Wort »kader – Schicksal« aus der bereits oben erwähnten letzten Strophe des letzten Abschnitts entfernte und stattdessen das Wort »nefs – Triebseele« einsetzte, wollte er diesen Abschnitt von der »Tragik«, die den Vers westlich färbte, befreien. Aber diese Änderungen konnten die westliche Prägung des Gedichts nicht gänzlich ausmerzen.

Vermutlich hat sich Necip Fazıl Kısakürek beim Verfassen des Gedichts die *Fünfte Sinfonie* von Beethoven zum Vorbild genommen. Man geht davon aus, dass Beethoven in dieser Sinfonie vom Kampf des menschlichen Willens mit dem Schicksal erzählt. Was noch wichtiger ist: Auch das Wort »nefs – Triebseele«, das er anstelle von »kader – Schicksal« einsetzte, kann die individualistische Haltung, die das Schicksal herausfordert und die die Grundatmosphäre des Gedichts durchdringt, nicht verändern. Die Augen des Dichters, der in der Gedichtzeile »Ich ertrage es nicht mehr, ein Schattendasein zu fristen« sehr deutlich zum Ausdruck bringt, dass er sich außerhalb des »Schattendaseins« aufhält, sind auf das Dasein als großer Künstler gerichtet. Der Ausdruck »büyük sanatkâr – großer Künstler« kann im Kontext der islamischen Tasavvuf-Mystik als der »vollkommene Mensch« (İnsân-i Kâmil) und im Sinne von Nietzsches Gedankenbau als »Übermensch« gelesen werden.

Zusammenfassend kann man sagen: Necip Fazıl Kısaküreks Gedicht *Selbstkasteiung*, das von einer Reise, von dem Beschreiten eines Weges außerhalb des traditionellen Rahmens erzählt, ist mittels seines silbenzählenden Versmaßes mit der Strömung der türkischen National- und Volksliteratur verbunden, durch seinen inneren Aufbau und seine Struktur jedoch westlich geprägt. Dieses Gedicht sucht nach den Reichtümern, die sich unter dem

Trümmerhaufen der Tradition befinden, doch als lyrisches Gesamtgebilde ist es ein modernes Gedicht. All diese Eigenschaften machen *Selbstkasteiung* zu einem Gedicht, das einzigartig ist in der türkischen Literatur.

NECİP FAZIL KISAKÜREK geboren 1905 und gestorben 1983 in Istanbul, studierte an der Flottenakademie, wo er von berühmten Männern jener Zeit wie Yahya Kemal, Ahmet Hamdi Akseki und İbrahim Aşkî unterrichtet wurde. Sein Philosophiestudium setzte Kısakürek an der Pariser Sorbonne fort. Nach seiner Rückkehr in die Türkei arbeitete er zunächst bei verschiedenen Banken und lehrte dann an diversen Universitäten und Akademien. Ab 1943 widmete er sich ganz seinem geistigen und künstlerischen Schaffen. 1934, auf dem Höhepunkt seines Ruhmes, sollte die Begegnung mit dem Nakşibendi-Scheich Abdulhakim Arvasi zu einer bedeutenden Wende in seinem Leben führen. Denn Kısakürek, der eher als Bohemien und Rebell begonnen hatte, wandelte sich in der Folge zum gefeierten Dichter der religiösen Rechten. Hatte er zuvor in seinen Gedichten noch das anarchische Vagabundendasein besungen, so thematisierte er spätestens ab den Fünfzigerjahren die islamische Geschichte und Überlieferung. • *Selbstkasteiung der Seele* (*Çile*, 1955; Erstfassung *Senfoni* 1939) wurde von Nevfel Cumart übersetzt.

BEŞİR AYVAZOĞLU geboren 1953 in Zara (Sivas), machte seinen Abschluss in Türkischer Sprache und Literatur an der Pädagogischen Hochschule in Bursa. Später arbeitete er bei Fernsehsendern, als Kolumnist, als Lehrer und als Berater im Kulturministerium. Gemeinsam mit Hilmi Yavuz betreute er das Kulturprogramm Gökkubbemiz (Unser Himmelsgewölbe). Von 2001 bis 2005 war Ayvazoğlu Mitglied des Hohen Rundfunk- und Fernsehrates (RTÜK). Zurzeit arbeitet Ayvazoğlu als Kolumnist und leitet eine Kultursendung beim Fernsehsender TRT 2. Seine erste Veröffentlichung erschien 1968 in der Zeitung *Hizmet*, für seine Werke wurde er mit vielen Preisen und Auszeichnungen geehrt. • Den Essay übersetzte Nevfel Cumart.

İSMET ÖZEL

İçimden şu zalim şüpheyi kaldır –
ya sen gel ya beni oraya aldır

Ağzının bir kıvrımından cesaret bularak
ter yürekte susayışlar yaratan yağmurlara açıldım
kalmışsa tomurcuklar önünde sendeleyan çocuklar
kalmışsa birkaç ısrar ölümle yarışacak
onların yardımıyla dünyamıza acıdım.

Dünya. Çıplak omuzlar üstünde duran.
Herkes alışkın dölyatağı borsalarla ağulanmış bir dünyaya.
Benimse dar
çünkü dargın havsalamın
gücü yok bazı şeyleri taşımaya.
Önce kalbim lanete çarpa çarpa gümrah
sonra kalbim gümrah ırmakları tanımaktan kaygulu
sakın Styks sularının heyulası sanmayın
er gövdesinde dolaşan bulutun simyası bu,
biraz üzgün ve Ömer öfkesinde biraz
öyle hisab katındayım ki katlim savcılardan sorulmaz
ne kireç badanalı evlerde doğmuş olmak
ne ellerin hırsla saban tutuşu
ne fabrikalarda biteviye üretilmekte olan kahır
dev iştihasıyla bende kabaran aşkı yetmez karşılamaya.

Nimm diesen qualvollen Zweifel von mir –
komm du oder lass mich zu dir

Ich fand Mut im Ansatz eines Lächelns,
und öffnete mich dem Regen, der mein schwitzendes Herz so
                                              durstig macht.
Solange es Kinder gibt, die vor Blütenknospen stolpern
solange es den Menschen gibt, der kühn streitet mit dem Tod,
um ihretwillen dauert mich die Welt.

Die Welt. Sie drückt auf nackte Schultern.
Alle haben sich daran gewöhnt, wie verdorben sie ist von Geld
                                              und Sex.
Meine Geduld aber ist erschöpft und gering,
mir fehlt die Kraft, Dinge zu ertragen.
Früher hat mein Herz Schändliches begehrt,
heute ist's besorgt, weil es die überquellenden Flüsse kennt.
Glaubt nicht, sie seien ein Gespenst des Styx,
sie sind die Alchemie, die durch den Menschenkörper rinnt.
Etwas traurig und voll gerechtem Zorn,
so viel hab ich auf dem Gewissen, kein Staatsanwalt behandelt
                                              meinen Fall.
Weder in einem arm gekalkten Haus geboren zu sein,
noch der verzweifelte Griff nach einem Pflug,
oder die Not, pausenlos in Fabriken produziert,
sind so stark wie die Liebe, die in mir unersättlich wächst.

İnsanlar
hangi dünyaya kulak kesilmişse öbürüne sağır
o ferah ve delişmen gözüken birçok alınlarda
betondan tanrılara kulluğun zırhı vardır
çelik teller ve baruttan çatılınca iskeletim
şakaklarıma dayanınca güneş
can çekişen bir sansar edasıyla
uğultudan farkedilmez olunca konuştuğum
kadınların sahiden doğurduğuna
toprağın da sürüldüğüne inanmıyorum
nicedir kavrayamam haller içinde halim
demiri bir hecenin sıcağında eriyor iken gördüm
bir somunu bölünce silkinen gökyüzünü
su içtiğim tas bana merhaba dedi, duydum
duydum yağmurların gövdemden ağdığını.

Sen ol küçük bir kıvrımdan, bir heceden
aşk için bir vaha değil aşka otağ yaratan
sen ol zihnimde yüzen dağınık şarkıları
bir harfin başlattığı yangın ile söndür
beni bir ses sahibi kıl, kefarete hazırım
öyle mahzun
ki hüzün ciltlerinde adına rastlanmasın.

Die Menschen
haben nur Ohren für eine Welt, für die andere sind sie taub,
sie scheinen heiter und verwöhnt,
einige tragen einen heiligen Schild gegen die Götter aus Beton.
Meine Knochen zum Bersten gespannt,
die Sonne brennt mir auf die Schläfen,
meine Stimme klingt wie das Heulen eines Marders im Todeskampf,
doch kaum wird vernommen, was ich schreie,
ich glaube nicht mehr, dass Frauen wirklich gebären,
nicht mehr, dass der Acker gepflügt wird.
Seit Langem begreife ich nicht mehr, wie es um mich steht.
Ich sah das Stück Eisen schmelzen im Feuer einer Silbe,
den Himmel sah ich wanken, als man ein Brot zerbrach,
das Gefäß, aus dem ich trank, begrüßte mich,
und ich spürte, wie der Regen mir vom Körper floss.

Schöpfe dir Mut aus einem kleinen Lächeln,
aus einer Silbe der Liebe bau ein großes Zelt, doch keine Oase,
lösch die wirren Lieder, die sich durch meine Gedanken winden,
mit dem Brand, den ein Buchstabe entzündet.
Achte mich als Sänger, ich bin bereit, den Preis dafür zu zahlen,
so traurig bin ich,
in der Chronik der Schwermut ist meinesgleichen nicht verzeichnet.

SEFA KAPLAN

Der Dichter ist immer »der Andere«, egal, aus welchem kulturellen oder geografischen Umfeld er kommt. Auch wenn das zunächst wie ein Widerspruch erscheinen mag, so ist das letztlich die Voraussetzung für die Authentizität eines Gedichts.

Der moderne Mensch wird zum »Anderen«, indem er sich im Spiegel eines Anderen neu erschafft. Das läuft ganz unbewusst ab. Anders ausgedrückt: Er verwirklicht sein Selbst, das er einem anderen mitteilt, indem er einem Anderen zuhört. Aufrichtigkeit beziehungsweise Authentizität spielt hier eine Rolle. Wenn der Dichter sich also einem anderen mitteilt, kann er unter Einsatz aller ihm zur Verfügung stehenden Metaphern sich für ein Gedicht einsetzen, das auf einer Lüge beruht. Egal, von welcher Warte man es auch betrachtet, zumindest am Anfang ist ein Gedicht, das ein sich nicht selbst entfremdeter Dichter schreibt, nicht das Herzenswerk des Dichters, sondern ein Produkt und damit auch ein Opfer seiner Ambitionen, ganz wie ein Spiel oder Spielzeug.

İsmet Özels Gedicht *Nimm diesen qualvollen Zweifel von mir – komm du oder lass mich zu dir* zeigt, wie sich dies übertragen lässt. So ist es erschütternd zu sehen, wie die unterschiedlichen Welten in diesem Land trotz gemeinsamer Herkunft immer weiter auseinanderdriften und sich voreinander verschließen. Daraus schöpft das Gedicht seine Kraft. Özel versetzt sich bewusst in einen anderen hinein. Dieser Prozess der Transformation wirkt am Ende befremdlich, auch wenn er willentlich vonstattengeht.

Die Welt, in die man hineingeboren wurde, hat man schon lange hinter sich gelassen und freiwillig ein anderes Wertesystem übernommen: Dies ist der erste und wichtigste Schritt, um ein anderer zu werden, und geht einher mit einem starken Bruch mit dem bisherigen Wertesystem.

Der Dichter befindet sich allerdings keineswegs in einer angenehmen Lage, denn auch die zurückgelassene Welt ist unterschwellig noch spürbar. Der Dichter sucht nach einer Möglichkeit, zu dem Selbst zurückzukehren, das er zurückgelassen hat, indem er erneut versucht, ein anderer zu werden.

Aufrichtigkeit beziehungsweise Authentizität steht auch als Thema im Vordergrund. Während der Dichter ein anderer wird und fortwährend versucht, einen Zugang zu seinem transformierten Selbst zu finden, flüchtet er sich in den aufrichtigen Schmerz. Der Dichter lässt uns bemerkenswerterweise auch durchaus spüren, dass ihm das, was er auf der anderen Seite vorfindet, nicht genügt. Er macht sich umgehend daran, auch dort wieder ein anderer zu werden.

Ja, er sah »das Stück Eisen schmelzen im Feuer einer Silbe« und hörte, dass »das Gefäß«, aus dem er trank, ihn »begrüßte«, aber dennoch, selbst wenn »die wirren Lieder, die sich durch meine Gedanken winden, mit dem Brand, den ein Buchstabe entzündet« gelöscht würden, fände er keine Ruhe. Es gilt also, Buße zu tun und den Preis dafür zu bezahlen. Dazu ist der Dichter bereit. Und trotzdem erscheint ihm der andere Ort nicht als sicherer Hafen. Er hat noch nicht einmal in jenem Hafen festgemacht. Aber auch dort trägt er eine Trauer, die in der Chronik der Schwermut nicht verzeichnet ist.

Das Gedicht enthält nicht nur reiches, wenn auch trauriges biografisches Material, sondern auch Informationen über die Geschichte der Türkei. Die Art und Weise, wie die soziologischen und psychologischen Sackgassen in der Geistesgeschichte dieses Landes reflektiert werden, zeigen, dass es dem Dichter um seine Existenz geht, wenn er sich in einen »Anderen« verwandelt. İsmet Özel sagte einmal: »In einer Welt, in der sich niemand mehr an Gedichte erinnert, muss jemand aufstehen und sagen, dass es wert ist, sich mit Gedichten zu beschäftigen, und dass die Hundertschaften farbiger oder bleicher Erscheinungen, die hier herumlaufen, nur Masken sind.«

Wer außer ein Dichter hat das Recht zu sagen, dass Masken nicht aufrichtig sein können?

İSMET ÖZEL geboren 1944 in Kayseri, ist ein bedeutender Dichter und Essayist. 1962 begann er mit dem Studium an der Politikwissenschaftlichen Fakultät der Universität Ankara, das er aber nicht zu Ende führte. Zwischenzeitlich arbeitete er für verschiedene Gewerkschaften und schloss 1977 ein Studium der Französischen Sprache und Literatur an der Hacettepe-Universität ab. Später gründete er den Verlag Çıdam. Von 1980 bis zu seiner Pensionierung 1998 war er Lektor für Französisch am Istanbuler Staatskonservatorium und an der Mimar-Sinan-Universität. Seine Sendung İsmet Özel'le başbaşa (Unter vier Augen mit İsmet Özel) beim Fernsehsender Kanal 7 thematisierte künstlerische, politische und gesellschaftliche Problemfelder. İsmet Özel lebt in İstanbul. İsmet Özels erstes Gedicht *Yorgun* (Erschöpft) erschien 1963 in der Zeitschrift *Yelken*. Seine Gedichte bleiben zwar formal der Moderne treu, zeichnen sich aber durch ihre Expressivität aus. Nach dem Militärputsch von 1971 wandelte sich Özel, der vorher der radikalen Linken und dem sozialistischen Realismus nahegestanden hatte, zum islamischen Intellektuellen und Dichter und ließ diese Haltung auch in seine Lyrik einfließen. 1985 wurde İsmet Özel von der Vereinigung Türkischer Schriftsteller zum »Essayisten des Jahres« gekürt, 1985 zeichnete man ihn mit dem Gabriela-Mistral-Preis aus. • *Nimm diesen qualvollen Zweifel von mir – komm du oder lass mich zu dir* (İçimden şu zalim şüpheyi kaldır – ya sen gel ya beni oraya aldır, 1975) wurde von Eric Czotscher übersetzt.

SEFA KAPLAN geboren 1956 in Çorum, ist Dichter und Publizist. Nach seinem Abschluss des Türkisch-Studiums am Gazi-Institut in Ankara begann er ein Studium der Turkologie an der Universität Istanbul, brach dieses jedoch vorzeitig ab. Eine Zeit lang arbeitete er als Lehrer, bevor er 1984 zum Journalismus überwechselte. Unter anderem hielt Kaplan sich fünf Jahre in London auf, ist inzwischen aber in die Türkei zurückgekehrt. Sefa Kaplan schreibt Gedichte, die erstmals 1978 in der Zeitschrift *Türk Edebiyatı* veröffentlicht wurden. 1990 wurde er für sein Werk *İnsan bir yalnızlıktır* (Der Mensch ist eine Einsamkeit) mit dem Behçet-Necatigil-Lyrikpreis ausgezeichnet. • Den Essay übersetzte Eric Czotscher.

BEHÇET NECATİGİL

Travers

Sonraki ben mumyalarda ölümlerden sonra
Islak bölmelerde saklı
Kağşamış kapağım kaldırılırsa
Yaşadığım çağdan çarpar genze
Buruk bir arsenik kokusu.

Ben bir traversim entroverti:
Gökdelen ve ehram çürük omuzlarımda
Dünyanın bütün dilleri varyantlarımla dolu
Dağbaşı raylarımda hattâ
Büyük şehir yorgunluğu.

Varım dünya kurulalı, bir suyun başındayım
Bir kuyunun dibinde, bir tezgâhın önünde
Bir geminin yanında, bir kalem elimdeyim.
Geçer gider trenler transit
Ben kendi derdimdeyim.

Geçer gider koca kompartımanlar
Ve zift üzerimde, dört yanımda vida, somun
Ağır demir raylara ben çakılı.
Geçer gider uğultusu çok tez trenlerin
Kalır makas, kalır kara somunlarda tuzu
Alnımdan düşen terin.

Traverse

Mein späteres Ich nach dem Tod eine Mumie
In feuchten Kammern aufbewahrt
Wenn man den vermoderten Deckel hebt
Schlägt einem entgegen
Ein stechender Arsengeruch aus meiner Zeit.

Ich bin eine *traverse entraversée:*
Wolkenkratzer und Pyramiden auf meinen morschen Schultern
In allen Sprachen der Welt findet man ein mir vergleichbares Ich
Auf meinen Schienen durchs Gebirge sogar
Die Müdigkeit der Großstädte.

Seit der Weltentstehung bin ich da, in der Nähe eines Wassers
Auf einem Brunnengrund, an einem Werktisch
Neben einem Schiff, mit einer Schreibfeder in der Hand.
Züge fahren vorbei
Ich habe meine Sorgen.

Große Zugabteile fahren vorbei
Und ich pechverschmiert, um mich herum Schrauben, Muttern
An schwere Eisenschienen festgeschraubt
Das Donnern der Züge zieht vorüber
Die Weiche verharrt reglos, auf schwarzen Schrauben bleibt das Salz
Von den Schweißtropfen meiner Stirn.

Kaldırmış diye belki bunca ağırlıkları
Gösterilir sonraki ben, uygarlıkların
Gösterişli müzelerinde yitik
Kat kat sargılarda bir mumya
Gibi gülünç belki
Paslı, ezik, hurda
Bir travers entroverti.

Vielleicht weil es so schwere Lasten trug
Wird mein späteres Ich ausgestellt
Verloren, in pompösen Museen der Zivilisationen,
Wie eine Mumie in Bandagen gewickelt
So lächerlich vielleicht
Rostig, zerdrückt, verschrottet
Eine *traverse entraversée*.

DOĞAN HIZLAN

In meinem Text will ich vor allem versuchen, das Gedicht *Traverse* auszulegen. Um es zu verstehen, ziehe ich jedoch wegen der Parallelen und Beziehungen auch andere Gedichte Necatigils heran. Mit einem Zitat aus dem Aufsatz Necatigils über *Winzige Gedichte, Gedichtspitzen* wird mein Anliegen deutlicher: »Wenn man ein Gedicht schreibt und sich dabei mit Begeisterung oder Neid an frühere Gedichte im gleichen Geist mit etwa der gleichen Thematik erinnert, kann auch das neue gelingen (oder auch nicht).«

Seinen Weg, oder besser, welche poetische Station Necatigil ansteuert, lässt er eher erahnen, als es deutlich zu machen. Wenn ich auch Ausdrücke wie »deutlich«, »einfach« und »leicht« vermeide, so können wir doch manche seiner Gedichte in die Kategorie einfach verständliche Gedichte einordnen. Man kann sie zwar leicht verstehen, doch es ist nicht so leicht, wie Necatigil meint, den Bilder- und Metaphernreichtum zu entdecken. Er sagt dazu: »Am Anfang, zwischen 1945 und 1955, stand in meinen Texten das Erzählelement im Vordergrund. Das heißt, waren die Haltestellen des Lebens auch einmal an mir vorbeigezogen, stellte ich stets die Beobachtungen und Feststellungen darüber in den Vordergrund, allerdings Feststellungen ohne Tiefgang. Man braucht nicht weiter über sie nachzudenken, sich auch nicht anzustrengen, sie zu verstehen, sie sperren sich nicht gegen Assoziationen, ihre Einzelheiten sind klar, die Bedeutungen offen.

Nach 1955 gefielen mir diese Art Gedichte nicht mehr, so reduzierte ich das Erzählelement und wandte mich dem Verfahren zu, eine Empfindsamkeit erahnen zu lassen und einen Erlebnishintergrund herzustellen.

Menschen, die nicht wissen, dass das moderne Gedicht Leerstellen enthält, die der Leser zu ergänzen hat, finden diese Art

Gedichte etwas streng und hermetisch. Das kann ich verstehen. Aber wenn ein Gedicht auch auf den ersten Blick komplex und rätselhaft erscheinen mag, bedeutet es noch lange nicht, dass es unauflösbar ist.«

Wenn wir uns nun dem Gedicht *Traverse* zuwenden mit dem Wissen, dass es eben aus dieser späteren Epoche stammt, müssen wir uns ihm mit der Einstellung eines gebildeten Lesers zuwenden, der mit einem Fundus an Kenntnissen ausgestattet ist. Der Blick auf die Menschheitsgeschichte ist für Necatigil von Bedeutung. Durch Vergleiche wird die Geschichte in einer breiten Perspektive gedeutet.

Beispiele belegen dies. Traverse (die Eisenbahnschwelle) ist zwar leblos, doch durch die Bezeugung ihrer passiven Existenz verwandelt sie sich auf einmal in ein lebendiges Wesen. Kann man diese Erkenntnis auf Necatigils Kunst übertragen? Ja, in gewisser Weise schon, denn immer wenn ich *Traverse* lese, identifiziere ich sie mit einem Menschen. Die Verantwortung für alle Zeiten und Grausamkeiten liegt ja auch beim Menschen. Zwar spricht er von der Zeit, in der er lebt, doch der Geruch im Rachen ist ein unbekannter Geruch aus Jahrhunderten, rührt von einem undefinierbaren Stoff.

Bei Necatigil existieren Gegensätze und Widersprüche in der metaphorischen Anordnung des Gedichts. *Traverse* ist ein Beispiel dafür: »Seit der Weltentstehung bin ich da«, heißt es dort. Das kündigt uns gleich eine historische Perspektive an. Möglicherweise fällt uns der Ausdruck »kal u bela – unvordenkliche Zeiten« ein. Davon ausgehend können wir nun assoziativ zu den Belegen der Menschheitsgeschichte gelangen. Sie trägt die Zivilisationen. Wiederum meldet sich die Geschichte. Wenn man sagt, »Wolkenkratzer und Pyramiden auf meinen morschen Schultern«, sehen wir durch ein breitwinkliges Fenster der Geschichte hindurch. Die Metapher der Traverse durchzieht wie der Kontrabass in einem Werk Bachs das Gedicht. Die Traverse ist gleichzeitig eine Verbindung, eine Leiter.

»Auf meinen Schienen durchs Gebirge sogar/Die Müdigkeit der Großstädte«.

Behçet Necatigils Gedicht *Traverse* lässt sich auch wie die Anspielungen oder Wortspiele in der Divan-Dichtung aufschlüsseln. Kenner seiner Lyrik werden einen Hauch der poetischen Tradition in vielen seiner Gedichte spüren. »Mumien« und »Pyramiden« sind Bilder der Vergangenheit. Sie bereiten uns auf die Atmosphäre des Gedichts vor. »Wolkenkratzer« beziehungsweise »Hochhäuser«, »Verloren, in pompösen Museen der Zivilisationen,/Wie eine Mumie in Bandagen gewickelt/So lächerlich vielleicht/Rostig, zerdrückt, verschrottet.«

Der Ausdruck »pompöse Museen« und die »Lächerlichkeit der Mumie« bilden wiederum einen Kontrast. Im Wechselbad der Gefühle scheint sein Gedicht nicht gerade Glück zu verheißen. Weiterentwicklung und Fortschritt – die Epoche strebt unaufhaltsam auf eine glücklose Zeit zu. Eben wie von *Pan* zu *Panik*.

Die Poesie Behçet Necatigils wurde durch oberflächliche Deutungen in Räume eingeschlossen und er zum Dichter einer verschlossenen Welt erklärt. So wurde seinem Dichtertum das Etikett angeheftet, die Besonderheiten des verschlüsselten Gedichts meisterhaft zu beherrschen. Doch Necatigils Gedichte sind Gedichte eines weltoffenen Dichters. Man hat seine Poesie als eine Poesie der Weltzivilisation und der Menschen dieser Welt noch nicht hinreichend gewürdigt. Doch ein Gedicht wie *Traverse* wie überhaupt die Poesie Necatigils gehört zu den Beispielen einer Dichtung, die die menschlichen Empfindungen allgemein begreift.

Mir erscheinen Necatigils Gedichte wie Prismen. Jeder neue Gedichtband oder der gleiche Begriff in verschiedenen Phasen wird durch die Meisterschaft des Poeten und seine intensive Arbeit an den Gedichten zum Zeugen einer Erneuerung. Wie jeder gute Dichter nimmt er das Risiko auf sich, das gleiche Phänomen aus unterschiedlichen Perspektiven zu beleuchten. Der gewöhnliche Leser dagegen verzichtet einfach auf die Lektüre, wenn er sich anstrengen muss.

Betrachtet man das Gedicht *Traverse* im Kontext des Bandes *Häuser*, empfehle ich sich vorzustellen, dass der Dichter, vielleicht in der Stube eines Hauses, mit dem Leiden eines Derwischs dichtet, zugleich aber mit einem poetischen Teleskop die ganze Welt durchleuchtet. Von Behçet Necatigil spricht man als einem Meister westöstlicher Kulturen und Traditionen; das ist zwar keine Eigenschaft, die ihm allein gebührt, doch seine großartige Meisterschaft darin sollte erwähnt werden.

Ich hatte bereits erwähnt, dass sich zwischen manchen Gedichten Behçet Necatigils Bezüge herstellen lassen. Es handelt sich offenbar darum, beispielhaft verschiedene Begriffe im jeweiligen historischen Kontext zu verfolgen. Zivilisation ist für ihn ein wichtiger Begriff, sie bringt alle Zustände und Abenteuer des Menschen zum Ausdruck. Wenn wir sie in der historischen Perspektive betrachten, sehen wir, dass alles mit der Unterdrückung des Menschen endet.

Die Zukunft verheißt keine Hoffnung. Die Geschichte von gestern zeigt die Wirklichkeit von morgen. Was der Mensch den Nachkommen überliefert, ist nichts anderes als Verdorbenheit und Verfaultheit. Wie eine *Traverse* eben.

BEHÇET NECATİGİL Biografie siehe Seite 82. • Das Gedicht *Traverse* (*Travers*, 1959) wurde von Yüksel Pazarkaya übersetzt.

DOĞAN HIZLAN geboren 1937 in Istanbul, studierte Jura an der Universität Istanbul. 1963 begann er bei der Tageszeitung *Cumhuriyet* seine Tätigkeit als Lektor, kurz darauf war er als Redakteur für die Literaturbeilage verantwortlich. Es folgten journalistische Tätigkeiten bei der Tageszeitung *Hürriyet*. Ab 1972 moderierte er Literatursendungen bei Hörfunk und Fernsehen, unter anderem für CNN Türk. Noch heute ist er dort regelmäßig mit der Literatursendung Karalama defteri (Notizheft) zu sehen. Bereits 1954 veröffentlichte Doğan Hızlan seine ersten Kritiken und literarischen Essays. • Den Essay übersetzte Yüksel Pazarkaya.

HİLMİ YAVUZ

akşam ve hançer

Ahmet Haşim'e

hançerinden yazları akıtan elmas,
ince tozlarıyla bezer akşamı:
bir yerlerde »muttasıl kanar« o güller:
dağ dağ yarama basar akşamı ...

yaldızları dökülmüş bu sema'nın
biri gelse de götürse şunu:
işte kitap! eski püskü, sararmış:
hilmi, gel aç önüne çocukluğunu!

çöktü akşam, üstümüze yıkıldı:
vakittir, artık perdeyi indir!
atılacak eşyayım, öyle yığıldım,
ve bildim ki insan hüzün içindir ...

dolch und abend

Für Ahmet Haşim

den sommer des dolchs strahlt der diamant
mit seinem pulver bestäubt er den abend
an einer stelle »permanent blutend« die rosen
berglasten auf meine wunde häuft er: den abend ...

des tanzreigens goldstaub, verstreut überall
käme nur wer und nähm diese regung auf:
was für ein buch! so vergilbt wie zerfleddert
komm, hilmi, schlag darin deine kindheit auf!

lähmend brach der abend herein über uns
lass den vorhang herunter es ist die zeit
ich bin schon wegwurf zur seite geräumt,
der mensch lebt, ich weiss, nur aus traurigkeit ...

CAN BAHADİR YÜCE

Abgesehen davon, dass *dolch und abend* Grundpositionen der Dichtung Hilmi Yavuz' enthält und ich durch dieses Gedicht auf den Dichter aufmerksam wurde, hat es noch eine ganz andere Bedeutung. An die erste Lektüre erinnere ich mich genau: Es war an einem Winterabend. In Hasan Pulurs Kolumne der Zeitung *Milliyet* stieß ich auf *dolch und abend*. Der Band *Abendgedichte* war gerade erschienen (Ende 1998 oder Anfang 1999), und Hasan Pulur schrieb über das neuste Buch seines Freundes und über die jahrelange Freundschaft zu Hilmi Yavuz. Am Ende zitierte er *dolch und abend*. An die Erregung, mit der ich das Gedicht das erste Mal las, denke ich mit Sehnsucht zurück.

Der Poesie mit erstem Wagemut ergeben, war ich ein Gymnasiast, der lediglich Yahya Kemal, Haşim und Attilâ İlhan gelesen hatte; mit der Dichtung Hilmi Yavuz' war ich gänzlich unvertraut. Ja, ich konnte noch gar nicht ermessen, ob ich viel oder wenig oder überhaupt etwas verstanden hatte. Allerdings ließ mich das Gefühl, »wenn ich das nur geschrieben hätte«, beim ersten Lesen ebenso wenig los wie bei meiner späteren Yavuz-Lektüre, ganz so, wie ich es bei der Begegnung mit den anderen Dichtern gespürt hatte. Im Bemühen, die moderne Poesie kennenzulernen, sah ich mich einem Dichter gegenüber, der ohne jede Einschränkung vollbracht hatte, was mir selber zu tun vorschwebte. Am nächsten Tag wollte ich gleich nach der Schule die *Abendgedichte* kaufen. Unter der Woche aber durften wir das Gebäude nicht verlassen. Ich weiß noch, wie mir ein Freund, der für einen Krankenhausbesuch Urlaub bekommen hatte, den Band tatsächlich mitgebracht hatte und wie ich ihn tagelang wie ein Gebetbuch mit mir herumtrug. Den Kopf an eine der großen Schirmkiefern gelehnt, durch die man das Glitzern des Bosporus sehen konnte, sprach ich so manchen

Abend Verse aus den *Abendgedichten* halblaut vor mich hin. Ich besorgte mir dann alle Gedichtbände von Hilmi Yavuz. Den Winter damals verbrachte ich mit Hilmi Yavuz, so viel kann ich sagen. Viele zeitgenössische Dichter lernte ich dann später kennen; ja, es war auch die Zeit, in der ich der schönen Lyrik Behçet Necatigils begegnete, von dem ich niemals lassen konnte. All dies fließt in der Erinnerung an den Tag zusammen, da ich d*olch und abend* zum ersten Mal las.

Zweifellos dürfte dieses Gedicht eines der schönsten des Dichters sein. Hätte es sich sonst so tief in mein Gedächtnis eingegraben? Den Gedanken, dass zwischen Ahmet Haşim und Hilmi Yavuz eine unsichtbare, aber sehr enge Verbindung bestehen müsse, hegte ich seit damals; das muss wohl in den Vorstellungen begründet sein, die ihre Gedichte in mir wachrufen. Außerdem haben für mich die Wörter, Bilder und Anspielungen in diesem Gedicht das Irritierende ihrer einstigen Mehrdeutigkeit bewahrt. Abende von geheimnisvollem Geschmack, gelbliche Sommer, dahingegangene Jugend, die Rosen und ihr ewiges Blühen und Bluten, die Vorstellung eines Buches, »vergilbt wie zerfleddert«, die Melancholie ... Wie frisch aber wirken solche Bilder hier! Vor Beiläufigkeit rettet sie nur die Hand sehr guter Dichter. Besonders der letzte Vers kann, wie ich meine, als Matrix aller Gedichte Hilmi Yavuz' gelesen werden. Dieses: »der mensch lebt, ich weiss, nur aus traurigkeit«.

Als ich diesen Vers zum ersten Mal las, dachte ich in einer seltsamen Vorahnung sogleich daran, ihn als Zitat in mein Buch aufzunehmen.

Wenn ich bedenke, dass ich eigentlich nie ein Buch geplant hatte und dass meine erste Veröffentlichung eher nach dem Motto »Schluss jetzt, fertig!« herausgebracht wurde, mutet mich dieses Vorgefühl um so merkwürdiger an. Dass die *Abendgedichte* eine so unverdorbene Schlichtheit in Hilmi Yavuz' Dichtung heraufbeschwören, macht in meinen Augen diesen Band noch immer zu dem vielleicht wertvollsten all seiner Bücher. Es mag für einige übertrieben klingen, aber ich möchte behaupten, die *Abendgedichte* sind eines der Hauptwerke der modernen türkischen Lyrik. Nie werde ich müde, das auszusprechen.

Wir können die Struktur und den Charakter des Gedichts, auch seine formalen Besonderheiten so eindringlich analysieren, wie wir wollen, das Verfahren bleibt doch in hohem Maß an so etwas wie persönliche Vorliebe gebunden und ist letztlich subjektiv. Und doch hat das Gedicht *dolch und abend* so viel Kraft, dass es seinen Autor mit einem Schlag auch bei Lesern bekannt macht, die ihn bisher nicht kannten. Ich bin jemand, dem es schwer fällt, ständig neue Menschen kennenzulernen; damit vergleichbar stellt auch das unablässige Verfolgen von Lyrik-Neuerscheinungen bisweilen eine Belastung für mich dar. Wenn ich ganz allein bin, mich erholen will, dann greife ich mit Vorliebe beispielsweise zu meinem Necatigil, meinem Turgut Uyar. *dolch und abend* erschien mir immer als die Quelle dieser Gestimmtheit, als ein Gefühl ruhiger Einkehr. »Mein Wunsch: Ungesehen bleiben«, sagte Hilmi Yavuz in einem Gedicht. Genauso wünschte ich, statt als Dichter in der Öffentlichkeit zu erscheinen, wie ein Kind in der stillen Ecke einer »Schule mit halb dunklen Zimmern« zu stecken und diese Gedichte andächtig, ohne von jemand gesehen zu werden, wie ein Abendgebet zu sprechen.

HİLMİ YAVUZ geboren 1936 in Istanbul, brach sein Jurastudium in Istanbul ab, um am University College in London Philosophie zu studieren. In London arbeitete er u. a. für das türkische Rundfunkprogramm der BBC (1964–1969). Er schrieb literarische Kritiken für führende türkische Zeitungen wie *Vatan*, *Cumhuriyet* und *Milliyet*. An der Bosporus-Universität lehrte er ab 1975 Philosophie, an der Mimar-Sinan-Universität ab 1990 Zivilisationsgeschichte. Zurzeit ist er Dozent am Seminar für Türkische Sprache und Literatur der Bilkent-Universität. Mit dem Schreiben von Gedichten begann Hilmi Yavuz noch zu Schulzeiten. Sein damaliger Lehrer war Behçet Necatigil. Yavuz' erste Gedichte, die noch unter dem Einfluss der »Zweiten Neuen« standen, erschienen 1952 in der Zeitschrift *Dönem*. Für sein dichterisches Werk wurde Hilmi

Yavuz 1978 mit dem Yeditepe-Preis und 1987 mit dem Preis der Sedat-Simavi-Stiftung ausgezeichnet. • *dolch und abend* (*akşam ve hançer*, 1998) wurde von Klaus-Detlev Wannig übersetzt.

CAN BAHADİR YÜCE geboren 1981 in Erzurum, begann 1999 mit seinem Studium an der Universität Istanbul. Seine ersten Gedichte erschienen in der renommierten Literaturzeitschrift *Varlık*, erregten bereits Aufmerksamkeit und wurden mit Lyrikpreisen ausgezeichnet. In seinen Gedichten stellt Yüce Bezüge zu dem Internatsleben, dem Meer und der Piraterie her. • Den Essay übersetzte Klaus-Detlev Wannig.

AHMET HAŞİM

Ağaç

Gün bitti, ağaçta neş'e söndü,
Yaprak ateş oldu, kuş da yâkut;
Yaprakla kuşun parıltısından
Havzın suyu erguvâne döndü.

Der Baum

Der Tag ist zu Ende. Im Baum die Freude erlischt.
Die Blätter werden zu Glut, der Vogel Rubin.
Durch das Funkeln von Blatt und Vogel erregt,
Fällt ins Wasserbecken ein Purpurglühn.

SELİM İLERİ

Dieses Gedicht Ahmet Haşims wurde 1933 veröffentlicht. Wohl jeder Autor, der seine Leidenschaft für die Poesie entdeckt, brennt darauf, ihrem reinsten Wesen nachzuspüren. Das ist schon die Katastrophe: Er ist kein Dichter, poetische Geschichten, Romane will er schreiben. Ich steckte noch in den Anfängen, als ich den *Baum* zum ersten Mal las. Wie vom Blitz getroffen, stand ich da und hatte das untrügliche Gefühl, niemals Gedichte schreiben zu können. Sehr gut kann ich mich noch daran erinnern.

Was ist nun der Gehalt dieses Gedichts? Natur, wie sie unter der Hand des Menschen neuerlich Form gewonnen hat (etwa ein Garten)? Oder aber Resignation angesichts eines ganz von Enttäuschung gezeichneten Lebens, vielleicht sogar stillschweigendes Einverständnis mit der Vergeblichkeit? Resignation gegenüber dem rasend dahineilenden Leben, das einen in die Knie zwingt, kindlicher Widerstand, beharrliches Pochen auf Naivität?

Wäre es dergleichen, ich könnte es sinnlich erfassen; mehr noch, die Darstellung dieses Moments könnte gelingen – als Aquarell. Es stellte einen Moment dar, der nichts in Worte fasst, einen Augenblick, der uns an einen unbestimmbaren Ort entführt. Höchstens als dickleibiger Roman zu schreiben. Vergeblich genug.

Was den Dichter betrifft, er ist sich wohl bewusst, dass er alles gesagt hat.

Zittern vor Neid und Ehrfurcht.

AHMET HAŞİM geboren um 1884 in Bagdad, gestorben 1933 in Istanbul, verbrachte seine Kindheit in Bagdad. Als Zwölfjähriger kam er nach Istanbul, wo er später ein Jurastudium begann. Er war als Beamter und als Lehrer tätig und diente während des Ersten Weltkriegs als Reserveoffizier. Nach dem Krieg arbeitete er u.a. an der Akademie der Schönen Künste und als Angestellter bei der Osmanischen Zentralbank. Als er 1933 starb, war er hoch angesehen. Ahmet Haşim gilt als der führende türkische Symbolist. Die Sprache seiner Gedichte ist durch ihre symbolische Verschlüsselung oft rätselhaft und schwer verständlich. Für ihn steht nicht der Sinn eines Gedichts, sondern dessen Melodik und die Schönheit der Rezitation im Vordergrund. • *Der Baum* (*Ağaç*, 1933) wurde von Klaus-Detlev Wannig übersetzt.

SELİM İLERİ geboren 1946 in Istanbul, ist Schriftsteller und Publizist. Nach abgebrochenem Studium der Rechtswissenschaften an der Universität Istanbul moderierte er Kultursendungen im Fernsehen und ist Herausgeber einer Literaturzeitschrift. In seinen Romanen und Erzählungen verbindet Selim İleri traditionelle türkische Erzählmuster mit westlichen Erzählformen. Thematisch setzt sich İleri mit den Spannungen zwischen Individuum und modernem Leben auseinander. Auch politische Themen haben Eingang in İleris Werk gefunden. • Den Essay übersetzte Klaus-Detlev Wannig.

BEJAN MATUR

Sonsuzluk bilgisi

Eskidenmiş
Sonsuzluk, bizden dışarda ve içerde
İkili bir sessizlikle
Bahşedermiş dinginliği

I

Yıldızların karanlık bir rahimde doğmadan
Durmaları gibi
Öylece asılı ve ışıklı
Safmışım ben.
Safmışım ve şiir öyle varmış.
İçime yıldız ışığıyla
Bir dövme yaptırmak istediğimde
Tanrı kızdı.
Ve kaldım.
Her beyazlık çağırdı beni.
Dedi ki;
Yumuşaksa eğer tenin
Başka bir şey olur senle
Aşk olur mesela ve bu zordur.
Aşk olur ve bu çok zordur.

Wissen über die Unendlichkeit

Seit jeher
Ist die Unendlichkeit außerhalb von uns und in uns
Mit doppeltem Schweigen
Schenkt sie Stille

I.

Wie die Sterne in einem dunklen Schoß
Warten vor der Geburt
Genauso schwebend und glitzernd
Rein bin ich.
Ich bin rein und so entsteht das Gedicht.
Als ich in mein Inneres mit Sternenlicht
Ein Tatoo einbrennen lassen wollte
Zürnte Gott.
Da ließ ich ab.
Jede reine Weiße lud mich ein
Und sagte:
Wenn deine Haut weich ist
Wird mit dir etwas anderes passieren
Liebe entsteht zum Beispiel und das ist schwer.
Liebe zum Beispiel und das ist sehr schwer.

II

Her şey yolunda gittiğinde kalır kalp.
Donmuş bir göl gibi tıpkı.
İçimdeki genişliğe dedim ki,
Sonsuzluk benden çıkan ve bana dönen değil,
Benden çıkan ve bana dönmeyendir.

Dönmeyendir sonsuzluk.

II.

Geht alles seinen gewohnten Gang, bleibt das Herz auf der Strecke,
Wie ein zugefrorener See.
Ich sagte zu der Weite in mir,
Die Unendlichkeit verlässt mich nicht, um zu mir zurückzukehren,
Sie verlässt mich einfach und kehrt nicht zurück.

Für die Unendlichkeit gibt es kein Zurück.

BANU YILDIRAN GENÇ

Obwohl die Gedichte Bejan Maturs im Chaos einer großen westanatolischen Stadt angesiedelt sind, weht uns weit von Mesopotamien her ein starker Wind ins Gesicht, der uns wieder zu uns bringt. Während wir hier hinter Arbeit, Ehrgeiz, Karriere und Lebensunterhalt herrennen oder im Verkehr stecken und dabei uns immer mehr von uns selbst entfernen, erinnern ihre Gedichte uns an unsere Identität, handeln von Themen wie der Existenz, dem Nichts, der Ewigkeit, Gott und dem Tod.

So schwer es für den Menschen auch sein mag, die Unendlichkeit außerhalb von ihm zu erfassen, so ist die innere Unendlichkeit relativ leicht erfahrbar. Ist nicht selbst die Geburt eine Art Unendlichkeit in uns selbst? Geburt ist das Gegenteil von Tod; und zumindest nach westlichem Denken ist der Tod das Ende aller Dinge, und es gibt keine Unendlichkeit. Doch dort, wo diese Gedichte herkommen, trifft das nicht zu, Tod ist dort nicht das Gegenteil von Geburt. Tod und Geburt stehen nebeneinander wie Geschwister; zwei Türen, die sich in die Unendlichkeit öffnen.

Das Gedicht, das mit der Unendlichkeit beginnt, fährt fort mit: »Rein bin ich« und vergleicht den Himmel mit einem dunklen Schoß. Rein wie Sterne im Himmel schwebend warten.

In Mesopotamien, der Wiege der Zivilisationen, wurde die Dichtkunst gepflegt. Gedichte waren dem Menschen sehr vertraut und kamen aus tiefster Seele. Bejan Matur sagte einmal: »Ich liebe Gedichte nicht – aber ich brauche sie.« Menschen brauchen Gedichte. Wenn solche Zeilen wie diese aus dem Akt des Nichtliebens entstehen können, so negiert das Nichtlieben in keiner Weise das Lieben, die Liebe.

Noch immer schreiben Wissenschaftler in Zeitungen und Zeitschriften darüber, dass die Liebe unergründlich sei. Die Chemie der Liebe sei nicht zu erforschen. Wozu, wie, warum überhaupt geschieht sie? Aber Liebe entsteht, zwar nicht immer ganz einfach, aber sie entsteht plötzlich, grundlos und ohne Zweck. Und wenn sie entsteht, schenkt sie dem Menschen eine neue Unendlichkeit, ohne ihm bewusst zu machen, dass auch diese im Grunde »endlich« ist.

Wenn alles seinen gewohnten Gang geht, können uns dann die volkstümlichen Liebesromane, in denen der Liebende Ferhat seine Geliebte Şirin und der Liebende Tahir seine Geliebte Zühre schließlich wiedererlangt, wirklich weismachen, dass es eine unendliche Liebe gibt? Oder sollten wir uns erneut auf die Suche machen, indem wir ein Ende akzeptieren und darüber nachdenken, dass es niemals etwas geben wird, das sich gegen die unüberwindbare Herrschaft der Zeit auflehnen könnte? Denn wir wollen ja nicht wie ein »zugefrorener See« zurückbleiben. Mit dem Bewusstsein, dass wir die Unendlichkeit nicht in uns werden zurückhalten können.

BEJAN MATUR geboren 1968 in Kahramanmaraş, wuchs in einer alevitisch-kurdischen Familie auf. Sie studierte Jura an der Universität Ankara, hat jedoch niemals als Juristin praktiziert. Ihre Gedichte wurden zunächst in verschiedenen literarischen Zeitschriften publiziert. Für ihren ersten Gedichtband erhielt sie 1997 den Orhon-Murat-Arıburnu-Preis sowie den Halil-Kocagöz-Preis. Inzwischen hat sie drei weitere Gedichtbände veröffentlicht. Bejan Maturs Gedichte werden von Kritikern als »düster und geheimnisvoll« beschrieben. In mitunter auch als »schamanistisch« bezeichneten Versen beschreibt sie ihre Heimat, die Natur und das Leben im Dorf. • *Wissen über die Unendlichkeit* (*Sonsuzluk bilgisi,* 1999) wurde übersetzt von Uta Schlegel.

BANU YILDIRAN GENÇ geboren 1977, studierte Türkische Sprache und Literatur an der Universität Istanbul. Sie arbeitet an verschiedenen Gymnasien als Lehrerin für Literatur. Ihre literarischen Kritiken werden in führenden Zeitschriften veröffentlicht. • Den Essay übersetzte Uta Schlegel.

KEMAL ÖZER

Bir alev gibi

Bir alev gibi ozanın karısı.
Nereye yürüse onunla karşılaşıyor,
onun tuttuğu aynada görüyor ozan
ilerde şiire dönüşecek ilk ipuçlarını.

Bir alev gibi ozanın karısı.
Kaşlarının birbirine değecek kadar
yakın olması ve değmeden kalması,
omuzlara doğru akacak olması
ve durması saçlarının ensede öylece
duyumsatıyor ozana durmadan
baktığı zamanki başdönmesini
bir uçurumun kıyısından.

Sürekli açık kitabından gözlerinin
okuduğu satırlarla eğitti yüreğini,
sürekli dönüştüren ellerinden öğrendi
ne vakit bir işe sarıldıysa
sonuç alana kadar direnmeyi.

Bir armağan. Güneşli günlerin
solduramadığı bir alev, söndüremediği
en başa çıkılmaz fırtınanın bile.

Küçük bir alev. Duyarlı ve titreşimli.

Wie eine Flamme

Wie eine Flamme die Frau des Dichters.
Wohin er auch geht, begegnet er ihr,
im Spiegel, den sie hält, sieht der Dichter
erste Spuren eines künftigen Gedichts.

Wie eine Flamme die Frau des Dichters.
Ihre Brauen, die sich fast berührend einander nähern
und doch nicht berühren,
ihr Haar, das auf die Schultern zu fließen scheint
und doch im Nacken verweilt,
erwecken im Dichter stets
den Schwindel, den er fühlt beim Blick
vom Rande eines Abgrunds.

Aus dem stets offenen Buch ihrer Augen
las er die Zeilen, mit denen er sein Herz erzog,
von ihren stets gestaltenden Händen lernte er,
wann immer er etwas anpackte,
bis zum Ziel durchzuhalten.

Ein Geschenk: Diese Flamme, selbst sonnige Tage
können sie nicht fahl erscheinen lassen,
selbst der unbändigste Sturm kann sie nicht auslöschen.

Eine kleine Flamme. Empfindsam und zitternd.

NİHAT ATEŞ

Ob ein Gedicht unvergesslich ist, hängt davon ab, mit welcher Gewalt es bei der ersten Begegnung an die Wände unserer Gefühlswelt prallt. Wir begreifen es mit der Empathie, die es in uns erzeugt.

Wie viele solcher einprägsamen Gedichte mich doch mein ganzes Leben lang bis heute beeindruckt haben! Zuallererst Ahmet Muhip Dıranas' *Serenade* (*Serenat*). Jenes langsam verklingende Gedicht einer sich allmählich auflösenden Liebe meiner Jugendjahre. Wie lange hat es mich beschäftigt, aber kann ich mich immer noch an das ganze Gedicht erinnern? Ich glaube nicht. Oder Edgar Allen Poes *Annabel Lee* in Melih Cevdet Andays wunderbarer Übersetzung. Ich war noch nicht einmal zwanzig. Meine Freundin lebte auf der asiatischen Seite Istanbuls in Kadıköy. Wenn sie aus der Schule kam, trafen wir uns und bestiegen das Dampfschiff an der Anlegestelle in Karaköy. Wenn ich die Zeilen »In einem Königreich am Meer / Lebte ein Mädchen, Ihr kennt es wohl, / Sein Name war Annabel Lee« aufsagte, kniff meine Freundin die Augen zusammen, verzog leicht den Mund und nahm einen kräftigen Zug an ihrer Zigarette. Als würde sich Kadıköy immer weiter von uns entfernen, eben so lange, bis das Gedicht zu Ende war. Großer Gott, würde ich jemals solche Gedichte schreiben können? Die Eifersucht zerfraß mich. Annabel Lee verließ mich später gemeinsam mit meiner Freundin.

Ich bin Kemal Özers Gedicht *Wie eine Flamme* gleich nach diesen beiden Gedichten begegnet. In einer Phase, in der ich wie ein Verrückter Gedichte schrieb – in dem einen prallte das Gedicht auf das Leben, was für mich damals eine zentrale Frage war, in dem anderen wiederum nicht –, in der ich die Gedichte zerriss und wegwarf, baute sich Özers Gedicht vor mir auf. Damals begann ich, wenn auch unter emotionalen Kraftanstrengungen, das Bewusstsein für Poesie zu entwickeln.

Qual war das Gefühl, das mich bei der ersten Lektüre von *Wie eine Flamme* innerlich zerfraß, weil ich dieses Gedicht meiner Freundin, die mich verlassen und *Annabel Lee* und *Serenade* mit sich genommen hatte, nicht vorlesen konnte. Ich erinnere mich sogar daran, dass ich zwei, drei Mal an der Anlegestelle in Karaköy mit Kemal Özers Gedichtband *Phantombilder* (*Araya Giren Görüntüler*) in der Tasche auf sie wartete. Ich weiß nicht, ob sie mir auch dieses Gedicht genommen hätte, wenn wir uns begegnet wären und ich es ihr hätte vorlesen können, aber jetzt denke ich, dass ich es ihr nicht erlaubt hätte. Oder vielleicht doch.

Dennoch wäre *Wie eine Flamme* mir stets gegenwärtig geblieben. Warum? Weil es mir noch immer das Geheimnis des Punktes verrät, an dem Poesie mit dem Leben zusammentrifft, und weil es mir wie ein Lotse den Weg weist. Vielleicht auch, weil es sich genau an dem Schnittpunkt befindet, wo meine individuelle und meine poetische Geschichte aufeinandertreffen. Weil es in mir das Gefühl erweckt, dass es den gleichen Impuls, den es auf meine Gefühle und mein Bewusstsein in meiner Vergangenheit bis in meine Gegenwart hinein ausübte, mir auch in Zukunft geben wird, allen Geschicken des Lebens zum Trotz. Weil es mich bei jeder Lektüre daran erinnert, dass es so wie bisher auch in meiner Zukunft hinter einer scheinbar unbeweglichen Fassade viele Leben geben wird, die friedlich vorüberziehen; weil es die Neugier weckt, das zu verstehen, was wirklich hinter den Momentaufnahmen steckt; ja weil es mich unentwegt und bei jeder Lektüre an die Neugier erinnert, an der es einem Dichter nie mangeln darf. Ein anderer Aspekt dieses Gedichts ist für mich, dass es einer kleinen, empfindsamen und zitternden Flamme, einem Geist, der zu jeder Zeit im Leben aufflammen kann, Unterschlupf bietet.

Vielleicht stellt dieses Gedicht in anderen Lesern emotionale Bezüge her, die über die bewusste Erziehung des Herzens zum Widerstand hinaus sogar bis zur Sturheit führen. Vielleicht wollte der

Dichter mit diesem Gedicht beim Leser bewirken, dass er Dinge infrage stellt, seinen Horizont erweitert.

Das Leben verändert sich heute schneller als zu der Zeit, als ich das Gedicht zum ersten Mal las. Abgesehen davon, dass das Gedicht einen Moment innerhalb der Momente festhält, dass es zeigt, wie man verstehen kann, was hinter den Dingen steckt, erinnert es mich daran, das schnell Dahinfließende mit kühlem Kopf zu betrachten. Halt an und versuche zu begreifen, was dahintersteckt, sagt es.

Wenn man nicht eingreift, ist die Zeit allem gegenüber gleichgültig. Poesie ist der Eingriff des Menschen in die gleichgültig dahinfließende Zeit. *Wie eine Flamme* will, dass ich mein verstreichendes Leben betrachte und eingreife. Dabei erscheint es uns auf den ersten Blick, als habe das Gedicht einen bestimmten Moment angehalten.

Wenn man in einem schnell fahrenden Bus nach draußen schaut – insbesondere auf langen Fahrten –, so kommt es einem vor, als würde draußen alles an einem vorüberfliegen: Häuser, Menschen, Berge, Ebenen, Steppen. Und genauso vergeht die Zeit. Der Blick aus einem Schnellzug heute ist nicht der gleiche wie früher aus einer Eisenbahn. Schaute man früher aus einem Zug, zog das Draußen langsamer an einem vorbei, so als wäre auch die Zeit langsam und ruhig. Wenn ich aus mir selbst herausschaue, erinnert mich *Wie eine Flamme* daran, dass ich es bin, der schnell vorbeizieht, und dass das, was ich sehe, auf der Stelle bleibt. Und dass ich nicht einfach vor mich hin schauen sollte, selbst wenn ich am Rande eines Abgrunds stehe.

Das Gedicht jedenfalls hilft mir, so wie in meiner Vergangenheit auch auf mein Heute und mein Morgen zu vertrauen. Vielleicht haben wir sogar gemeinsam zu leben gelernt. Zugegeben, seit unserer ersten Begegnung war es mir bis heute immer ein, zwei Schritte voraus. Sei's drum. Trage ich es nicht auch deshalb immer mit mir herum?

»Eine kleine Flamme. Empfindsam und zitternd«. Und es zeigt

mir, dass mein Leben nicht nur ein kurz aufloderndes Strohfeuer ist. Was kann ein Gedicht noch mehr leisten?

KEMAL ÖZER geboren 1935 in Istanbul, brach sein Studium der türkischen Sprache und Literatur an der Universität Istanbul ab, um bei den Verlagen Varlık und Cem sowie bei der Tageszeitung *Cumhuriyet* als Korrektor zu arbeiten. Außerdem gründete und leitete er den Verlag Uğrak. Kemal Özers Gedichte erscheinen seit 1951. Themen seiner Gedichte, die der Strömung der »Zweiten Neuen« zugerechnet werden, sind meist tagespolitische Ereignisse. Für seine Werke wurde Kemal Özer u. a. 1976 mit dem Preis der Türkischen Sprachgesellschaft und 1991 mit dem Yunus-Nadi-Preis ausgezeichnet. • *Wie eine Flamme* (*Bir alev gibi*, 1983) wurde übersetzt von Monika Demirel.

NİHAT ATEŞ geboren 1969 in Istanbul, brach sein Wirtschaftsstudium an der Universität Istanbul ab und arbeitete später bei verschiedenen Presse- und Verlagsinstitutionen. Nihat Ateş ist Mitglied der Türkischen Schriftstellergewerkschaft. Seine ersten Gedichte erschienen 1992 in der Zeitschrift *İnsancıl*. Weitere Gedichte und Buchrezensionen erschienen in verschiedenen Zeitschriften. • Den Essay übersetzte Monika Demirel.

NEDİM

Şarkı

1

İd erişsün bâ'is-i şevk-i cedîd olsun da gör
Seyr-i Sa'dâ-bâd'ı sen bir kerre îd olsun da gör
Gûşe gûşe mihrler mehler bedîd olsun da gör
Seyr-i Sa'd-âbâd'ı sen bir kerre îd olsun da gör

2

Anda seyr et kim ne fırsatlar girer cânâ ele
Gör ne dil-cûlar ne meh-rûlar ne âhûlar gele
Tıfl-ı nâzım sevdiğim bir iki gün sabr et hele
Seyr-i Sa'd-âbâd'ı sen bir kerre îd olsun da gör

Şarkı

1

Bayram gelsin her yer yeni şevklerle dolsun da gör
Sa'dâbâd safâsını ... bir kez bayram olsun da gör
Her köşeden güneşler aylar çıkıp gelsin de gör
Sa'dâbâd safâsını ... bir kez bayram olsun da gör

2

Sevgilim orda seyret ne fırsatlar geçer ele
Gör ne zarif ne ay yüzlü ve ne âhular gele
Nazlı yavrum sevdiğim bir iki gün sabret hele
Sa'dâbâd safâsını ... bir kez bayram olsun da gör

Lied

1.

schau und freue dich auf neue lust und freude, weil nun nach
                                               der fastenzeit die feier naht
wenn erst fest und feiertag gekommen, dann komm und staune
                                               über Saadabad
mond und sonne gehen auf und ziehen dem Auge freundlich
                                               dann auf jedem pfad
wenn erst fest und feiertag gekommen, dann komm und staune
                                               über Saadabad

2.

schau dann, blick umher und freu dich, meine Seele: für vieles
                                               findet sich gelegenheit
sieh die herzensbrecher, mondenschönen mienen, die ganz
                                               gazellengleiche lieblichkeit
nur geduld, kokettes kind, geduld und ruhe; es lohnt die ein,
                                               zwei tage festigkeit
wenn erst fest und feiertag gekommen, dann komm und staune
                                               über Saadabad

3
Gerçi kim vardır anın her demde başka ziyneti
Rûze eyyâmında da inkâr olunmaz hâleti
şimdi anlanmaz hele bir hoşça kadr ü kıymeti
Seyr-i Sa'd-âbâd'ı sen bir kerre îd olsun da gör

4
Dur zuhûr etsün hele her gûşeden bir dil-rübâ
Kimi gitsün bâğâ doğru kimi sahrâdan yana
Bak nedir dünyâda resm-i sohbet-i zevk u safa
Seyr-i Sa'd-âbâd'ı sen bir kerre îd olsun da gör

5
Tıfl-ı nâzım cümle gördüm deyü aldatma beni
Görmedin bir hoşça sen dahi o dil-cû gül-şeni
Serv-i nâzım gel Nedîm-i zâr gezdirsün seni
Seyr-i Sa'd-âbâd'ı sen bir kerre îd olsun da gör

3
Gerçi onun vardır ammâ hep başka güzelliği
Oruç günlerinde bile yadsınamaz o hâli
Hele şimdi çok iyi bilinmezse de değeri
Sa'dâbâd safâsını ... bir kez bayram olsun da gör

4
Dur çıksın da her köşeden gönül çarpan bir peri
Kimi gitsin bahçelere kırlardan yana kimi
Bak ne imiş bu dünyada zevk ve safâ sohbeti
Sa'dâbâd safâsını ... bir kez bayram olsun da gör

5
Nazlıcık hepsini gördüm diye aldatma beni
İyice görmedin daha o hoş gül bahçesini
Selvi boylum gel ah çeken Nedîm gezdirsin seni
Sa'dâbâd safâsını ... bir kez bayram olsun da gör

3.
stimmt schon, nett ist's hier zu allen zeiten, den ort zu jeder zeit
                              schmückt neue zier
zweifellos ist selbst in diesen fastenwochen, dass schön und
                              schmuckvoll ist die gegend hier
trotzdem unbegreiflich bleibt in diesen tagen, wie wunderbar und
                              wertvoll dies revier
wenn erst fest und feiertag gekommen, dann komm und staune
                              über Saadabad

4.
wart, in jedes winkels schatten bald wird warten – ein dieb,
                              der stiehlt das herz dir aus der brust
einem wirst du folgen auf die offne wiese, dem andern du in
                              reben folgen musst
schau an, was die welt dir bietet, was der brauch ist bei 'ner
                              gesellschaft voll genuss und lust
wenn erst fest und feiertag gekommen, dann komm und staune
                              über Saadabad

5.
mein kokettes kind, versuch mich nicht zu täuschen, sag nicht,
                              du hättest alles schon gesehn
schau mal, nimm das paradies des rosengartens; ganz hübsch und
                              gründlich musst du das begehn
du zypresse mein, ich zeige dir die wege: zur seit dir lass Nedim
                              als führer stehn
wenn erst fest und feiertag gekommen, dann komm und staune
                              über Saadabad

AHMET NECDET

Für jemanden, der mit der osmanischen Geschichte und Dichtung nicht vertraut ist, wird Saadabad, von dem in diesem Lied des berühmten Divan-Dichters Nedim die Rede ist, bloß ein großes Fragezeichen darstellen: Was ist dieses Saadabad, worum geht es, und in welche Weltgegend führt uns dieses Wort? Für diejenigen, die sich auskennen, liegen die Antworten dagegen ganz klar auf der Hand: Saadabad ist ein Gebiet der Istanbuler Vorstadt Kâğıthane, das seinen Namen einem Lustschloss verdankt, das dort in der Regierungszeit Ahmeds III. unter dem Großwesir Damad İbrahim Paşa aus Nevşehir errichtet wurde. Dieser Name verweist auf die Tulpenzeit und diese wiederum auf die Jahre von 1718 bis 1739 während des Osmanischen Reichs. In der von Wissenschaft, Kultur, Bauprojekten, Vergnügen und Genuss geprägten Atmosphäre während dieser Epoche politischer Entspannung nach dem Frieden von Passarowitz 1718 genoss unser Dichter sommers die Tulpengärten, winters die Halwa-Pläsiere und spiegelte in den in seinem Divan versammelten Kasiden, Gasellen und Liedern die Ereignisse und Zerstreuungen jener Zeit.

Das von uns oben im osmanischen Original und in einer innersprachlichen Adaptation vorgelegte Gedicht offenbart Nedims enthusiastischen Charakter. Dem Dichter, der die glänzendsten Jahre seines Künstlerlebens während der Tulpenzeit verbrachte, gelang es, die Sinnenfreude und Amüsements dieser Kreise in ihrer ganzen Farbigkeit widerzuspiegeln. Die wichtigsten Sujets seiner Gaselen und Lieder sind die Liebe, der Geliebte und der Wein. Mystische Liebe ist Nedim fremd. In seinem Lied beschäftigt er sich mit den schönen Menschen und Dingen seiner Zeit; Trauer, Leid und Melancholie haben in seiner Dichtung keinen Platz. Angesichts der Vieldimensionalität, die das Genre des Lieds durch ihn gewonnen hat, kann man es nur als recht und billig bezeichnen, ihn den »größten Meisterdichter unserer Literatur« zu nennen.

Nedim, weltanschaulich ein Hedonist, wird auch als führender Vertreter der damaligen Regionalbewegung anerkannt. Dass es ihm so gut gelang, Zeit mit ihrer Lebensweise und ihren Besonderheiten wiederzugeben, hat ihm den Titel »Dichter Istanbuls« eingetragen.

In diesem Gedicht erlebt Saadabad die ruhigen Tage des heiligen Monats Ramadan. Wenn erst das Fest beginnt, werden von überall her Monde und Sonnen auftauchen, und das Vergnügen an diesem Ort der Freuden wird richtig losgehen. Überall werden Schönheiten mit Gesichtern strahlend wie der Mond und Augen wie die einer Gazelle anzutreffen sein. Einige von diesen atemberaubenden Schönen werden sich in den Weinberg, andere auf das offene Feld zurückziehen. Was in dieser Welt Lust und Vergnügen sind, was für eine Freude Saadabad bietet, das wird man in diesen Tagen des Festes erleben. Mein kokettes Kind! Betrüg doch den Dichter nicht mit einem »Sag nicht, du hättest alles schon gesehen«. Diesen verführerischen Garten kannst du noch gar nicht wirklich kennen. Du meine Zypressenschlankheit, der seufzende Nedim soll dich umherführen; dann wirst du erst sehen, was ein Ausflug nach Saadabad, was ein Vergnügen in Saadabad bedeutet!

Es ist eine historische Tatsache, dass die Lustfahrt nach Saadabad, die Nedim so häufig in seinen Werken erwähnt, sich auf einen der am meisten geschätzten Ausflugsplätze der Zeit bezieht. Dass in der Tulpenzeit in verschiedenen Vierteln Istanbuls Lustschlösser errichtet und Gärten angelegt wurden, ist jedoch erwähnenswert: Şerefabad in Salacak, Bağ-ı Ferah in Çengelköy, Emnabad in Fındıklı, Hümayunabad in Ortaköy, Kasr-ı Süreyya in Kuruçeşme, Hüsrevabad in Alibeyköy und Vezirabad am Topkapı können als wichtigste Beispiele solcher Palastbauten genannt werden. Man weiß, dass die meisten Vergnügungen eher im Garten der großherrlichen Werft, in dem von Çırağan und dem der Ufervilla İbrahim Paşas veranstaltet wurden.

Unweigerlich wird man Nedim mit Saadabad, Saadabad mit der Tulpenzeit, mit Ahmed III., Damad İbrahim Paşa aus Nevşehir und der Rebellion Patrona Halils von 1730 in Zusammenhang bringen, die der Tulpenzeit und Nedims Leben ein Ende setzte. Ein guter Grund, diesen Essay über dieses Lied Nedims mit dem ersten Vierzeiler eines anderen Lieds ganz in seinem Stil zu beenden:

lass uns diesem schweren herzen voller kummer vergnügen
                             schenken, froh und feierlich
auf den weg, zypressenschlanker liebling ich bitt, nach
                             Saadabad nun mache dich
da, es wartet schon ein boot mit drei paar rudern auf dich am
                             ankerplatz: nun kommst du? sprich!
auf den weg, zypressenschlanker liebling ich bitt, nach
                             Saadabad nun mache dich.

NEDİM geboren um 1681 in Istanbul, gestorben 1730, war ein bedeutender Vertreter der Divan-Dichtung. Er erhielt schon früh eine hervorragende Ausbildung, wurde Lehrer an einer Medrese und nahm an Vorlesungen zur Koranexegese teil, die vor Sultan Ahmet III. gehalten wurden. Neben seiner Lehrtätigkeit war Nedim auch als Richter und Übersetzer aus dem Arabischen tätig. Nedims Gedichte, die meist noch der traditionellen Form treu bleiben, zeichnen sich gleichwohl durch ihre Offenheit für Neues aus. Oftmals handelt es sich bei ihnen um gehaltvolle, jedoch in erster Linie die Liebe, den Wein und die Schönheit der Frauen preisende Lyrik ohne schwerwiegenden mystischen Hintergrund. • *Lied* (*Şarkı*) stammt aus dem Divan des Nedim und wurde übersetzt von Christoph K. Neumann.

AHMET NECDET geboren 1933 in İnegöl, studierte Geografie an der Universität Istanbul und lehrte anschließend an verschiedenen Universitäten. Seit den Fünfzigerjahren veröffentlicht er regelmäßig Lyrikbände, Gedichtübertragungen diverser internationaler Dichter und Anthologien. 2001 wurde er mit dem Yunus-Nadi-Lyrikpreis geehrt. • Den Essay übersetzte Christoph K. Neumann.

EDİP CANSEVER

Tenis öğretmeni

Oteller Kenti kitabından

Birinci Set: Pathétique

Gencecik bir kız idim
Marine marina aquamarine
Gencecik bir kız idim
Marine marina aquamarine
Bir oğlan çiçekler attı gözlerime
Marine marina aquamarine
Çevirdim yüzümü gülüşlerimin
Yarısı onda kaldı yarısı bende
Marine marina aquamarine.

Seslendim arkasından: Bana mutluluk deyin
Marine aquamarine
Dedim ki benim adım mutluluk
Marine marina marine
Seslendim bir daha: Mutluluk deyin bana
Marina marine marina
Ne olur adımla çağırın beni
Bukina bukini bukina
Adım mutluluk benim
Marine marina aquamarine.

Der Tennislehrer

Aus dem Buch Hotelstadt

Erster Satz: Pathétique

Als ich ein nicht mehr ganz kleines Mädchen war
Marine marina aquamarine
Als ich ein nicht mehr ganz kleines Mädchen war
Marine marina aquamarine
Warf ein Junge mit Blumen unverblümt ein Auge auf mich
Marine marina aquamarine
Sodass ich mich lächelnd umdrehte
Und ihm den Kopf verdrehte
Marine marina aquamarine.

»Das Glück – bin ich!«, rief ich ihm nach
Marine aquamarine
»Ich heiße und verheiße Glück!«
Marine marina marine
»Das Glück – bin ich!«, rief ich noch mal
Marina marine marina
»Nenn mich bitte nur noch so. Nomen est omen.«
Bukina bukini bukina
»Ich heiße und verheiße Glück«
Marine marina aquamarine.

DEMİR ÖZLÜ

Edip Cansever ist einer der Dichter, dessen dichterischen Werdegang ich aus allernächster Nähe verfolgt habe. In den Fünziger-, Sechzigerjahren wohnten in Istanbul viele junge Dichter und Literaten, die man Schöpfer der modernen Literatur nennen kann, im Fatih-Viertel. Ich begegnete Cansever nicht nur in den Cafés in Fatih und abends in den Kneipen Beyoğlus, sondern wir trafen uns auch bei ihm zu Hause in seinem Arbeitszimmer. Das lag in einem Gebäude, das auf die Gasse blickte, die von der Hauptstraße, wo die Straßenbahn nach Fatih fuhr, hinunter auf die Vatan Caddesi führte. Oder wir trafen uns in meinem Arbeitszimmer in der Straße, die sich bis zum Sultan-Selim-Viertel erstreckte.

Edip Cansevers Gedichte haben sich zuerst an Salah Birsels Gedichtstil orientiert; dem Stil einer etwas früheren Generation also, in dem formalistische Experimente vorherrschten und neue Formen geschaffen wurden, die mit bis dahin ungewohntem ironischem Wortmaterial angereichert wurden. Dabei hatte man der klassischen Poesie insgesamt den Kampf angesagt. Dennoch scheint mir, als ob in den Gedichten Edip Cansevers im Laufe der Zeit die Empfindsamkeit zunimmt; eine Empfindsamkeit, die sich immer stärker in der Natur des Dichters entfalten konnte – und besonders in den letzten Jahren seines Lebens fast grenzenlos schien. Und diese Empfindsamkeit war es, die ihn vom lyrischen Einfluss Birsels befreit hat und seine Gedichte in zunehmendem Maße beherrschte. So erreichte er in seinen letzten Gedichtbänden wie *Kartenspielende Frauen*, *Frühjahrsklagen* und *Hotelstadt* den Gipfel seines Schaffens.

Man kann Edip Cansevers Lyrik in drei Schaffensperioden einteilen: Die erste ist die bereits erwähnte formalistische. Die zweite, in der der Mensch seine Situation in der Welt bedenkt, könnten wir vielleicht die existenzialistische nennen. Das war eine Zeit, in der der Dichter die Suche nach einem Ort in der Welt, nach Glück und Stetigkeit zur Sprache brachte. Die dritte Schaffensperiode war die, in der *Hotelstadt* entstand. Es ist die Ära, in der alles nur ahnungsvoll und gefühlsbetont, in Pastellfarben, aus weit entfernten und zart flüsternden Stimmen wahrgenommen wird, eine Periode, die nach einer abstrakten, aber reinen Ästhetik suchte. Die letzten beiden Schaffensperioden Cansevers verdienen wegen zweier ganz unterschiedlicher Aspekte besondere Beachtung. Aber es scheint mir, als ob seine Poesie in der letzten Schaffensperiode die höchste Stufe der Verfeinerung erreicht hat. Da gelangte er zur Abstraktion, ohne den Bezug zu den Dingen dieser Welt, den Zuständen und Farben der Natur und den Stimmen der Erde zu verlieren. Gleichzeitig zerstückelt er alles und fügt die einzelnen Teile dort, wo es ihm beliebt, wieder ein und verwendet sie gänzlich unspektakulär als Bausteine für die poetische Struktur seiner eigenen Welt. Mithilfe dieser Elemente will er seine Gefühlswelt vermitteln.

Der Dichter bringt nun eine Ästhetik zum Ausdruck, die nicht prowestlich (batıcı) ist, deren Farben rein und flüchtig sind. Schließlich möchte er wieder zu einer schlichten Ästhetik zurückkehren. Die Empfindsamkeit, die ein Leben lang der Liebe hinterhergerannt ist, wird immer femininer wie sein eigener weicher, zarter, weißer Teint. In seinen letzten Gedichtbänden wimmelt es von Frauen: Frauen, die Karten spielen, Frauen, die Tennis spielen, Frauen in Ferienorten. In all diesen Gedichten herrscht eine romantische Atmosphäre. Die Ästhetik, die der Dichter nunmehr erreicht, ist bestimmt von einer Empfindsamkeit, einer femininen, ja fast schon lesbisch zu nennenden Empfindsamkeit.

Ich war erstaunt, als ich das Gedicht *Der Tennislehrer, Erster Satz pathétique* (die erste Strophe hat neun Zeilen, die zweite zehn) aus dem Buch *Hotelstadt* las, denn in diesem Gedicht findet sich etwas, was alle anderen Gedichte übertrifft. Zunächst scheint es, als wäre der Dichter in seine frühere, formalistische Schaffensperiode zurückgekehrt, ohne das Gedicht in zu feste Formen zu pressen. Der formale Aufbau zeigt Wiederholungen von einigen nicht türkischen Wörtern mit geringer Bedeutung. Diese Wörter sind: *Marine, marina, aquamarine*. Diese Wiederholungen bereichern die Klangwelt des Gedichts selbst für einen Leser, der keine Fremdsprachen beherrscht. Diese Wiederholungen sind für den Leser auch nicht langweilig. Gerade rechtzeitig ändern sie sich in *Bukina bukini bukina*. All diese kurzen Zeilen, die aus nicht türkischen Wörtern bestehen, geben dem Gedicht ein eindrucksvolles Tempo vor. Außerdem war der Dichter so mutig, einen Buchstaben zu benutzen, der im türkischen Alphabet eigentlich nicht vorkommt: q. Das Gedicht ist vollkommen. Es gehört zu den Höhepunkten der abstrakten Poesie, ohne den Bezug zum Leben verloren zu haben.

Gerade schrieb ich »ohne den Bezug zum Leben verloren zu haben«. Gewiss, das Ich im Gedicht ist ein blutjunges Mädchen. Ein Junge wirft mit Blumen ein Auge auf das Mädchen. Es dreht sich um zu dem, der da wirft, und verdreht ihm den Kopf. Unbedingte Liebe hat keine Chance. Die Liebe ist flüchtig. Aber sie macht die Menschen glücklich. Die Szene des Blumenwerfens füllt die erste Strophe. Das Gedicht enthält auch nicht übermäßig viele konkrete Beschreibungen. Der Vers erinnert an manche Szenen aus der griechischen Mythologie. Auch die zweite Strophe des Gedichts umfasst nicht viele Bilder oder Objekte. Nur das Wort Glück wird erwähnt. Das Mädchen spürt Glück, nennt sich »Glück« und sagt: »Das Glück – bin ich!« Das ist eigentlich schon alles.

Auch im zweiten Teil der zweiten Strophe werden Bilder und Wörter sparsam verwendet, stattdessen gibt es viele Klänge. Klänge, die zwar nicht türkisch sind, aber den Türken auch nicht fremd vorkommen. Das Gedicht befindet sich auf einem hohen klanglichen Niveau, und das ist es auch, was mich daran am meisten interessiert. Die Klangwelt des Gedichts ist meilenweit entfernt von der Klangwelt des türkischen Gedichts zu Beginn des 20. Jahrhunderts. Die Empfindsamkeit ist auch eine ganz andere: Es ist eine moderne Empfindsamkeit. Cansevers Poesie, die er mit dem Leben bezahlte, hat sein Ziel, die Suche nach dem unendlichen Glück, erreicht. Meiner Meinung nach hat der Dichter mit diesem sehr schlichten Gedicht die Gedichte seiner letzten Phase resümiert und in einem sehr einfachen Extrakt – 19 Zeilen – konzentriert.

EDİP CANSEVER geboren 1928 und gestorben 1986 in Istanbul, brach sein Studium ab, um das Antiquitätengeschäft seines Vaters im Großen Basar von Istanbul zu übernehmen, wo er bis 1976 arbeitete. Von 1944 an erschienen seine Gedichte in verschiedenen Zeitschriften, der erste Gedichtband wurde 1947 veröffentlicht. In den Fünfzigerjahren war Edip Cansever neben Turgut Uyar und Cemal Süreya einer der Wegbereiter der »Zweiten Neuen«. Als Grundpfeiler seiner Dichtung kann wohl die durch Einsamkeit und Entfremdung motivierte, niemals endende Suche des Individuums gelten. Cansever wurde 1958 mit dem Yeditepe-Preis, 1977 mit dem Preis der Türkischen Sprachgesellschaft und 1981 mit dem Literaturpreis der Simavi-Stiftung ausgezeichnet. • *Der Tennislehrer* (*Tenis öğretmeni*, 1985) wurde von Uta Schlegel übersetzt.

DEMİR ÖZLÜ geboren 1935 in Istanbul, absolvierte sein Jurastudium in Istanbul. Von 1961 bis 1962 arbeitete er als wissenschaftlicher Assistent am Pariser Lehrstuhl für Rechtsphilosophie und Methodologie. Nach seiner Rückkehr an die Universität Istanbul musste er seinen dortigen Posten aufgrund seiner politischen Aktivitäten räumen. Er praktizierte daraufhin eine Zeit lang als Rechtsanwalt. In den politisch unruhigen Jahren zwischen 1971 und 1980 wurde er festgenommen, konnte jedoch 1979 nach Schweden ausreisen und war dort als Rechtsberater tätig. Mit dem Militärputsch 1980 entzog man ihm die türkische Staatsbürgerschaft. 1989 konnte er in die Türkei zurückkehren und auch seine Arbeit wieder aufnehmen. Demir Özlüs erste Gedichte erschienen 1952. Themen seiner Gedichte, Erzählungen und Romane sind die Einsamkeit und Verzweiflung des Einzelnen. 1990 erhielt er den renommierten Orhan-Kemal-Romanpreis. Demir Özlü ist Mitglied des schwedischen PEN. • Den Essay übersetzte Uta Schlegel.

CAHİT KÜLEBİ

Türküler

IV

Uykularda seviyorum seni
Uyanıkken sevişmek yasak.
Gelgelelim gecelerim uykusuz
Ne olurdu gece gündüz uyusak.

Şu dünyaya gelir gideriz.
İstekler içimizde kalır.
Mutlu değiliz gönlümüzce
Neyleyim yeşeren çayırlardır.

İnsan kalbi, kıyısız deniz, yapraksız ağaç,
Mahzun dünyamızın yıldızları.
Her seven alıp gitse ne olur
Bir mendil kiraz gibi kızları.

Lieder

IV

Im Schlafe liegend, da lieb' ich dich,
Im Wachsein: Verboten uns zu lieben.
Komm her, meine Nächte sind schlafensleer
Dass schlafend wir Tag und Nacht vertrieben.

Wir kommen auf diese Welt und gehn;
Das innigst Gewünschte – nicht zu erleben.
Glücklich, von Herzen, das werden wir nie.
Was hilft's? Was grünt, sind die Wiesen eben.

Menschenherz: Uferlos Meer, kahler Baum,
Die Sterne unserer traurigen Welt.
Man sollte die Mädchen zur Frau nehmen dürfen –
Wie Kirschen, die man im Taschentuch hält.

TURGAY FİŞEKÇİ

Als Grundton durchzieht die Stimme Anatoliens die Dichtung Cahit Külebis. Doch worin besteht diese anatolische Stimmung? Es ist die Mischung aus jahrtausendealter Geschichte, vielgestaltiger Landschaft und den Klangfarben der unterschiedlichsten Völker; sie macht dieses klare, unverfälschte Kolorit aus. Diese Stimme, gewachsen aus reiner und schlichter Lauterkeit, erlaubt dem Dichter, das Sagbare mit vollkommen ungekünstelten Worten – als ob er unwichtige Dinge vorbringen würde – rundheraus auszudrücken. Daher ist man dem feinen Gehalt vieler seiner Gedichte noch gar nicht auf die Spur gekommen. So drückt er in einer Verszeile »Wie Granatäpfel glühen die Wimpern dir« den Gemütszustand eines verschämten Mädchens so taktvoll aus, wie wir es in Prosa niemals könnten; so ist es verwandelt in Poesie.

Das Gedicht *Lieder IV* bringt zum Ausdruck, dass der Mensch, obwohl diese Erde eigentlich zum Glücklichsein geschaffen ist, nicht glücklich sein kann. Denn aus der Verbindung zur Natur, deren Teil der Mensch ist, hat er sich gelöst und ist damit aller Möglichkeit beraubt, glücklich zu werden. Die Wiesen können im Saft stehen, doch anders als sie kann der Mensch sich nicht glücklich entfalten. Verschiedenste Gründe stehen dem Glück im Wege, und sie alle hindern den Menschen immer wieder daran, seine Ansprüche an das Leben zu verwirklichen. Stets gibt es neue Anlässe, dass er seine Wünsche nicht ausleben kann.

Der wichtigste dieser Wünsche ist gewiss die Sehnsucht nach Liebe. Im Schlaf kann die Geliebte erträumt werden, aber beim Erwachen sieht man sich mit der harten Realität des Lebens konfrontiert. Folglich sieht sich der Dichter zu der Vorstellung gedrängt, dass er ununterbrochen schlafen müsse, um mit der Geliebten auf Dauer vereint zu sein.

Külebis Poesie gilt als leicht verständlich. Das trifft tatsächlich zu: Die Oberfläche bietet sich raschem Verständnis gleichsam von selber dar. Legt man dagegen tiefere Schichten frei, birgt diese Dichtung einen Bedeutungsreichtum, den man schwerlich ausschöpfen kann. Der erste Vierzeiler unseres Gedichts enthält diesen Reichtum.

Külebi ist ein Meister jener besonderen Wahrnehmung, die dem Verständnis der Welt auf natürliche Weise poetisch nahekommt. Külebi ist ein Dichter, der den modernen Menschen und dessen Empfindungen in Worte fasst. Sein Grundanliegen ist die Wahrnehmung der Welt. Und darin ist ihm Vorzügliches gelungen. »Ein Dichter kann aus allem, worüber man spricht, (s)ein Gedicht machen«, sagte Külebi einmal. Und das hat er in seiner Lyrik verwirklicht.

In jungen Jahren hatte ich die Frauen, in die ich verliebt war, immer mit Nâzım Hikmets Gedichten verehrt. Wie viele Gedichte habe ich dann später für meine Liebsten selber geschrieben! Ich bin jetzt über 50 Jahre alt. Seit einem Jahr trage ich dieses Gedicht von Külebi auf der Zunge. Was es mir eröffnet hat und noch eröffnen wird – auf diese Liebe, die zwischen Wachen und Schlafen zu erleben ist, warte ich.

CAHİT KÜLEBİ geboren 1917 in Zile (Tokat), gestorben 1997 in Ankara, studierte Türkische Sprache und Literatur an der Pädagogischen Hochschule in Istanbul. In Antalya und Ankara unterrichtete er zunächst Literatur, war dann als staatlicher Inspektor für Bildung tätig und ging schließlich als Kulturattaché von 1960 bis 1964 in die Schweiz. 1970 wurde Külebi stellvertretender Staatssekretär im türkischen Kulturministerium. Nach seiner Pensionierung wurde er Generalsekretär der Türkischen Sprachgesellschaft (1972–1983) und wandte sich anschließend mit seinem Beitritt zur heute nicht mehr existierenden Sozialdemokratischen Partei SODEP der Politik zu. Cahit Külebis erste Gedichte erschienen 1938 zunächst in der Zeitschrift *Gençlik*. Für zwei seiner Lyrikbände erhielt er Preise: 1955 den Preis der Türkischen Sprachgesellschaft, 1981 den Yeditepe-Preis. • *Lieder IV* (*Türküler IV*) stammt aus dem Band

Yeşeren otlar (Grünende Gräser), der Gedichte aus den Jahren 1949–1954 enthält, und wurde übersetzt von Klaus-Detlev Wannig.

TURGAY FİŞEKÇİ geboren 1956 in Balıkesir, schloss 1979 sein Studium an der Juristischen Fakultät der Universität Istanbul ab. Nach einer kurzen Tätigkeit als Rechtsanwalt arbeitete er bei verschiedenen Zeitungen und Zeitschriften als Redakteur und Lektor. Außerdem fungierte er als Herausgeber und Redakteur führender türkischer Literaturzeitschriften. Für die Tageszeitung *Cumhuriyet* schreibt er derzeit eine wöchentliche Kolumne. Er ist zudem Herausgeber dieses Bandes. Turgay Fişekçis Gedichte erscheinen seit 1977; er gilt als ein Dichter, der in leicht verständlicher Sprache über die Einsamkeit in der industrialisierten Welt schreibt. Seine Gedichtbände wurden mit diversen Preisen ausgezeichnet, darunter mit dem renommierten Behçet-Necatigil-Lyrikpreis. • Den Essay übersetzte Klaus-Detlev Wannig.

BEDRİ RAHMİ EYÜBOĞLU

Sitem

Önde zeytin ağaçları arkasında yâr
    Sene 1946
    Mevsim
    Sonbahar
Önde zeytin ağaçları neyleyim neyleyim
    Dalları neyleyim.
Yâr yoluna dökülmedik dilleri neyleyim.

Yâr yâr! ... Seni kara saplı bir bıçak gibi sineme sapladılar
Değirmen misali döner başım
Sevda değil bu bir hışım
Gel gör beni darmadağın
Tel tel çözülüp kalmışım.
Yâr yâr
Canımın çekirdeğinde diken
Gözümün bebeğinde sitem var.

Vorwurf

Vorn Olivenbäume stehn, dahinter die Geliebte
    Es ist 1946
    Die Jahreszeit
    Herbst
Vorn Olivenbäume, wie fang ich's an, wie fang ich's an
    So viele Zweige, wie fang ich's an
Auf der Geliebten Weg so viele ungesagte Worte.

Geliebte, Geliebte! ... Man stieß dich in den Busen mir: ein
                              Dolch mit schwarzem Schaft
Gleich einem Mühlrad kreist mein Kopf
Das ist nicht Liebe mehr, das ist schon Wahn
Komm schau nur, wie verwirrt ich bin
Ganz aufgelöst bis in die Fasern
Geliebte, Geliebte
Ein Dorn inmitten meiner Seele
Vorwurf auf meines Auges Spiegel.

HIFZI TOPUZ

Auf Fragen wie: »Wer ist Ihr Lieblingsdichter?«, antworte ich selbstverständlich: »Nâzım.« Aber wenn Nâzım außer Konkurrenz läuft, lautet meine Antwort Bedri Rahmi Eyüboğlu, Orhan Veli oder Melih Cevdet.

Warum Bedri Rahmi? Vielleicht weil ich ihn kannte? Er war jahrelang mein bester Freund. Ich nahm Anteil an Bedris Gefühlen und Gedanken. Wir sahen die Welt mit den gleichen Augen, hatten gemeinsame Erinnerungen, und ich war dabei, wenn er seine Gedichte schrieb. Ich habe den Schlüssel für viele seiner Verse und weiß, unter welchen Umständen er die Gedichte schrieb, was ihm dabei durch den Kopf ging, was ihn antrieb und was er fühlte. Da interpretiert man die Gedichte natürlich ein wenig anders.

Einmal sagte ich zu Bedri: »Komm, lass uns eine Operation am offenen Herzen machen.« Damit meinte ich: »Lass uns ganz offen sprechen, ohne unsere Gedanken und Gefühle zurückzuhalten und ohne etwas zu verbergen.« So haben wir es denn auch gemacht, und es hat sich bewährt. Die Operationen am offenen Herzen wurden für uns zu einer festen Einrichtung.

Bedri war zwischen Malerei und Poesie hin- und hergerissen. Die Dichter betrachteten ihn nicht als ihresgleichen und werteten seine Dichtkunst ab. Dabei mag auch Neid eine Rolle gespielt haben.

Die Angehörigen eines Berufsstandes nehmen schließlich nur ungern Laien bei sich auf. Dies trifft auf den Journalismus zu, auf die Schriftstellerei, die Dichtkunst, die Malerei und auch auf die Musik.

Einmal erzählte Bedri: »In Ankara ging ich eines Nachts mit Cahit Sıtkı (Tarancı) und meinem großen Bruder (Sabahattin Eyüboğlu) aus dem Haus, und wir stolperten die Wege entlang.

Cahit sagte dabei eines meiner Gedichte auf, das ich schon vollkommen vergessen hatte:

> An einem Feiertag am Morgen zogen sie ihr neue Kleider an
> Kämmten straff ihr Haar nach hinten
> Und umwanden es mit Schleifchen
> Um sie an einen wunderschönen Ort zu geleiten,
> Doch hatten sie vergessen wohin.

Cahit stiegen dabei Tränen in die Augen, und er seufzte: ›Ich mag dieses Gedicht wirklich sehr; aber sei so gut und dichte nicht mehr, male lieber.‹«

Wenn Bedri damals auf Cahit Sıtkı gehört hätte, hätte er keine Gedichte mehr verfasst. Wie gut, dass Bedri nichts auf Cahit Sıtkıs Bitte gab und noch viele Gedichte schrieb, die später in die türkische Literaturgeschichte eingingen.

Eine Ähnlichkeit zwischen Bedris Gemälden und Gedichten lässt sich nicht von der Hand weisen. Einige seiner Gedichte ähneln ganz deutlich seinen Bildern. Hier malte Bedri die Farben, Häuser, Kleider und Spiele Anatoliens und dort, in seinen Gedichten, bringt er die Sorgen Anatoliens zum Ausdruck. Nur Anatoliens? Und was hatte er zu den Geschicken Istanbuls zu sagen? Zu Istanbul mit seiner Folklore, seinem Hafen, seinen Schiffen, seinen Segelbooten, seinen Staknetzen, seiner Musik, seinem Mädchenturm, seiner Galatabrücke, seinen engen Gassen, seinem Orhan Veli und seinem Sait Faik und seinen hellen Mädchen mit rotbraunen Fersen, die in den Fabriken arbeiten?

In seinen Gedichten brachte Bedri die soziale Wirklichkeit mit der Welt der Gefühle zusammen und die Liebe mit den Farben und schuf so Werke, die die Zeit überdauerten. Er öffnete sich uns mit seinem ganzen Verstand und seinem ganzen Herzen.

Was wurde nicht alles in seine Gedichte hineininterpretiert! Für wen hat er wohl dies und für wen jenes geschrieben? Aber was ändert es, wenn man das weiß? Er hat sich nicht darum gekümmert, sondern sein Inneres auf dem Papier und auf der Leinwand ausgebreitet. Er hatte keine Angst, sich zu verlieben, und er ist unentwegt durch das Meer der Gefühle gesegelt, hat Schildkröten bemalt und bunte Drachen in den Himmel steigen lassen.

Wie schön, dass es dich gab! Wie schön, dass wir so eng befreundet waren! Deine Bilder sind in Museen und bei Sammlern verwahrt, aber deine Gedichte bleiben für immer lebendig. Selbst Jugendliche kennen heute Gedichte von dir auswendig.

BEDRİ RAHMİ EYÜBOĞLU geboren 1913 in Görele (Giresun), gestorben 1975 in Istanbul, ist Absolvent der Istanbuler Akademie der Schönen Künste, an die er nach einem zweijährigen Parisaufenthalt 1933 als Lehrbeauftragter zurückkehrte. Später wurde er dort Professor. Mit dem Schreiben von Gedichten – u. a. für die Tageszeitung *Cumhuriyet* – begann Eyüboğlu 1928. In seinen Gedichten, die der Literaturbewegung Garip zuzurechnen sind, spürt man sein Bestreben, aus Worten Bilder zu schaffen. Im Jahr nach seinem Tod wurde Bedri Rahmi Eyüboğlu von der Zeitschrift *Milliyet Sanat* zum Künstler des Jahres 1976 gewählt. • *Vorwurf* (*Sitem*, 1948) wurde übersetzt von Eric Czotscher.

HIFZI TOPUZ geboren 1923 in Istanbul, schloss sein Jurastudium an der Universität Istanbul ab und wurde in Straßburg promoviert. Ab 1947 arbeitete er als Journalist für Zeitungen und Hörfunkanstalten in leitender Position. Topuz war bei der UNESCO verantwortlich für die Entwicklung der freien Presse. Hıfzı Topuz gründete die Istanbuler Journalistengewerkschaft und war einige Zeit ihr Vorsitzender. Er hat zahlreiche Reportagen und Artikel verfasst. Daneben arbeitete er als Dozent für Journalismus. • Den Essay übersetzte Eric Czotscher.

ORHAN VELİ KANIK

Helene için

Nezihe Adil-Arda'ya

Ötesi yok şehre ulaşınca kaderin yolu
Pişman bir el kapayacak kapısını ömrünün;
Hatırlayacaksın beni gözlerin yaşla dolu,
Güzelliğin yalnız mısralarımda kaldığı gün.

Odanı dolduracak son mevsimin, son baharın ...
İsmini dinleyeceksin serin esen rüzgârda,
Duyacaksın ateş feryadını hâtıraların
Akşam vakti söylenen âşıkane şarkılarda.

Ve bilhassa parmaklığına dayandığın zaman
Ufku uzak şehirlere açılan balkonunun,
Günahların geçecek hafızanın arkasından.
Günahların ... Sonu gelmez kafilelerden uzun ...

Susarken ağaçlarda kuşlar tahayyül içinde,
Bakışlarında sükûnun zehri, bekleyeceksin.
Türlü acılar şekillenecek yine içinde,
»Ah! Şairim bu akşam da geçmedi« diyeceksin.

Ve ulaşacak bu son şehre kaderin yolu,
Kapayacak pişman bir el kapısını ömrünün;
Hatırlayacaksın beni gözlerin yaşla dolu,
Güzelliğin yalnız şarkılarımda kaldığı gün.

Für Helene

Nezihe Adil-Arda zugeeignet

Wenn der Schicksalspfad die letzte Stadt erreicht,
Eine reuige Hand wird das Tor deines Lebens schließen;
Einst wenn deine Schönheit nur noch in meinen Versen bleibt
Wirst du dich meiner erinnern und Tränen vergießen.

Dein letzter Herbst und Frühling beseelen noch dein Zimmer
Deinem Namen wirst du lauschen im kühl verwehenden Wind,
Du wirst den Feuerschrei der Erinnerungen hören immer
In Liebesliedern, die zur Abendzeit erklungen sind.

Vor allem wenn du dich an die Brüstung lehnst
Deines Balkons, wo der Horizont sich dehnt bis hin zu fernen Städten
Werden in deiner Erinnerung deine Sünden vorüberziehen.
Deine Sünden ... länger als der Karawanen unendliche Ketten ...

Wenn die Vögel in den Bäumen versunken in Fantasien schweigen,
Das Gift der Stille in deinen Blicken wirst du verweilen.
Allerlei Leiden werden wieder in dir erscheinen,
»Ach! Mein Dichter«, wirst du sagen. »Dieser Abend will nie vergehen.«

Und wenn des Schicksals Pfad diese letzte Stadt erreicht,
Wird eine reuige Hand das Tor deines Lebens schließen;
Einst wenn deine Schönheit nur noch in meinen Liedern bleibt
Wirst du dich meiner erinnern unter der Tränen Fließen.

LÜTFÜ ÖZKÖK

Wann ich dieses Gedicht Orhan Velis, das er im April 1937 in der Zeitschrift *Varlık* unter dem Pseudonym Mehmet Ali Sel veröffentlichte, das erste Mal gelesen habe, erinnere ich mich nicht mehr.

Bei mir ruft dieses gefühlsbetonte, romantisch angehauchte Gedicht eine sehr alte Erinnerung wach. Wie mein Schatten heftete es sich an meine Fersen, kroch in mich hinein, klebte an meiner Zunge, bewegte mein Herz. Auf meiner ersten Reise nach Paris im Jahr 1949 stellte es sich ein und wich nicht mehr von meiner Seite. Aber es steckte auch nicht die Nase in meine Angelegenheiten.

Wann immer mich die Heimweh genannte Krankheit befällt, ich in jene endlose Stille des Nordens, in sein Schweigen, seinen grauen Himmel, den weißen und frostigen Wind, in sein einsames Klima eintauche, wird mir klar, was die Sehnsucht nach der Heimat, was Nostalgie bedeutet, und das Gedicht *Für Helene* gewinnt dann eine ganz neue Dimension für mich. Anfangs habe ich die Quelle dieses Gedichts bei Pierre de Ronsard, einem französischen Dichter des 16. Jahrhunderts, vermutet.

> Ronsard me célébrait du temps que j'étais belle –
> Cueillez dès aujourd'hui les roses de la vie.
> (*Ronsard feierte mich als ich schön war –*
> *Pflückt ab heute die Rosen des Lebens.*)

Doch im Gedicht Orhans schwingt ein Fatalismus des Ostens mit, eine Traurigkeit, eine Schwermut und eine Ergebenheit ins Schicksal, die mir und meiner Natur näherstehen als die optimistische Weltsicht Ronsards.

Dieser Identifizierungsprozess begleitete mein Exilleben, das ich nun seit über einem halben Jahrhundert führe, VERFOLGTE MICH

WIE EIN MONSTER, spiegelte seine Farbtöne in meinen Gedichten, Fotos und Sehnsüchten wider. Ronsards Geliebte, Orhans Helene und meine Anne-Marie wurden alle in den Teig des gleichen Schicksals geknetet.
Jeder, der uns gleicht, muss wohl eine Helene haben.

ORHAN VELİ (KANIK) geboren 1914 und gestorben 1950 in Istanbul, Sohn des Chefdirigenten des Präsidialen Sinfonieorchesters, brach 1935 sein Philosophie-Studium ab und arbeitete in Ankara als Beamter. Im 2. Weltkrieg wurde er Soldat. 1945–1947 war er beim Bildungsministerium als Übersetzer angestellt, führte dann aber ein Leben als Bohemien. Bis zu seinem frühen Tod war er Herausgeber der Zeitschrift *Yaprak*. Orhan Velis erste Gedichte wurden in der Zeitschrift *Varlık* abgedruckt. 1941 veröffentlichte er gemeinsam mit seinen ehemaligen Schulfreunden Oktay Rifat und Melih Cevdet Anday einen Gedichtband mit dem Titel *Garip* (Fremdartig) und gab damit den Anstoß zu dieser bedeutenden Lyrikbewegung. Zudem übersetzte er u. a. Gogol, Molière, Sartre, Shakespeare und Turgenev ins Türkische. • *Für Helene* (*Helene için*, 1937) wurde von Yüksel Pazarkaya übersetzt.

LÜTFİ ÖZKÖK geboren 1923 in Istanbul, stammt aus einer krimtatarischen Familie, die 1917 von Rumänien nach Istanbul emigrierte. Anfang des Jahres 1943 ging Lütfü Özkök nach Wien, um dort Bauingenieurwesen zu studieren, beschäftigte sich aber lieber mit der Lyrik der deutschen Romantiker. Im selben Jahr kehrte er aufgrund der Kriegswirren nach Istanbul zurück. 1949 ging er als Stipendiat nach Paris. Mit seiner schwedischen Frau ließ er sich 1951 in Stockholm nieder, wo er als Übersetzer, Fotograf und Dokumentarfilmer arbeitete. Lütfü Özköks erstes Gedicht erschien 1940 in der Zeitschrift *Sokak*. Mit seinen Übersetzungen versuchte er sowohl die türkische als auch die schwedische Literatur im jeweils anderen Land bekannt zu machen. Für seine Fotoausstellungen in Schweden und Istanbul wurde er mit zahlreichen Preisen ausgezeichnet. • Den Essay übersetzte Yüksel Pazarkaya.

YAHYA KEMAL BEYATLI

Ric'at

Çini bir kâsede bir Çin çayı içmekteydi.
Bir güzel yırtıcı kuş gözleri gördüm. Baktım
Som mücevher gibi kan kırmızı tırnaklarına.

Parlıyan taş, yaraşan dantele, her süs, her renk ...
Ve vücûdunda ipekten kumaşın câzibesi,
Önceden râyiha, en sonra bütün rûh oluyor.

Yine sevdâya kanatlansam azîz İstanbul!
Sende birçok geceler geçse tükenmez hazla ...
Kapasam böylece ömrün bu güzel yaprağını.

Mâcerâ başlamak üzreydi. Düşündüm de dedim:
»Kalbimin tâkati yok, hem bu duyuş çok sürecek ...
Mâcerâ başlamadan ben buradan ayrılayım.«

Rückzug

Aus einer Porzellantasse trinkt sie chinesischen Tee
Ich blick in schöne Raubvogelaugen und seh
Ihre Fingernägel, reine Rubine, blutrot.

Glitzernde Steine, passende Spitzen, Schmuck, alle Farben ...
An ihrem Körper lockt mich ein seidenes Beben
Erst nur ein Duft, dann die ganze Seele hingegeben.

Wenn ich doch einmal noch die Leidenschaft verspürte,
                        O, heil'ges İstanbul!
Und ein paar Nächte voll unendlicher Lust in dir verbrächte!
Um endlich so dies schönste Kapitel des Lebens abzuschließen.

Schon wollt ich mich ins Abenteuer stürzen, doch halt, da dachte ich:
»Das schafft mein Herz nicht, dies Gefühl würd allzu lange währen ...
Ich mach mich aus dem Staub, bevor der Tanz beginnt.«

ŞAVKAR ALTINEL

Vielleicht wird es einige wenige geben, die fragen: »Warum gerade Yahya Kemal?«, doch viele werden sicherlich fragen: »Warum gerade dieses Gedicht?« Es scheint mir nicht schwer zu beweisen, dass Yahya Kemal der größte, bedeutendste Dichter der modernen türkischen Poesie ist. Deshalb darf ich Sie vielleicht mit einem Gedicht bekannt machen wie *Rückzug,* das nicht viele kennen.

Ich muss gestehen, dass der Reiz dieses Gedichts für mich gerade in seiner Unbekanntheit liegt. Kunstwerke, die eine echte Originalität und Frische besitzen, stechen erst ins Auge, dann fallen sie jedem auf, und schließlich lässt man sie links liegen. Yahya Kemals Gedichte *Stimme* und *Der Gedanke unterwegs* sind so oft in Anthologien erschienen, dass sie Gefahr laufen, nur noch wie ein Klischee zu wirken. *Rückzug* hingegen präsentiert uns einen noch ganz unverbrauchten Yahya Kemal.

Aber natürlich habe ich dieses Gedicht nicht allein deswegen gewählt, sondern weil es meiner Meinung nach zu seinen besten gehört. Gerade hier entfaltet der Dichter seine poetische Ausdruckskraft.

Weil die meisten Dichter es für unter ihrer Würde halten, sich mit konkreten Einzelheiten abzugeben, von denen sie glauben, es seien zufällige Fakten außerhalb ihrer selbst, die nicht für die Poesie taugen, sondern nur den alltäglichen Funktionen der Sprache dienen, bemühen sie sich, diese Details zu ignorieren. Ihre Dichtung speist sich aus eigenen Schöpfungen und Bildern und läuft dadurch Gefahr, weltfremd, leer und steril zu sein. Die Welt aber ist nicht nur das, was real in ihr existiert, sondern auch, was wir ganz individuell wahrnehmen. Weil Yahya Kemal dies sehr gut begriffen hat, sind seine Gedichte lesenswert. Denn seine Gedichte bestehen nicht aus zufällig wahrgenommenen Elementen oder solchen, die er kraft seiner Fantasie in beliebiger Form produziert, sondern sie sind in Form, Struktur und Sinngehalt von der ganz eigenen Weltsicht des Dichters geprägt.

Dass die Kraft des Dichters zur Formgebung in dem Gedicht *Rückzug* besonders auffällig ist, rührt meiner Meinung nach vom erotischen Charakter des Gedichts her. Die türkische Lyrik hat großes Interesse an Sexualität, aber weil sie unkonkret bleibt, sind die Gedichte ironischerweise auch der Erotik gegenüber verschlossen. (Was könnte denn konkreter sein als ein Körper?) All diese Jünglinge der Divan-Dichtung sowie die Frauen der modernen türkischen Dichtung sind meistens nicht wirklich erotisch. In der Tradition der osmanischen Lyrik, die gegenüber konkreten Details aufgeschlossener war als die moderne türkische Poesie, gibt es übrigens auch nicht so viele erotische Gedichte, wie man annehmen möchte. In Yahya Kemals Gedicht ergreift uns dagegen eine intensive erotische Spannung, die durch konkrete Einzelheiten erzeugt wird, die zweifellos durch Blicke des Dichters in einem bestimmten Moment festgehalten werden: Es sind die Augen, die denen eines Raubvogels gleichen, die Hand mit den roten Fingernägeln, die die Teetasse umklammert, und der Körper der Frau, dessen Formen sich unter dem Seidenkleid erahnen lassen.

Die ferne und geheimnisvolle Musik im Innern des Gedichts, die durch Klangeffekte und Lautmalereien bewirkt wird, erhöht den erotischen Gehalt ebenso wie der nackte Körper, von dem der Dichter nur ahnen lässt, dass er unter dem Seidenkleid verborgen ist. Doch der Dichter fürchtet sich zu guter Letzt selbst vor seiner erotischen Fantasie und zieht sich zurück. Noch bevor die Sexualität in der Vorstellung ausgelebt wird, ersetzt der Dichter die Geliebte durch ein geschlechtsneutrales und deshalb weniger gefährliches Objekt der Liebe, »das heil'ge Istanbul«, und keine der Traumvorstellungen wird erfüllt. Yahya Kemal, der sich immer scheute, Verpflichtungen einzugehen wie etwa eine feste Arbeit oder eine Ehe, ja sogar Bücher zu veröffentlichen, und immer auf Distanz ging, scheint den Vorhang, der das Geheimnis seiner Flucht verbirgt, ein wenig zu lüften.

Doch ich möchte mich nicht noch näher auf dieses Thema einlassen, das wohl mehr mit seiner Biografie als mit der literarischen Kritik zu tun hat. Aber bitte erlauben Sie mir noch einen letzten Hinweis. *Rückzug* steht dem englischen Gedicht *The Love Song of J. Alfred Prufrock* von T.S. Eliot sehr nahe. In beiden Gedichten finden wir das Milieu der sozialen Oberschicht: die Frau, die kokett herüberschaut, dasselbe verführerische Parfüm, schließlich Yahya Kemals lautloser Rückzug – »Ich mach mich aus dem Staub, bevor der Tanz beginnt« – und Prufrocks klares und bitteres Eingeständnis: »Kurz gesagt, ich fürchte mich.« Was könnte noch prägnanter sein?

YAHYA KEMAL BEYATLI Biografie siehe Seite 67. • Das Gedicht *Rückzug* (*Ric'at*) wurde von Uta Schlegel übersetzt.

ŞAVKAR ALTINEL geboren 1953 in Istanbul, ist Dichter, Schriftsteller und Übersetzer. Von 1972 an lebte er für vier Jahre in den USA, verbrachte anschließend dreizehn Jahre in Schottland und zog dann nach England. Şavkar Altınels Gedichte, Artikel und Übersetzungen erscheinen in verschiedenen Zeitschriften, erstmals 1971 in der *Yeni Dergi*. Vorherrschendes Thema seiner oft in Reimform gehaltenen Gedichte ist das Reisen. • Den Essay übersetzte Uta Schlegel.

KÜÇÜK İSKENDER

Son dakika ayrılığı

Yeni kirletilmiş küçük bir kız çocuğu
gibi terliyor elindeki falçata; küçümsenen
yanları da var vuruşmanın ve ölmenin, hem de
henüz hiçbir ipucuna ulaşamamışken terkedilmek.

Bu cinayet mevsiminde ne kar bekliyorum, ne güneş
ne de ilk öpüştüğümüz gece yağan lacivert yağmuru;
Yeni kirletilmiş küçük bir kız çocuğu
gibi duruyor felsefem dudaklarında, ben senin üst dudağına
bir rubai yazmıştım, zorla alt dudağına okutmuştum onu
gecelerin kasıklarını sayıkladığı saatlere doğru! Beğen bunu
demiştim, hatta al yanında götür, en güzel mısrasını karala,
kendi fotoğrafını koy oraya, benimle senin arana!
Benimle senin aranda hiç aram olmadı benim sözü edilecek;
hem de
henüz hiçbir ipucuna ulaşamamışken terkedilmek, küçümsenen
bir adli dava, basit bir soykırım, alelade bir melankoli mikrobu
      saplamana an kalan falçata; daha ne duruyorsun, hemen
iş bitirici bir hedef seç vücudumda; ama sorarım,
insan bedeninin kapısı nerede
girilsin diye, çıkılsın diye, kitlensin diye

Trennung wegen nichts

Wie ein gerade geschändetes kleines Mädchen
schwitzt das Messer in deiner Hand;
Kampf und Sterben sind noch gering,
wenn man verlassen wird ohne Anhaltspunkt, warum.

In der Jahreszeit des Mordens erwarte ich weder Schnee noch Sonne
noch blauen Regen, wie er niederging in jener Nacht, in der wir
                             uns zum ersten Mal geküsst;
Wie ein gerade geschändetes kleines Mädchen
hängt meine Philosophie an deinen Lippen, ich schrieb einen Rubai
auf deine obere Lippe und brachte die untere dazu, ihn aufzusagen
bis zu den Stunden, in denen die Nächte von deinem Geschlecht
                             fantasierten! Nimm ihn an,
hatte ich gesagt, ja: Nimm ihn mit, übermale den schönsten Vers,
und lege dein Bild darauf, zwischen mich und dich!
Zwischen mir und dir war fast kein Raum geblieben;
                             für ein einziges Wort
noch dazu
verlassen, ohne Anhaltspunkt, warum – was ist schon
eine banale Klage vor Gericht, ein schlichter Völkermord, ein
                             gemeiner Erreger von
Melancholie oder das Messer, mit dem du gleich zustechen wirst;
was wartest du noch, wähle rasch ein Ziel an meinem Körper,
                             das seinen Zweck erfüllt; nun aber frage ich,
wo ist die Tür des Menschenkörpers,
um hineinzukommen, herauszukommen, abzuschließen;

nerede bahçesi, bahçesinde yeni yıkanmış çarşafların arasında
koşuşturan hatıraların ömrü ne, ben neyim, sen nesin, bu
                                                    karartma niye!
En azından yüzün altında darbe almamalıyım, yaralarımın
                                        sayısını saymak
için lütfen, biraz süre ver bana ve kendine.

Yeni kirletilmiş küçük bir kız çocuğu
gibi terliyor elindeki suçsuz falçata; düşür onu bir an önce
ve beni bile öldürerek
bir fırsat daha tanı hayata!

wo ist sein Garten, und wie lange währen die Erinnerungen, die
                                                  im Garten
durch frisch gewaschene Laken eilen, was bin ich, was bist du,
                                     wozu diese Verdüsterung.
Ich darf nicht weniger als hundert Stiche abbekommen,
bitte lass mir und dir etwas Zeit, die Wunden abzuzählen.

Wie ein gerade geschändetes kleines Mädchen
schwitzt das schuldlose Messer in deiner Hand; lass es rasch fallen
und selbst wenn du mich jetzt töten willst,
lass mich noch einmal leben!

ALTAY ÖKTEM

K. İskender ist ein Dichter, dem es weniger um sich, als um das Leben als Ganzes geht. Davon profitieren seine Gedichte. Seine Beschreibungen sind wie scharfe Messer mit zwei Schneiden. Das Gedicht *Trennung wegen nichts* ist hierfür ein gutes Beispiel. In dem Gedicht vergleicht İskender das Messer mit einem kleinen Mädchen, das gerade misshandelt worden ist. Obendrein bringt er es auch noch zum Schwitzen. Was ohnehin schon erschreckt, wird so noch schockierender: ein schwitzendes Messer! Eines, das schwitzt, wie ein gerade geschändetes kleines Mädchen.

K. İskender hält das Verlassenwerden für ein Verbrechen. Seine Philosophie nimmt die Stelle des Messers ein, denn es heißt: »wie ein gerade geschändetes kleines Mädchen hängt meine Philosophie an deinen Lippen«. Es geht also um die Liebe, bedeutet denn Liebe nicht so etwas wie: die untere Lippe der Geliebten dazu zu bringen, den Vierzeiler (Ruba'i) aufzusagen, den du auf ihre obere Lippe geschrieben hast? Die Verwandlung des Messers (türk. falçata) in Philosophie (türk. felsefe) bringt uns auf eine Spur, und zwar sowohl vom Wortklang als auch von der Bedeutung her. Liebe heißt unter anderem, die eigene Philosophie mit den Lippen eines anderen zu verschließen. Wenn aus einem gerade beschmutzten und schwitzenden Messer »Philosophie« wird und diese auf die Lippen eines anderen gelegt wird, ist die Zeit der Liebe gekommen.

Liebe und Trennung verleiht er mit scharfen Worten eine Härte, die zu seinen gequälten Gefühlen passt. Aus dem Gedicht geht hervor, dass er sein Verlassensein noch nicht fassen kann. An zwei Stellen wird das wiederholt. Deshalb können auch wir kaum hoffen, einen Grund für die Trennung zu finden. Die Zeit vergeht, und die Lebenserfahrung wächst.

Es gibt keinen Anhaltspunkt dafür, warum er verlassen wurde. Ist denn jemanden zu verlassen nicht auch die Kunst, keine Spuren zu hinterlassen?

K. İskender spricht von der Tür des menschlichen Körpers und weist auf ihre drei Funktionen hin. So ist die Tür nicht nur zum Öffnen und Schließen, gerade weil es sich um den Körper eines Menschen handelt. Im Laufe einer Beziehung wird die Tür eines Körpers viele Male geöffnet und geschlossen. Beim Verlassen aber wird die Tür verriegelt. Und meistens wird sie von jemandem verriegelt, bei dem wir uns ganz sicher waren, dass er oder sie die Tür niemals verriegeln würde. Darin besteht die eigentliche Tragödie. Dies ist auch der entscheidende Grund dafür, warum sich kein Motiv für die Trennung finden lässt.

In dem Moment, in dem die Tür des Körpers verriegelt wird, wendet sich der Mensch dem Garten zu und sucht die Erinnerungen, die zwischen frisch gewaschenen Bettlaken hindurcheilen. In dem Moment, in dem der Riegel vorgeschoben wird, beginnt er seine Suche – ohne eine Sekunde zu verlieren. Doch wird er etwas finden? Jeder der — wenn auch nur einmal in seinem Leben – eine »Trennung wegen nichts« erlebt hat, weiß: Er wird nichts finden.

In solch einer Situation ist es das Schlimmste, sich Fragen zu stellen wie »Was bin ich?«, »Was bist du?«. Die richtige Frage kann nur lauten: »Warum diese Verdüsterung?« Natürlich gibt es auf keine dieser Fragen eine Antwort. Jetzt geht es darum, sich zu setzen und die Wunden, die uns geschlagen wurden, zu zählen.

Die Verse »und selbst wenn du mich jetzt töten willst/lass mich noch einmal leben!« am Ende des Gedichts sind nicht nur eine Zusammenfassung des Gedichts, sondern auch ein Resümee der Poetik K. İskenders. Dem Leben Raum geben – das geht nur, indem du Dinge oder Menschen auslöschst, denen du früher Raum gegeben hast bzw. nicht geben konntest. İskender weiß genau, dass ein Dichter sich selbst langsam, aber sicher auslöschen muss, um ein Gedicht zum Leben zu erwecken. Deshalb schreibt er auch ein prosaisches Gedicht. Mit seinen Gedichten beweist er, dass nur

verwundete Menschen Gedichte schreiben können und dass eine
aufgebrochene Kruste eine Wunde – statt diese zu heilen – noch
stärker zum Bluten bringt.

KÜÇÜK İSKENDER geboren 1964 in Istanbul, mit bürgerlichem Namen
İskender Över, studierte zunächst Medizin, dann Soziologie an der Universität Istanbul, brach sein Studium jedoch ab. Er übernahm dann verschiedene Tätigkeiten, arbeitete mal als Korrektor, dann als Postkartenverkäufer, Kostümbildner, Rezeptionist, Barkeeper und Songtexter sowie Kolumnist für humoristische Zeitschriften und Erotikmagazine. Seit 1985 erscheinen seine Gedichte in verschiedenen Zeitschriften; sein Band *Bir çift siyah eldiven* (Ein Paar schwarze Handschuhe) wurde 2000 mit dem Orhon-Murat-Arıburnu-Preis für Dichtung ausgezeichnet. Küçük İskender ist für seine erotischen Gedichte bekannt. Er lebt und arbeitet in Istanbul. • *Trennung wegen nichts* (*Son dakika ayrılığı*, 2003) wurde von Eric Czotscher übersetzt.

ALTAY ÖKTEM geboren 1964 in Istanbul, beendete 1990 sein Medizinstudium. Anschließend arbeitete er acht Jahre am Staatlichen Krankenhaus von Kahramanmaraş, dann in einem Seniorenheim in Etiler (Istanbul). Altay Öktems erstes Gedicht erschien 1984 in der Zeitschrift *Yamaç*. Öktem gehört zu den produktivsten Dichtern und Schriftstellern der heutigen Zeit. Für sein Werk erhielt er zahlreiche Preise, unter anderem 1995 den Orhon-Murat-Arıburnu-Lyrikpreis und 2000 den Cemal-Süreya-Lyrikpreis. • Den Essay übersetzte Eric Czotscher.

CAN YÜCEL

Patlayan tanker

Mengü Ertel'e

Zehirli bir mantar gibi mai ormandan kanayan
Bu ateş, bu kurşunî, bu baruti duman
Ortasında bir güneş, bi görünüp bi kaybolan
Bana diyor ki: Sen de patlayacaksın bi gün Can
Olanca dikkatsizliğiyle ve bir Rum kosteri edâsıylan
Güler tekrar gençmiş gibi geçtiğinde ihtiyar yanından
Öfkeden, kıskançtan, petrolden, rakıdan ve aşkdan ...
Derken inecek bütün Modalardaki manken ve camekân
Ben de o Romen tankerince berhava olacam o zaman
Camlara Romen örneklerini keten göynek üzre
                                        dokuyaraktan.
Ben de patlayıp öldüğümde yüz bin çam dikilmiş o akşam
Kendisi için değil sade, adam olmak için adam
Kökleri güneşte hep, biraz deniz, biraz çiyan.

Der explodierende Tanker

Für Mengü Ertel

Ein Giftpilz, blutend, im blauen Wald:
Diese Feuersbrunst, bleigrau der Pulverdampf.
Die Sonne darin, bald hell bald verhangen
Sagt mir: Auch du explodierst einmal, Can
Vor Liebe und Eifersucht, lauter Diesel, Fusel in Rage,
Da Güler vorbeirauscht an ihrem Alten, frisch aufgetakelt
Ganz ohne Sorgfalt wie diese Griechen-Fregatten bemalt.
Wenn der Schlag trifft alle Schaufensterscheiben und -puppen in
                                                                         Moda
Flieg ich in die Luft wie dieser rumänische Tanker,
Sticke dabei rumänische Muster, rot, auf die Hemden aus
                                                                        Splitterglas
Wenn ich krepier und zerplatz, aber zigtausend Kiefern neu
                                                            gesetzt, an dem Abend
Nicht bloß für mich, der endlich ein richtiger Mensch sein will,
                                                                        der Mann ...
Seine Wurzeln in der Sonne und ein wenig im Meer – :
                                            Tausendsassa-Hans-Dampf.

ERDAL ALOVA

Ein typisches Can-Yücel-Gedicht, dieser *Explodierende Tanker*. Typisch inwiefern? Was ist typisch für Can Yücel? Unerwartete Übergänge vom aktuellen Tagesgeschehen ins Privatleben – bis hin zum politischen Kommentar oder auch zu einem existenzerhellenden Geistesblitz: Ein alltägliches Ereignis vollkommen ins Metaphorische zu transformieren, dies sind die charakteristischen Mittel, die Can Yücel in seinen Gedichten durchgehend anzuwenden pflegt.

Als Can Yücel dieses Gedicht schrieb, stand er unter dem Eindruck eines katastrophalen Schiffsunglücks, das sich 1979 vor Kadıköy ereignete, als ein griechisches Küstenmotorschiff aus dem Ruder lief und mit einem rumänischen Tanker zusammenstieß, der Treibstoff geladen hatte.

Von diesem konkreten Phänomen ausgehend, kommt der Dichter auf das Moment einer seelischen Erschütterung zu sprechen, genauer gesagt, auf das Thema des Älterwerdens mitsamt den psychologischen Details, die bei diesem Prozess auftreten; und er schafft aus diesem Übergang unterschiedlichste Assoziationen.

Indem er seine Jugend – wie im Flug vergangen – oder auch sein bevorstehendes Alter mit dem aus heiterem Himmel explodierenden Tanker gleichsetzt, fühlt er, dass er nutzlos verpufft vor Zorn und Eifersucht. So wie die griechische Schaluppe (oder die Frau!) – nicht jung, aber wieder auf »neu« getrimmt und bloß von Farbe bzw. Schminke zusammengehalten – schließlich bei ihrem Vorbeirauschen am »Alter« (dem »Alten«) den rumänischen Tanker in die Luft gehen lässt.

Der springende Punkt ist hier nicht das krampfhafte Festhalten an der Illusion der Jugend oder die Fixierung auf eine junge Frau, ebenso wenig die Vorstellung von einem alternden Mann mit einer

Alterspsychose; wichtig ist vielmehr, dass es um Güler, also die Frau des Dichters, geht, die hier »vorbeirauscht« wie plötzlich verjüngt.

(Hier möchte ich in einem Klammerzusatz auf eine besondere Tatsache aufmerksam machen: In der Divan-Poesie hat die Frau keinen Namen; sie tritt als Liebling, [unsterbliche] Geliebte, Liebste in Erscheinung. Der Divan-Dichter schuf sich mit diesen Begriffen ein abstraktes Wesen, das sowohl jede infrage Kommende als auch niemand Bestimmtes meinte. Dies nahm so bis zu Nâzım Hikmet seinen Fortgang. Erst Nâzım Hikmet verlieh der Geliebten einen Namen und stellte sie der Öffentlichkeit mit ihrem tatsächlichen Namen, Piraye, vor. Nicht einmal Orhan Veli, der seine Dichtung so sehr auf einen neuzeitlichen Nenner brachte, nannte den Namen seiner Geliebten. Can Yücel aber, der Nâzım auch darin folgt, trägt den Namen seiner Geliebten – im wirklichen Leben ist sie seine Frau – ganz frei an die Öffentlichkeit.)

Dieses über lange Jahre bestehende Verhältnis zwischen Mann und Frau, eine von Zorn und Eifersucht, von Rakı-Fahnen umwehte Liebe, ist die Geschichte eines passionierten Flirts, die sich ebenso auf des Messers Schneide bewegt wie jene Begegnung zwischen dem »ganz ohne Sorgfalt« manövrierenden griechischen Dampfer und dem jeden Augenblick explodierenden Tanker.

Das Gedicht *Der Explodierende Tanker* behandelt gerade dieses Erschrecken, wie dieser Vorgang passiert ist. Eines Tages geht das weltliche Drama dieses Flirts zu Ende und der Dichter ist zu nichts vergangen; dies ging sicherlich nicht still und leise vonstatten, sondern – wie es dieser Gemütserregung entspricht – mit dem Donnerschlag eines Tankers, der in die Luft fliegt.

Eines der Merkmale von Can Yücels Dichtung ist der kritische Grundzug, gleichgültig ob der Dichter von sich selbst spricht oder ob von Erdbeeren die Rede ist – oder Fröschen. Durch die zu erwartende gewaltige Detonation würden allerdings die schlanken Mannequins in Moda samt ihren Schaufensterscheiben zerfetzt werden, das heißt, die im Gedicht angedeutete Gewalt bleibt nicht allein auf das dichterische Ich bezogen, sondern hat eine weitergehende Auswirkung.

Ein anderes Charakteristikum dieses Gedichts besteht darin, dass es Einzelheiten nie ohne besonderen Bezug stehen lässt, dass es sogar in den unmöglichsten Momenten aus Kleinigkeiten ein Bild hervorzaubern kann. Selbst im Sterben, da der Dichter rumänische Muster in die Leinenhemden stickt, zeigt er ein feines Mitgefühl – für die Fensterscheiben! Indem er die Gewalt als solche verneint, wandelt er sie in eine ästhetische Formel um.

Das ganze Gedicht hindurch gehen die Verse im Türkischen auf den Reim »-an« aus. Das zeigt, wie sehr Can Yücels Dichtung von der klassischen türkischen Poesie und ihrer Aussageform beeinflusst ist. Auch in anderen Gedichten lässt er die Strophen auf einen identischen Reim ausklingen, wodurch er die Erinnerung an die Divan-Dichter, hauptsächlich Yahya Kemal, ins Spiel bringt.

CAN YÜCEL geboren 1926 in Istanbul, gestorben 1999 in İzmir, studierte Klassische Philologie an den Universitäten Ankara und Cambridge. Er lebte lange Zeit in Frankreich und England, seinen Militärdienst leistete er in Korea (1953). In London arbeitete er als Sprecher für das türkische Rundfunkprogramm der BBC. Als er 1963 in die Türkei zurückkehrte, betätigte er sich zunächst als Reiseführer, ließ sich dann aber als Übersetzer in Istanbul nieder. Nach dem Militärputsch vom 12. März 1971 wurde er wegen einer Übersetzung zu siebeneinhalb Jahren Freiheitsstrafe verurteilt, kam jedoch durch eine Amnestie 1974 wieder frei. Von 1945 an wurden seine Gedichte, Artikel und Übersetzungen in verschiedenen Zeitungen und Zeitschriften veröffentlicht. In seinen Gedichten macht Yücel ebenso Anleihen bei der Sprache und den Liedern des Volkes wie beim Argot. Auch vor Obszönitäten schreckt er nicht zurück. Yücel, der es virtuos versteht, mit der Sprache zu spielen, verfolgt mit seiner Lyrik vor allem das Ziel, eine bessere Welt zu schaffen. Zu seinem übersetzerischen Werk zählen auch einige Shakespeare-Übertragungen. • *Der explodierende Tanker* (*Patlayan tanker*, 1982) wurde von Klaus-Detlev Wannig übersetzt.

ERDAL ALOVA geboren 1952 in Ankara, stand als junger Erwachsener unter dem Einfluss der Arbeiterpartei der Türkei (TİP). Erdal Alovas erster Artikel,

Brecht und das Epische Theater, erschien in der Zeitschrift *Liseli Gençlik*, zu deren Gründungsmitgliedern Alova gehörte. Das erste Gedicht des Vertreters der »1970er-Generation«, *Issız gül* (Die einsame Rose), erschien 1973 in der Zeitschrift *Yeni Dergi*. Erdal Alova ist auch als Übersetzer tätig und übertrug Werke von Federico García Lorca, Konstantinos Kavafis, Pablo Neruda und Catull ins Türkische. 1996 wurde er mit dem Cemal-Süreya-Lyrikpreis ausgezeichnet. • Den Essay übersetzte Klaus-Detlev Wannig.

OKTAY RİFAT

Telefon

Gözlerin var ya çekik kara kara
Önce gözlerindi en güzel ışık
Beyaz dişlerindi bacakların omuzun
Damalı örtüde bir kâse çorba gibi
Buğulu bir lezzetti karıkocalık
Şimdi bir çınar yeşeriyor içimde
Bir şarkı söyleniyor uzun uzun
Hürriyetin rüzgârlı bayrağı oldu
Bize yeten aydınlığı sevdamızın

Aman dayanamazsam ne etmeli
Bütün pencereler üstlerine açık
Kimler soyar çocukları kimler örter
Biri on bir yaşında öteki küçük
Ya anne diye bağırırsa uykusunda
Belki korkmuş belki de susamıştır
Geceleri su içmeye alışık
Çorap öyle mi giydirilir don öyle mi bağlanır
Gömleği bir tuhaf sarkıyor arkasında

Çocuklara bakma dayanırım
Gide gide çoğaldım halkım ben artık
Dağ taş kalabalık kalabalık
Satar mıyım onları onlar da çocuklarım
Ben kadınım çocuklarımla varım
Telefon nafile açmam seni
Söylemez dillerim yarınla bağlı
Tutmaz parmaklarım kocamdan belli
Telefon benimki de analık

Das Telefon

Deine Augen, so schmal und schwarz
Früher waren sie das schönste Licht
Deine weißen Zähne deine Beine deine Schultern
Wie die Suppenschüssel auf kariertem Tischtuch
Ein dampfender Genuss die Ehe
Jetzt grünt eine Platane in mir
Ein Lied wird gesungen eintönig endlos
Zur sturmbewegten Fahne der Freiheit wurde
Das Leuchten unserer Liebe das uns genügte

Was tun wenn ich es nicht aushalten kann
Alle Fenster ihnen gegenüber offen
Wer zieht nun die Kinder aus wer deckt sie zu
Das eine ist elf Jahre das andere noch zu klein
Wenn es nach der Mutter schreit im Schlaf
Vielleicht hat es Angst vielleicht Durst
Gewohnt nachts Wasser zu trinken
Zieht man die Socken so an wird die Hose so gebunden
Sein Hemd hängt hinten drollig heraus

Lass die Kinder ich halte es aus
Allmählich vermehrte ich mich bin schon ein Volk
Berge und Steine Menge und Gedränge
Kann ich sie je verraten sie sind auch meine Kinder
Ich bin eine Frau existiere in meinen Kindern
He Telefon umsonst ich geh nicht dran
Meine Zunge redet nicht die Zukunft hat sie lahmgelegt
Meine Finger greifen nicht zu von meinem Mann offenbar
He Telefon bin doch auch eine Mutter

Çocuklara bakma dayanırım
Sevgiydim önce bir çeşit incelik
Şimdi işe yarıyorum kaba saba
Tuzlu bir deniz kokusu havada
Benimle başladı bu müthiş tazelik
Benimle yaklaştı güzel günler
O günlerin eşiğinde beni hatırlayın
Hatırlayın onların vahşetini
Her telefon çalışta kesik kesik

Lass die Kinder ich halte es aus
Früher war ich die Liebe eine Art Feinheit
Jetzt tauge ich zur Arbeit recht und schlecht
Ein salziger Meeresgeruch in der Luft
Mit mir begann diese unerhörte Frische
Mit mir kamen schöne Tage näher
Erinnert euch meiner an der Schwelle jener Tage
Erinnert euch ihrer Brutalität
Bei jedem Klingeln des Telefons abgehackt abgehackt

CEVAT ÇAPAN

Das Telefon ist, nach meinem Dafürhalten, das gelungenste Gedicht in Oktay Rifats 1954 veröffentlichtem Band *Der Rabe und der Fuchs*. Rifat wendet sich mit diesem Gedicht neben den mehr oder weniger von La Fontaine inspirierten ironischen Gedichten, die in diesem Band versammelt sind, dem Ereignis um die Rosenbergs zu, das in jenen Jahren weltweit als eine der bedeutenden politischen Tragödien wahrgenommen wurde. Das Gedicht *Das Telefon* bringt den weltweiten Zorn und Schmerz über den Justizirrtum im Fall Rosenberg in den USA in der Verdichtung einer Trauerode zum Ausdruck.

Wie in seinen früheren Gedichten, in denen er sowohl die Innenwelt des Einzelnen als auch die Missstände in der Gesellschaft in gebundener oder ungebundener Rede, gereimt oder ungereimt poetisch behandelt, so schafft Oktay Rifat auch mit diesem Text ein Gedicht, in dem er die Probleme der Welt, persönliche Erlebnisse und die Fragen der Menschheit zusammen denkt und die organischen Beziehungen zwischen allen diesen Dingen in eine Form bringt, die zur Thematik am besten passt und sie am wirkungsvollsten zum Ausdruck bringt, so wie er es in allen seinen Büchern tut.

In *Das Telefon* gelingt es Oktay Rifat, durch seine Beobachtungsgabe die konkreten Einzelheiten im Leben der von der Tragödie betroffenen Menschen wahrzunehmen und mit dem Gefühlsreichtum, den derartige Situationen stimulieren können, ein bestechendes Ganzes zu schaffen. Hier werden die Zärtlichkeit einer Mutter zu ihren Kindern, die Wärme eines Heims und die Haltung der gesamten Menschheitsfamilie, die angesichts der Verlustgefahr diese Gefühle teilt, und das nötige Solidaritätsbewusstsein, das man in solchen Situationen entwickeln sollte, als universale Tugend vermittelt.

Das Gedicht *Das Telefon* ist sowohl eine eindringliche Trauerode, in der ein tiefer Schmerz meisterhaft zum Ausdruck gebracht wird, als auch angesichts eines solchen Menschheitsdramas ein Solidaritätsaufruf, der sich mit einer Niederlage nicht abfindet: ein Meisterwerk also der türkischen Poesie im 20. Jahrhundert.

Nachtrag: Die amerikanischen Juden Ethel und Julius Rosenberg, beide Physiker, wurden in der McCarthy-Ära als Kommunisten verdächtigt und als Sowjetspione 1951 vor Gericht gestellt (die Frau etwas später) und trotz internationaler Proteste 1953 auf dem elektrischen Stuhl hingerichtet.

OKTAY RİFAT geboren 1914 in Trabzon, gestorben 1988 in Istanbul, ist Absolvent der Juristischen Fakultät der Universität Ankara. Das Finanzministerium ermöglichte ihm ein Studium der Politikwissenschaften in Paris. Er arbeitete dann in Ankara und Istanbul als Rechtsanwalt, später für die Staatlichen Eisenbahnen. Oktay Rifats erste Gedichte erschienen ab 1936 in der Zeitschrift *Varlık*. Aufgrund des von ihm gemeinsam mit Orhan Veli Kanık und Melih Cevdet Anday herausgebrachten Buchs *Garip* (Fremdartig) zählt man ihn zu den Begründern der gleichnamigen literarischen Strömung in der Türkei. • *Das Telefon* (*Telefon*, 1954) wurde von Yüksel Pazarkaya übersetzt.

CEVAT ÇAPAN geboren 1933 in Kocaeli, schloss 1956 sein Studium der Englischen Literatur in Cambridge ab. Promotion und Habilitation führten ihn über eine Professur an der Universität Istanbul zu leitenden Positionen an verschiedenen Istanbuler Hochschuleinrichtungen. Cevat Çapan machte sich zunächst als Lyriker einen Namen, widmete sich aber auch der Übersetzung von Gedichten. Cevat Çapans zahlreiche Gedichte, Erzählungen, Kritiken und Übersetzungen erschienen in namhaften Literaturzeitschriften und Zeitungen. 1986 wurde er für seinen ersten Gedichtband mit dem renommierten Behçet-Necatigil-Lyrikpreis ausgezeichnet. • Den Essay übersetzte Yüksel Pazarkaya.

SAİT FAİK ABASIYANIK

Arkadaş

Bügünlerde bir akşam, şehrin aynalı gazinosuna ...
ve aynaların içine
Selim-i salis gibi oturacağım
Önümde rakı ... dışarda akşam, akıntı, kayıklar ve gelip
geçen ...
Meyhanenin kapısından, iki elini gözüne siper edip bakan
birisi:
»Bu herif âşık!« diyecek.

Saçları perişan, dudakları mürekkepli, hali bencileyin
serseri bir kızı
Büyük bir sandal
– Akıntının içinden çekip –
Rakı kadehimle benim arama bırakacak.

Diyeceğim:
»Bu akşam değil bir başka akşam seni alıp bir kocaman
şehre götüreceğim:
»O şehirde toprak çoktan patlamıştır;
»Yıkılmıştır bildiklerim;
»Kocaman cepheleriyle borsalar, saraylar, kim bilir belki
de mahkemeler zindanlar ...
»Masaldır artık
»Onların kahramanlığı, onların merhameti, onların
fazileti...

Ezanlar, mevlûtlar, harbler, taburlarla kahramanlar ...

Die Freundin

An einem dieser Abende werde ich mich
Sultan Selim dem Dritten gleich
in das spiegelverkleidete Kasino dieser Stadt mitten in die
                                      Spiegel setzen.
Vor mir der Rakı ... draußen der Abend, die Strömung, die
                                  Fischerboote und die Passanten ...
Jemand, der durch die Tür in die Kneipe hineinschaut, die
    Hände über Stirn und Schläfe hält, um besser sehen zu können,
wird sagen: »Dieser Kerl ist verliebt!«

Ein großes Fischerboot
wird ein Mädchen
aus der Strömung herausziehen,
die Haare wild zerzaust, die Lippen mit Tintenflecken übersät,
                scheint sie genauso verrückt wie ich, man
                wird sie hierher bringen und sie zurücklassen
                zwischen meinem Glas Rakı und mir.
Ich werde sagen:
»Heute Abend nicht, aber an einem anderen Abend werde ich dich
    an die Hand nehmen und mit dir in eine riesige Stadt gehen.
In jener Stadt ist die Erde längst geplatzt.
Alles, was ich kenne, ist eingestürzt:
die Börsen mit ihren riesigen Fassaden, die Paläste, wer
weiß, vielleicht auch die Gerichtshöfe und Gefängnisse ...
Alles ist verschwunden, längst Märchen geworden:
ihr Heldentum, ihre Barmherzigkeit, ihre Tugenden ...
Die Gebetsrufe, die Seelenmessen, die Kriege,
die Bataillone und die Helden ...

Kafam alkolsüz, ellerim kelepçesiz,
Seni bir akşamüstü, Sotirakinin gazinosundan
Rakı kadehimle benim aramdan alıp
Altın akşamların sarı çoçukların tırmandığı
Kuşların öttüğü ve yemişlerin yendiği
Hudutsuz ve çitsiz,
Perisiz ve cinsiz,
Kümessiz ve evsiz
Hâsılı numarasız
Bir memlekete götüreceğim.

İstasyondan iner inmez
Seni metrolar başka beni başka tarafa götürsün
    Zararı yok!
Yalnız gine böyle kumral akşam üstleri
Yapayalnız kaldığım kasım akşamları
Buruşuk manton, dağınık saçların; mürekkepli ağzın ve
                                                    hemşire
Çehrenle
– Ayaklarını bir sandalyeye dayayıp –
Bana iki satır bir şey söyliyeceksin:
»Bügün ne yaptın, çalıştın mı?«
İstersen sonra kalkar, gezmeye gidersin
Bensiz ...
Sen bilirsin.

Mein Kopf nicht vom Alkohol benebelt, meine Hände nicht in
>Handschellen gezwängt,
werde ich dich eines Abends aus Sotirakis großem Kasino,
von deinem Platz zwischen meinem Glas Rakı und mir,
an die Hand nehmen und dich in ein Land führen,
ein Land, in dem an goldenen Abenden die gelben Kinder auf
>die Bäume klettern,
in dem Vögel zwitschern und wo man Früchte isst,
ein Land ohne Grenzen und Zäune,
ohne Feen und Dschinnen
ohne Häuser und Stallungen,
ein Land, in dem der Gewinn nicht gemessen wird.

Sobald wir am Bahnhof aussteigen
soll die Metro ruhig dich in eine Richtung und mich in eine
>andere fahren.
Das macht nichts!
Du sollst nur wieder an solchen rötlich braunen Abenden,
an Novemberabenden, an denen ich mutterseelenallein bin,
mit deinem zerknitterten Mantel, deinen zerzausten Haaren,
>mit deinen mit Tintenflecken
übersäten Lippen und deinem schwesterlichen
Gesichtsausdruck
– deine Beine an einen Stuhl gelehnt –
zwei, drei kurze Worte an mich richten:
»Was hast du heute gemacht? Hast du gearbeitet?«
Wenn du willst, kannst du danach aufstehen und einen
>Spaziergang machen
Ohne mich ...
Wie du willst.

ADNAN ÖZYALÇINER

Sait Faiks Gedicht *Die Freundin* ist ein Lobgesang voller Sehnsucht auf ein Land, in dem die Liebe frei und unbeschwert ausgelebt werden kann, wo man das Glück kameradschaftlich teilen kann in der Hoffnung auf eine glänzende Zukunft.

Der Dichter spielt am Anfang des Gedichts auf den reformfreudigen osmanischen Sultan Selim III. (regierte von 1789–1807) an. Inmitten der Spiegel, in denen er sich im Kasino sitzen sieht, fühlt sich der Dichter wie Sultan Selim III., der auf die Reformen und die Modernisierung, die er für sein Land eingeleitet hatte, zu Recht stolz sein konnte.

Jemand, der den Dichter von außen erblickt, wird an dem Glas Anisschnaps und an dessen Sitzhaltung erkennen, dass er ein Liebender ist. Der Dichter ist zufrieden, dass man bei seinem Anblick zu dieser Feststellung gelangt. Wer ihn so sieht, wird sagen: »Dieser Kerl ist verliebt!«

Die Geliebte, nach der er sich sehnt, ist ein Mädchen mit Tintenflecken an den Lippen und, so wie der Dichter selbst, mit wild zerzausten Haaren, und sie ist ein wenig verrückt. Sie ist ein Mädchen, das arbeitet; vielleicht eine kleine Angestellte, Tagelöhnerin oder Handwerkerin. Und er ist Schriftsteller, ein Kopfarbeiter mit Tintenflecken an den Fingern. Er verspricht, dass er seine Geliebte in eine andere Welt führen wird, eine Welt, die fleißig arbeitende Menschen erschaffen haben, eine Welt ohne Lügen und Ausbeutung. Das ist offensichtlich eine Anspielung auf ein sozialistisches Land. Alle Schattenseiten der kapitalistischen Ordnung sind hier verschwunden. In dieser Welt gibt es keinen Platz mehr für Börsen, Paläste, Gerichte und Kerker. Der Grund und Boden gehört allen. Die Arbeiter leben gleichberechtigt in der Zivilisation, die sie geschaffen haben. Denn alles, was das kapitalistische System als Tugend und Segen für die Menschen anpreist, hat sich als Lügenmärchen entpuppt. Die Kriege, die Soldatenbataillone und Helden, die Ausbeutung des Glaubens gehören inzwischen der Geschichte an. Und genau diese andere, gute Welt beschreibt der Dichter in seinem Gedicht.

Und welche Welt sich Sait Faik wünscht, deutet er in dem Gedicht an: Alles Schöne und Gute, das durch die Liebe, das Glück und durch die moderne Zivilisation gewonnen wird, soll brüderlich geteilt werden, keine Zäune und Grenzen sollen existieren, und die Menschen sollen glücklich miteinander leben.

Wenn zwei Liebende in solch einer Welt morgens auf dem Weg zur Arbeit auseinandergehen und die Metro sie in verschiedene Richtungen bringt, ist das nicht so tragisch. Denn an den rötlich braunen Abenden werden sie wieder zusammenkommen. An diesen Novemberabenden, wenn der Dichter mutterseelenallein ist, wird seine Geliebte mit ihrem zerknitterten Mantel, ihren zerzausten Haaren, mit den Tintenflecken an den Lippen und ihrem schwesterlichen Gesichtsausdruck kommen und ihn fragen: »Was hast du heute gemacht? Hast du gearbeitet?«

Was die beiden Liebenden verbindet, ist das Glück, durch ihre Arbeit etwas zu erschaffen. Sie erfreuen sich daran, durch ihre Arbeit ihren Beitrag zur Entwicklung der Zivilisation geleistet zu haben, sei es durch die Kraft der Hände oder des Geistes.

Sait Faik sagte einmal: »Alles beginnt damit, dass man den Menschen liebt.« In einer Welt, in der die Liebe herrscht, wird eine Freundschaft, die in der Gleichheit des Lebens freiheitlich geteilt wird, den Platz der leidenschaftlichen Liebe einnehmen. So wie in dem Gedicht *Die Freundin*.

SAİT FAİK ABASIYANIK geboren 1906 in Adapazarı, gestorben 1954 in Istanbul, studierte von 1928 bis 1930 an der Fakultät für Literaturwissenschaft der Universität Istanbul und später in Grenoble. Nach seiner Rückkehr 1935 in die Türkei arbeitete er als Lehrer und Journalist. Sein ausschweifender Lebenswandel ruinierte seine Gesundheit und führte zu seinem frühen Tod. Sait Faik gilt als Meister der türkischen Kurzgeschichte, seit 1955 wird der nach ihm benannte Sait-Faik-Preis für Kurzgeschichten verliehen – in diesem Genre der renommierteste Literaturpreis in der Türkei. Neben Kurzgeschichten, in denen er seine Liebe zur Natur und zu den Außenseitern der Gesellschaft thematisierte, schrieb er auch immer wieder Gedichte. • *Die Freundin* (*Arkadaş*, 1953) wurde von Nevfel Cumart übersetzt.

ADNAN ÖZYALÇINER geboren 1934 in Istanbul, ist Autor von Kurzgeschichten. 1964 brach er sein Turkologiestudium an der Universität Istanbul ab. Schließlich fand er eine Anstellung als Korrektor, zunächst bei *Varlık*, dann von 1959 bis 1981 bei der Zeitung *Cumhuriyet*. Er schrieb Artikel für die Zeitschrift *Yeni a*. Özyalçıner war zweiter Vorsitzender der Schriftstellerkooperative YAZKO und Chefredakteur der von der YAZKO herausgegebenen Zeitschriften. Er begründete auch die Türkische Schriftstellergewerkschaft. Adnan Özyalçıner, der zur »1960er-Generation« gezählt wird, versuchte in seinen frühen Werken das Konzept der »Zweiten Neuen« auf die Kurzgeschichte anzuwenden: In späteren Jahren wandte er sich dem sozialistischen Realismus zu. Für sein Werk erhielt Özyalçıner renommierte Preise, unter anderem zweimal den Sait-Faik-Preis für Kurzgeschichten. • Den Essay übersetzte Nevfel Cumart.

GÜLTEN AKIN

Kestim kara saçlarımı

Uzaktı dön yakındı dön çevreydi dön
Yasaktı yasaydı töreydi dön
İçinde dışında yanında değilim
İçim ayıp dışım geçim sol yanım sevgi
Bu nasıl yaşamaydı dön.

Onlarsız olmazdı, taşımam gerekti, kullanmam gerekti

Tutsak ve kibirli – ne gülünç –
Gözleri gittikçe iri gittikçe çekilmez
İçimde gittikçe bunaltı gittikçe bunaltı
Gittim geldim kara saçlarımı öylece buldum

Kestim kara saçlarımı n'olacak şimdi
Bir şeycik olmadı – deneyin lütfen –
Aydınlığım deliyim rüzgârlıyım
Günaydın kaysıyı sallayan yele
Kurtulan dirilen kişiye günaydın

Şimdi şaşıyorum bir toplu iğneyi
Bir yaşantı ile karşılayanlara
Gittim geldim kara saçlarımdan kurtuldum

Ich schnitt meine schwarzen Haare ab

Kehr um zu weit kehr um zu nah kehr um der Leute wegen
Der Verbote der Gesetze der Sitten wegen kehr um
Weder bin ich drin noch draußen noch daneben
Im Innern die Schande nach außen Auskommen die Liebe zu
                                        meiner Linken
Was für ein Leben war es denn kehr um

Ohne sie wäre es nicht möglich gewesen, ich hatte sie zu tragen,
                                                      zu benutzen

Gefangen und eitel – wie lächerlich –
Immer größer ihre Augen immer unerträglicher
Immer mehr Bedrängnis in mir immer mehr Bedrängnis
Ich ging fort ich kam zurück so fand ich meine schwarzen Haare

Ich schnitt meine schwarzen Haare ab was wird nun geschehen
Gar nichts geschah – versucht es doch bitte auch –
Ich bin hell, verrückt, stürmisch
Guten Morgen du Wind der die Aprikose wiegt
Du befreiter auferstandener Mensch Guten Morgen

Nun staune ich über jene die eine Stecknadel
Für ein Erlebnis halten
Ich ging fort ich kam zurück befreite mich von meinen
                                             schwarzen Haaren

NURGÜL ATEŞ

Wenn man umkehren soll, muss man zuerst fortgegangen sein, oder? Das Gehen habe ich jahrelang als ein »sich entfernen« verstanden. Möglicherweise wegen der ersten Worte des Gedichts: »Kehr um zu weit«.

Ich lebte damals in einer Kleinstadt. Mein Vater gehörte zu denen, die nach Abschluss der Grundschule von ihrer Familie nach Istanbul geschickt wurden, um dort Geld zu verdienen; sein Wunsch, auf die Mittelschule zu gehen, war mit den Worten abgeschlagen worden: »Was machst du schon mit einem Schulabschluss!« Deshalb wollte er später seinen Kindern das Leid ersparen, keine Ausbildung zu haben. Doch die Brüche mit der Tradition, die er durchsetzen konnte, hielten sich in Grenzen. Mein Wunsch, mich in derselben Stadt von der Familie zu entfernen oder gar in eine andere Stadt zu ziehen, wurden zurückgewiesen. »Zu weit.«

Eines Tages würde ich in einer Stadt meiner Wahl leben, ich träumte vom Fortgehen. Ich stellte mir vor, die erste Voraussetzung für ein Leben, das ich nach meinen Wünschen, ein Leben, das ich als ich selbst leben könnte, wäre das Fortgehen.

Seit meiner Zeit am Gymnasium kenne ich dieses Gedicht. Dass das Fortgehen allein aber noch gar nichts bedeutet, begriff ich erst später. Wichtiger noch: Das Fortgehen im Leben einer Frau ist nicht nur ein Ortswechsel. Ich sah bald ein, dass das Fortgehen im Gedicht den Übergang zu einer anderen Denkstruktur bedeuten kann, die aus dem aufgezwungenen Leben herausführt. Damals im Gymnasium aber kam ich mir überaus reif vor. Manchmal las ich dieses Gedicht und sagte mir, an ihrer Stelle wäre ich entweder gar nicht fortgegangen oder aber erst recht nicht umgekehrt, wenn ich schon einmal weggegangen wäre. Wie töricht! Ich wähnte mich klüger und entschiedener als die Dichterin. »Gefangen und eitel –

wie lächerlich«. Jahre später erst verstand ich, dass das Gedicht möglicherweise von etwas ganz anderem sprach.

Umzukehren war nicht einfach. Das erlebte und begriff ich. Doch von dem Gedanken über ein menschliches, gleichberechtigtes und freiheitliches Leben, das du dir zugedacht hast, zu dem dir aufgezwungenen Leben zurückzukehren, ist viel schwerer. »Immer mehr Bedrängnis in mir immer mehr Bedrängnis«. Als Mensch schneidert man sich ein Leben zurecht, doch in der Gesellschaft tritt etwas anderes vor unser Menschsein: Zwänge ergeben sich, weil wir Frau, Ehepartnerin und Mutter sind. Es gibt Zwänge, die wir zu tragen, zu bewältigen haben. Wir befinden uns in einem begrenzten Bereich, doch die Grenzen werden uns so beschrieben, als müssten wir stolz sein, in solcherart Begrenzung leben zu dürfen.

»Ich ging fort ich kam zurück so fand ich meine schwarzen Haare«. Diese Zeile hat mich immer sehr nachdenklich gestimmt. Das war eine Zeile, die mit dem perfektionistischen Selbstverständnis, das ich mir zugestand, das mich aufzehrte und jeden meiner Schritte hemmte, mich in meiner Gefangenschaft mit sinnloser Eitelkeit leben ließ, nicht ohne Weiteres zu erklären war. Eines Tages betrachtete ich im Bad alle Shampoos und Cremes. Wie wichtig waren mir doch meine Haare! Ich hatte Liebhaber, die Gedichte über meine Haare schrieben; ich erinnerte mich an einen Freund, der mir unter Tränen erzählte, er habe ein Härchen von mir aufbewahrt. Was war in dieser Zeile verborgen? Meine Haare waren ein Mittel, das mir die Fortsetzung dieser Ordnung sicherte. Wie gepflegt, wie anziehend, wie weiblich! Doch wenn wir etwas tiefer blicken, wie armselig, bar jedes Selbstvertrauens, wenn man Stunden aufwendet, um anderen zu gefallen, wenn man es als Erfolg ansieht, mit den Normen zu leben, die andere für uns aufgestellt haben, und nicht einmal deuten kann, wer und was man ist: ein Langhaar in einer von Männern beherrschten Welt.

»Ich schnitt meine schwarzen Haare ab was wird nun geschehen / Gar nichts geschah – versucht es doch bitte auch«. Wie sehr doch unsere Ängste unsere Hände und Füße knebeln! Und wie leise die Dichterin uns zuruft, »versucht es doch bitte auch«.

Ich nahm die Schere. Das war eine symbolische Geste. Wie beim Gottesdienst einer antiken Geheimsekte schnitt ich meine Haare ab. Nun werde ich mich bemühen, ein befreiter, auferstandener Mensch zu sein.

GÜLTEN AKIN Biografie siehe Seite 44. • Das Gedicht *Ich schnitt meine schwarzen Haare ab* (*Kestim kara saçlarımı*, 1960) wurde von Yüksel Pazarkaya übersetzt.

NURGÜL ATEŞ geboren 1977, studierte Archäologie und arbeitete als Lektorin bei verschiedenen Verlagen. Daneben ist sie auch als Kritikerin für Lyrik und Autorin von Erzählungen bekannt. • Den Essay übersetzte Yüksel Pazarkaya.

ORHAN VELİ KANIK

Misafir

Dün fena sıkıldım, akşama kadar;
İki paket cıgara bana mısın demedi;
Yazı yazacak oldum, sarmadı;
Keman çaldım ömrümde ilk defa;
Dolaştım,
Tavla oynayanları seyrettim,
Bir şarkıyı başka makamla söyledim;
Sinek tuttum, bir kibrit kutusu;
Allah kahretsin, en sonunda;
Kalktım, buraya geldim.

Der Gast

Gestern hab ich mich von früh bis abends gelangweilt.
Zwei Packungen Zigaretten haben nicht gereicht.
Ich wollte etwas schreiben, doch ich verlor das Interesse daran.
Ich versuchte zum ersten Mal in meinem Leben Geige zu spielen.
Ich bin spazieren gegangen,
Habe den Spielern im Kaffeehaus zugesehn,
Ein Lied in einer andern Tonart gesungen,
Fliegen gefangen, eine Streichholzschachtel voll.
Verflucht, am Ende
Bin ich dann hierhergekommen.

YÜKSEL PAZARKAYA

Orhan Velis Gedicht *Der Gast* steht in seinem 1945 erschienenen zweiten Gedichtband. Sein erstes Buch *Garip* (*Fremdartig*), das er 1941 zusammen mit seinen Dichterfreunden Oktay Rifat und Melih Cevdet publiziert hatte, gab der neuen Strömung, die diese drei Freunde in der türkischen Poesie begründeten, den Namen. Orhan Veli besorgte 1945 die Neuauflage des Bandes *Garip*, doch nur mit den eigenen Gedichten. Damit machte er deutlich, wer der eigentliche Antreiber und Namensvater der neuen Strömung war.

Die Strömung »Fremdartig« verwirklichte auf der zuvor von Nâzım Hikmet geebneten Bahn eine Erneuerung, die der damalige Leser als »fremdartig« empfand. Heute finden wir daran nichts Fremdartiges mehr. Denn Orhan Veli und seine Freunde hatten im Grunde keinen weiteren Eingriff vorgenommen, als lediglich die Sprache und Rede ins Natürliche zu kehren. Die Abschaffung von Reim und Metrum, von allen Sprachkünsten des überlieferten Gedichtverständnisses sowie der Verzicht auf Musikalität und damit die Befreiung des Gedichts von allem, was es bis dahin ausgemacht hatte, als auch der Versuch, die Sprache und Rede, die alles andere als natürlich waren, auf ihre Wörtlichkeit und Natürlichkeit zurückzuführen, bedeuteten nichtsdestoweniger die extremste Umwälzung in der neueren türkischen Poesie. Diese Operation hatte zum Ziel, alle Einschränkungen für das Gedicht aufzuheben. Im Vorwort zu dem 1941 erschienenen Band *Fremdartig* bringt Orhan Veli dies zum Ausdruck: »Jede neue Strömung in der Literaturgeschichte setzte dem Gedicht eine neue Grenze. Diese Grenze maximal zu erweitern, besser gesagt, das Gedicht von Grenzen zu befreien, war unsere Aufgabe.«

Der Dichter verleiht der völlig unpoetischen Alltagssprache in dem Gedicht *Der Gast* eine überraschende Tiefe. Hinter der einfachen Rede entfaltet er unterschiedliche Sinnsphären, die den Seelenzustand des Menschen, seine Innenwelt, sein Staunen und seine Aporie reflektieren. Das Ich im Gedicht ist nicht außergewöhnlich. Sein Seelenzustand, seine Empfindlichkeit sind auch nicht die Folge eines außergewöhnlichen Lebens beziehungsweise einer ungewöhnlichen Erwartungshaltung. Menschen aller Klassen und Schichten können sich mit ihm identifizieren.

Sprache und Rede sind auf sich selbst zurückgeführt. Sie tragen keinen Sinnballast der Tradition. Das Wort ist im Entstehen begriffen. Der das Wort negierende Gestus in *Fremdartig* weicht hier dem gerade entstehenden Wort, dem Wort an sich, als würde das bekannte Wort in der Tiefe der Sprachgebärmutter mit dem Gedicht neu gestaltet.

Die Außenwelt, die den Menschen bestimmt und ihn gleichsam eingrenzt, wird in diesem Gedicht zum Kerker. Zwar kann das lyrische Ich alles tun und lassen, es ist absolut frei und unbefangen. Doch keine Tat und keine Handlung reicht aus, diese Freiheit innerlich zu erfahren. In diesem Gedicht spürt man jedoch, dass die Abhängigkeit weniger von den konkreten Umständen der Außenwelt herrührt als vielmehr von einer anderen Welt, von der Innenwelt. Gefühle und Gedanken brechen in dieser Innenwelt aus.

Im Gedicht werden nicht permanente, unveränderliche Gedanken und Gefühle verhandelt, sondern tagesabhängige Launen, die den Menschen von Zeit zu Zeit heimsuchen. Nur wenn sie als allgemeines Lebensgefühl erfahren werden und die ganze Persönlichkeit des Menschen ergreifen, verursachen sie eine erstickende Atmosphäre. Dann jagt der Mensch hinaus, rennt dahin und dorthin, wendet sich einer Tätigkeit zu, doch nichts befriedigt ihn, nichts kann ihn aus seiner Depression befreien und aus seiner inneren Gefangenheit, und schließlich stürzt er sich wieder auf etwas anderes. Ort und Zeit wechseln, doch an so einem Tag kann sich der Mensch des Gefühls der Ausweglosigkeit und Niedergeschlagenheit nicht entledigen. Langeweile offenbart sich als ein Lebens- und Weltzustand. Als würde er sich niemals mehr verändern.

Doch Unveränderlichkeit passt nicht zu Orhan Velis unsteter, unruhiger, stets lebensbejahender Persönlichkeit. So ist auch sein lyrisches Ich keineswegs frustriert und phlegmatisch. Um die Langeweile zu vertreiben, muss er mehr rauchen. Und er ist ein schreibender Mensch. Das Schreiben gehört zu seinem Dasein. Also versucht er zu schreiben, doch auch das hilft nicht. Er schaut den Menschen zu, die Tricktrack spielen, er kennt sich aus und spielt gelegentlich selbst, doch auch das hilft nicht, die Langeweile loszuwerden. Folglich sollte er ganz anderen ungewohnten Beschäftigungen nachgehen. Zum ersten Mal in seinem Leben spielt er Geige und durchbricht damit die Grenzen des Gewohnten; ja er versucht ein bekanntes Lied in einer gänzlich anderen Tonart zu singen. Doch auch das hilft nicht.

»Fliegen fangen« ist im Türkischen ein gängiges Bild, Langeweile und Müßiggang auszudrücken. Hier konkretisiert dieser Ausdruck die Langeweile des lyrischen Ich, es fängt eine »Streichholzschachtel voll Fliegen«. Es scheint nunmehr keinen Ausweg zu geben, alles ist getan. Doch das lyrische Ich ist, wie bereits erwähnt, jemand, der im Innern keinen Stillstand kennt, keine Ruhe findet, weder der Agonie noch der totalen Frustration anheimfällt. Es wird weiter nach einem Ausweg aus jenem bedrückenden Tag suchen, selbst wenn es der allerletzte Ausweg sein sollte, es wird ihn bezwingen: »Verflucht, am Ende/bin ich dann hierhergekommen«.

Orhan Veli ist der Meister der knappen Worte, mit welchen sich Vielfältiges empfinden und denken lässt. Seine Meisterschaft liegt besonders darin, mit den gängigen Worten der Alltagssprache eine überraschende Öffnung zur Welt, zum Leben, im vorliegenden Gedicht insbesondere zur Innenwelt des Menschen zu schaffen. Der Leser erkennt in diesem Gedicht – so wie in vielen anderen Gedichten Orhan Velis – das lyrische Ich wieder und identifiziert sich umgehend mit dessen Gefühls- und Gedankenwelt. Das lyrische Ich ist entweder die Projektion des Lesers oder zumindest die Schnittmenge der Gefühle und Gedanken beider.

Orhan Veli erzielte auch mit den deutschen Übersetzungen seiner Gedichte breite Wirkung. Schon 1968 schrieb mir Elisabeth Borchers sinngemäß: »Wenn es in Deutschland eine Tradition gäbe, das beste Gedicht des Jahres zu wählen, meine Wahl fiele auf Orhan Veli.« Beat Brechbühl sagte nach der Lektüre der Gedichte Orhan Velis im Berner Radio: »In ganz Europa ist keiner, der das Raffinement der scheinbar einfachen Poesie derart beherrscht.« Velis Gedichte wurden in Deutschland auch auf Plakaten gezeigt, beispielsweise in den Straßenbahnen Stuttgarts.

Ich ende mit folgenden Worten des weltweit bekannten türkischen Dichters Nâzım Hikmet: »Ich will Ihnen sagen, was zum Beispiel zum Inhalt meines Koffers gehört. Ich denke, Orhan Veli ist einer unserer besten Dichter. Zu früh verstorben, sehr schade darum, doch er ist unsterblich.«

ORHAN VELİ KANIK Biografie siehe Seite 183. • Das Gedicht *Der Gast* (*Misafir*, 1945. Deutsch bereits erschienen in: Kanık, Orhan Veli: *Fremdartig*. Frankfurt: Dağyeli-Verlag, 1985) wurde von Yüksel Pazarkaya übersetzt.

YÜKSEL PAZARKAYA geboren 1940 in İzmir, studierte von 1958 bis 1959 am Dolmetscherinstitut in Germersheim, anschließend Chemie in Stuttgart, dann Germanistik, Philosophie und Linguistik. Seit 1959 arbeitet Yüksel Pazarkaya für türkische und deutsche Medien als freier Journalist und Schriftsteller. Neben zahlreichen Übersetzungen in beide Sprachen sind auch eigene Werke auf Türkisch und Deutsch erschienen: Gedichte, Erzählungen, Hörspiele, Essays und Sachbücher. Außer mehreren türkischen Literaturpreisen erhielt er 1987 das Bundesverdienstkreuz, 1989 den Adelbert-von-Chamisso-Preis und 1994 den Kinderbuchpreis des Berliner Senats. Im Frühjahr 2000 hatte er die Chamisso-Poetik-Dozentur an der TU Dresden inne. 2006 erhielt er den Ehrendoktor der Universität Çanakkale. Er lebt als freier Autor in Bergisch Gladbach.

CEMAL SÜREYA

Cıgarayı attım denize

Şimdi bir güvercinin uçuşunu bölüşüyoruz
Gökyüzünün o meşhur maviliğinde
Uzun saçlı iri memeli kadınlarıyla
Bir Akdeniz şehri çıkabilir içinden
Alıp yaracak olsak yüreğini
Şimdi bir güvercinin

Şimdi sen tam çağındasın yanına varılacak
Önünde durulacak tam elinden tutulacak
Hangi bir elinden güzelim hangi bir
Bir elinde kızlığın duruyor garip huysuz
Öbür elinde yetişkin bir günışığı
Daha öbür elinde de kilometrelerce hürlük
Çalışan insanlar için akşamlara kadar
Toz duman içinde
Bir elinle de boyuna ekmek kesiyorsun

Biz eskiden en aşağı böyleydik senlen
Bir bulut geçiyorsa onu görürdük
Bir minarenin keyfine diyecek yoksa onu
Bir adam boyuna yoksulluk ediyorsa onu
Ne zaman hürlüğün barışın sevginin aşkına
Bir cıgara atmışsak denize
Sabaha kadar yandı durdu

Ich warf die Zigarette ins Meer

Jetzt teilen wir uns einen Taubenflug
Dort in der berühmten Bläue am Himmelszelt
Wenn wir das Herz einer Taube
Nehmen und zerschneiden
Kommt vielleicht eine Mittelmeerstadt heraus
Mit langhaarigen, vollbusigen Frauen

Jetzt bist du gerade in dem Alter man wird zu dir kommen
Vor dir stehen bleiben und dich fest an der Hand packen
Aber an welche deiner Hände meine Allerschönste welche wohl
In einer Hand hältst du deine Jungfräulichkeit seltsam und scheu
In der anderen Hand das Sonnenlicht fast reif und erwachsen
In noch einer anderen Hand meilenweite Freiheit
Und für die Menschen die bis spät in den Abend arbeiten
In einer Staubwolke
Schneidest du mit einer Hand pausenlos das Brot

Früher schon waren wir beide so vertraut beieinander
Wenn eine Wolke vorbeizog schauten wir sie an
Nichts einzuwenden gegen das Vergnügen auf einem Minarett
Wenn der Mensch dauernd in Armut lebt
Wann auch immer wir um der Freiheit des Friedens und der
                                                        Liebe willen
Eine Zigarette ins Meer warfen
Brannte sie bis zum Morgen

ÖNER CİRAVOĞLU

Das Gedicht *Ich warf die Zigarette ins Meer* wurde 1954 geschrieben. Ich glaube, ich war sechzehn Jahre alt, als ich das Gedicht zum ersten Mal las. Ich weiß noch genau, wie sehr es mich beeindruckt hat, ach, was heißt beeindruckt, erschüttert hat es mich. Denn ich hatte es irgendwo aufgeschrieben, immer wieder gelesen und versuchte es auswendig zu lernen. Ich muss gestehen, dass ich noch heute, wenn ich Gedichtbände durchblättere und einen Blick in Anthologien werfe, von vielen anderen Beispielen ausgerechnet dieses immer wieder langsam und genießend Zeile für Zeile lese. Man erinnert sich an solch ein Gedicht wie an eine Jugendliebe.

Aber warum interessiert mich unter all den schönen Gedichten Cemal Süreyas gerade dieses? Vielleicht ist es die neue Synthese aus Gesellschaftskritik und Erotik, die in diesem Werk gelungen ist und ihm zu einer ungeahnten Dynamik verhilft. Vielleicht liegt es auch daran, dass Süreya unsere traditionelle Volkslyrik auf einer kreativen Ebene wieder belebt hat und dabei die moderne Poesie durch eine traditionelle Sprechweise und klangliche Assimilation sowie ein besonderes Timbre bereichert hat. Vielleicht ist es auch die feine Struktur seiner Verse, die intuitiv erfasst werden kann, aber immer noch einen Spielraum für weitergehende Deutungen lässt, was mich an ihnen fasziniert. Vielleicht liegt es auch daran, dass hier die heimlichen erotischen Fantasien eines Achtzehn- bis Zwanzigjährigen, die er mit niemandem teilen konnte, und die politischen Ideale, die er mit jedermann teilen wollte, in einem recht kurzen Gedicht vereint sind.

Eigentlich hat Cemal Süreya wenig geschrieben, doch in allen Phasen seiner poetischen Entwicklung hat er bei seinen Lesern ähnliche Gefühle hervorgerufen. Ob es allerdings noch ein anderes

Gedicht gibt, das so beispielhaft Einblicke in seine Poetik gewährt, wage ich nicht zu beurteilen.

Es ist doch so, dass die emotionale Verfassung, die in diesem Gedicht zum Ausdruck gebracht werden soll, wie das unlösbare Problem in einem Märchen ist. Nur mit einem Unterschied, hier bleibt der Knoten bis zum letzten Vers des Gedichts ungelöst: Wenn wir »eine Zigarette ins Meer warfen/Brannte sie bis zum Morgen«.

Weil ich mich selbst auch zur 68er-Generation zähle, hat dieses Gedicht eine Botschaft für mich, die mich bis heute verfolgt: »Das Problem unserer Generation war, dass uns niemand verstand. Und das war doch genau das, was wir wollten!« Diese Sätze, die aufschlussreich für Cemal Süreyas Bildwelt sind, kann ich bis heute nicht vergessen. Das Gedicht scheint völlig auf der Thematik Freiheit gegründet zu sein. Die Freiheit und – natürlich in der Türkei vor 1960 – die Demokratie sind uns allen, so wie die Karikaturen sie damals darstellten, als Taube oder Jungfrau in die Erinnerung eingeprägt. Das sind sicher auch die Symbole und Vorstellungen, auf denen das Gedicht basiert. Dieses Gedicht erinnert uns daran, was wir fühlten und dachten, als wir gemeinsam das Symbol des Friedens im Flug der Taube ansahen.

Was die anderen Empfindungen betrifft, die von diesen Bildern hervorgerufen werden, wie die Liebe und Solidarität, so sind diese in bemerkenswertem Maße in fast allen Zeilen spürbar. Die Bilder, die die gesellschaftliche Utopie des Dichters andeuten, erscheinen schon in den ersten Zeilen als traditionelle Erzählelemente, werden dann allmählich aufgelöst, und in den letzten Zeilen führen sie uns zu einem Punkt, an dem sie dem Leser so etwas wie »die Moral von der Geschicht« anbieten. In diesem Sinne hat das Gedicht *Ich warf die Zigarette ins Meer* eine neue Struktur entwickelt, ohne auf erotische Anspielungen zu verzichten, und befördert bei einer abschließenden Analyse einen Diskurs, der nochmals das Thema Freiheit mit all seinen Dimensionen und Zwischentönen zur Sprache bringt.

Das Bild »Wann auch immer wir um der Freiheit des Friedens und der Liebe willen/Eine Zigarette ins Meer warfen/Brannte sie weiter bis zum Morgen« zählt, obwohl es überaus beeindruckend und authentisch ist, zu den Bildern, mit denen wir in der türkischen Lyrik längst vertraut sind. Die Verbindung, die zwischen diesem politischen Bild und dem Leser geknüpft wird, weist darauf hin, dass die traditionelle türkische Lyrik, von der wir uns nie ganz abgewandt haben, hier mit einer anderen Struktur weiterentwickelt wird.

Dieses Gedicht erinnert uns daran, dass die Mittelmeerstädte das Verlangen nach Freiheit symbolisieren, und die langhaarigen Frauen mit großen Brüsten erwecken Assoziationen, die dieses Verlangen verstärken und an Tauben erinnern.

Dieses Gedicht erinnert uns daran, dass das weibliche Wesen friedfertig, selbstlos und empathiefähig ist; und dass wir das Gespür für das Teilen nicht verlieren dürfen, denn darauf beruht unsere eigentliche Hoffnung!

Dieses Gedicht erinnert uns daran, dass auf die Tugend auch mal ein Wolkenschatten fallen kann, dass man Freiheit ganz allein für sich auf einem Minarett empfinden kann, und daran, dass wir uns mit Armut nicht abfinden dürfen.

Es erinnert uns nicht nur daran, sondern hält auch die Flamme der Freiheit, des Friedens und der Liebe immer lebendig.

Mir scheint, als habe Cemal Süreya, der die stürmischen 68er-Jahre durchlebt und damit die Freude, das Schicksal, die Trauer und den Schmerz individuell gespürt hat, mit diesem Gedicht auch meine Lebensgeschichte erzählt. Und unser aller Lebensgeschichte. Denn wir sind eine Generation, die lieber »wir« als »ich« sagt.

Jetzt ist es Zeit zu schweigen. Sonst hieße es, dem Gedicht das Wort aus dem Munde zu nehmen. Denn alles Weitere hat Cemal Süreya dem Leser überlassen.

CEMAL SÜREYA geboren 1931 in Erzincan, gestorben 1990 in Istanbul, ist Absolvent der Politikwissenschaftlichen Fakultät der Universität Ankara. Bis zu seiner Pensionierung im Jahre 1982 arbeitete Cemal Süreya als Finanzbeamter, um sich dann der Tätigkeit als Schriftsteller, Kritiker und Übersetzer zu widmen. So übersetzte er (gemeinsam mit Tomris Uyar) *Der Kleine Prinz* von Saint-Exupéry, aber auch Werke von Simone de Beauvoir und Gustave Flaubert. Außerdem war er Herausgeber der literarischen Zeitschrift *Papirüs*. Cemal Süreya war einer der Vorreiter der »Zweiten Neuen«. Ein wiederkehrendes Thema seiner Dichtung, die sich durch den maßvollen Einsatz von Ironie und Erotik auszeichnet, ist die Liebe. Für seine dichterischen Werke erhielt Cemal Süreya 1958 den Yeditepe-Preis, 1966 den Preis der Türkischen Sprachgesellschaft und 1988 den Behçet-Necatigil-Preis. • *Ich warf die Zigarette ins Meer* (*Cıgarayı attım denize*, 1954) wurde von Uta Schlegel übersetzt.

ÖNER CİRAVOĞLU geboren 1948 in Trabzon, arbeitet seit den Achtzigerjahren bei führenden Verlagen als Lektor. Er war für die Schriftstellerkooperative YAZKO (1979) und den Buchclub der Zeitung *Cumhuriyet* tätig. Ciravoğlu veröffentlichte Sachbücher, Sammelbände und Wörterbücher. Außerdem schrieb er Gedichte, die 1995 unter dem Titel *Kalepark* (Schlosspark) veröffentlicht wurden. • Den Essay übersetzte Uta Schlegel.

NÂZIM HİKMET

Akdeniz'de dolaşan hayalet

Akdeniz'de bir hayalet dolaşıyor
bir İtalyan neferinin hayaleti
Sırtında düğmeleri koparılmış ceketi,
sırtında delik deşik, parça parça eti
      ve terli şakaklarında kan.

Korkarak
  boşluğa yuvarlanmaktan,
gündüz güneşe sarılıp
    gece yıldızlara
dolaşıyor Akdeniz'de bağıra bağıra.

Tanıyorum onu ben.
O, sağlığında bir kaçaktı;
ve kurşuna dizilmeseydi eğer
  daha yıllarca yaşayacaktı.

Tanıyorum onu ben.
O kaçtı Aduva'da cepheden,
kaçtı yangından kaçan bir hayvan gibi.
Kaçtı ne bir fikir
  ne bir dâva
    ne bir hak için.
Kaçtı sadece, ölmemek
  yaşamak için.

Das Gespenst am Mittelmeer

Ein Gespenst geht um am Mittelmeer,
das Gespenst eines italienischen Soldaten.
Am Rock sind die Knöpfe abgerissen,
darunter das durchsiebte Fleisch in Fetzen
                        und an den schweissnassen Schläfen Blut.

Aus Angst
      ins Leere zu stürzen,
klammert es sich tags an die Sonne,
              nachts an die Sterne,
geht um am Mittelmeer und brüllt und brüllt.

Ich kenne ihn.
Ein Fahnenflüchtiger, als er noch lebte;
und hätten sie ihn nicht an die Wand gestellt,
                    er lebte noch jahrelang.

Ich kenne ihn.
Er flüchtete bei Aduva von der Front,
floh wie ein Tier die Feuersbrunst flieht.
Floh nicht für eine Idee
      nicht für ein Ideal
           noch für ein Recht.
Flüchtete, um nicht zu sterben,
      um zu leben.

Ölümü bilmiyordu.
Ne Hamlet'i okumuşta, ne Dante'den bir şiir.
Ve yoktu en ufak fikri
kitapların muamması ölüme dair.

Kurşuna dizilirken
    birdenbire aklına gelen
        bir düğün duası okuyordu.
O, ölümden değil
    ölmekten korkuyordu.
Her şeyden üstün
    her şeyden önce
yaşamak istiyordu sadece.

Kadınlı
    kadınsız,
tok
  aç,
herhangi bir ağac,
        bir kuş
          bir bulut
            bir balık,
bir bardak su
bir avuç toprak
    gibi yaşamak ...

Ve bu ölmemek
    sadece yaşamak isteyen kaçak
bir sabah bir çiçek
    bir dalda açarken
        dizildi kurşuna.

Er wusste nichts vom Tod.
Hatte weder Hamlet gelesen, noch von Dante ein Gedicht.
Und hatte nicht die Spur einer Vorstellung
von diesem in Büchern beschriebenen Rätsel.

Als sie ihn an die Wand gestellt,
        sprach er ein Hochzeitsgebet,
                das ihm gerade einfiel.
Er fürchtete sich nicht vorm Tod,
        er fürchtete zu sterben.
Nur eines wünschte er auf dieser Welt, und das
                        vor allen Dingen
er wollte leben.

Beweibt
    unbeweibt,
satt
    hungrig,
wie irgendein Baum
        ein Vogel
            eine Wolke
                ein Fisch,
ein Glas Wasser
eine Handvoll Erde
        leben ...

Und dieser nicht sterben
        nur leben wollende Deserteur
wurde eines Morgens, als sich eine Blüte
        an einem Zweig öffnete
            standrechtlich erschossen.

NÂZIM HIKMET

GÜLRİZ SURURİ

Als ich noch jung an Jahren war, gab es im Radio Moskau einen Sender in türkischer Sprache. Eine Sprecherin trug mit falschem Akzent, aber in korrektem Türkisch jede Woche Gedichte von Nâzım Hikmet vor. Und jede Woche, Stift und Block in der Hand, wartete ich darauf. Und kaum vernahm ich die erste Silbe der Sprecherin, begann ich schnell wie ein Stenograf mitzuschreiben. Es war mühselig. Damals gab es ja noch keine Kassetten, die zurückgespult werden konnten. Manchmal saß ich lange allein vor den Bruchstücken eines Gedichts. Manchmal gelang es mir, das ganze Gedicht niederzuschreiben, aber dann dauerte es wiederum eine ganze Weile, bis ich es entziffert hatte und in korrekter Schrift in mein schwarz gebundenes Heft übertragen konnte.

Mein Heft verwahrte ich in einer verschließbaren Schublade. In jenen Jahren war es in unserem Land verboten, Werke von Nâzım Hikmet zu verlegen und seine Bücher zu besitzen. Aus diesem Grund versammelten wir uns nur mit vertrauenswürdigen Freunden, um Gedichte auszutauschen. Und diese einmalig schönen Treffen hielten wir vor jedermann geheim wie ein Verbrechen. Diese verbotenen Gedichte haben mich, die seit ihrer Kindheit Poesie liebende und begeistert lesende Gülriz, ganz besonders beeindruckt. Mit Nâzım kam ich in den Genuss, ein Gedicht laut zu lesen. Beim Lesen seiner Gedichte ist es leicht, Gefühle zu vermitteln. Sogar jemand, der für das Lesen von Gedichten kein Talent hat, kann ein beliebiges Gedicht von ihm fehlerfrei zu Ende lesen. Es genügt, die Musikalität in den Gedichten von Nâzım Hikmet zu erhorchen.

Weil Nâzım nicht in trüben Wassern fischt, wenn er philosophiert, ist er mein Dichter. Er erzählt von seiner Sicht auf die Welt, seiner Lebensphilosophie und von der Liebe. Und zwar so, dass jeder Brief, den er an Piraye schreibt, wie eine Geschichte ist.

Diese Wahl hier fiel mir schwer. Ich glaube nicht, dass es jemanden gibt, der ohne Weiteres behaupten kann: »Unter den Gedichten von Nâzım liebe ich dieses am meisten.« Ich habe gemerkt, dass ich die meisten Gedichte, ohne sie unterscheiden zu können, liebe. Deshalb habe ich die Wahl nach anderen Gesichtspunkten getroffen und konnte mich somit ohne Schwierigkeiten für eins entscheiden, das in dieser Anthologie seinen Platz haben sollte: *Das Gespenst am Mittelmeer*.

Dieses Gedicht erzählt die Geschichte eines Soldaten. Die Geschichte eines Menschen unter den Tausenden, die an vielen Orten dieser Welt kämpfen. Und ich lese heute das Gespenst des italienischen Soldaten als eines des im Irak kämpfenden amerikanischen Soldaten Hernández aus Puerto Rico. Dieses Gedicht zeigt mir einen Menschen mit all seinen Schwächen, seiner Kraft, seiner Jugend, seiner Einfalt, mit seiner ganzen Menschlichkeit. Schon mit der ersten Zeile hämmert es die Grausamkeit des Krieges in den Kopf des Lesers. Es erzählt die Geschichte eines Soldaten und von dessen Schicksal, einer Schlacht nicht entrinnen zu können, und zwar mit Zeilen, deren Melodie ich in ihrer Musikalität fast schon hören kann. Die Harmonie der gewählten Wörter versetzt meine Gefühle in Schwingung. Mit Worten präsentiert mir der Dichter Formen, Farben, Gerüche. Und alles ist wie in Filmszenen lebendig, mal bunt, mal trist, trostlos, schwarz. Aber etwas formt sich auf jeden Fall mit all seinen Farben vor meinen Augen.

Und deswegen können meine Augen, die seinerzeit für den italienischen Soldaten feucht wurden, heute für den Puerto Ricaner Hernández Tränen vergießen.

NÂZIM HİKMET (RAN) geboren 1901 im heutigen Thessaloniki, gestorben 1963 in Moskau, ist der international wohl am höchsten angesehene türkische Dichter. Er stammte aus einer der führenden Familien des Osmanischen Reichs. Unter dem Einfluss seines Großvaters begann er bald eigene Gedichte zu veröffentlichen. Zunächst Anhänger von Atatürk, brach Hikmet schon bald mit der Nationalbewegung und wandte sich dem Kommunismus zu, mit dem er beim Studium in Moskau konfrontiert wurde. Er wurde Mitglied der Türkischen Kommunistischen Partei (TKP). Zwischen 1925 und 1950 saß der herzkranke Hikmet wiederholt in türkischen Gefängnissen ein und trat schließlich in den Hungerstreik. Aufgrund internationaler Proteste kam er im Rahmen einer Amnestie 1950 frei, ging ein Jahr darauf ins Exil und kehrte bis zu seinem Tod nicht mehr in die Türkei zurück. Von der Linken zur Kultfigur stilisiert, wird Nâzım Hikmets überragende Bedeutung für die türkische Lyrik heute auch von Angehörigen anderer politischer Lager anerkannt. • *Das Gespenst am Mittelmeer* (*Akdeniz'de dolaşan hayalet,* 1937) wurde von Cornelius Bischoff übersetzt.

GÜLRİZ SURURİ geboren 1929, gehört zu den wichtigsten Schauspielerinnen des türkischen Theaters. Schon mit zwölf Jahren trat sie auf und wurde für das Istanbuler Konservatorium vorgeschlagen. Ab 1943 trat Gülriz Sururi in verschiedenen Theatern auf. 1962 gründete sie gemeinsam mit Engin Cezzar ein eigenes Theater. Ihre Bücher – darunter ihre Lebenserinnerungen, die sie 1978 unter dem Titel *Kıldan ince kılıçtan keskince* (Dünner als ein Haar, schärfer als ein Schwert) veröffentlichte – stießen auf großes Interesse. Zurzeit gibt Gülriz Sururi an der Fakultät der Schönen Künste der Marmara-Universität Schauspielunterricht. • Den Essay übersetzte Cornelius Bischoff.

ECE AYHAN

Meçhul Öğrenci Anıtı

Buraya bakın, burada, bu kara mermerin altında
Bir teneffüs daha yaşasaydı
Tabiattan tahtaya kalkacak bir çocuk gömülüdür
Devlet dersinde öldürülmüştür

Devletin ve tabiatın ortak ve yanlış sorusu şuydu:
– Maveraünnehir nereye dökülür?
En arka sırada bir parmağın tek ve doğru karşılığı:
– Solgun bir halk çocukları ayaklanmasının kalbine! dir

Bu ölümü de bastırmak için boynuna mekik oyalı mor
Bir yazma başlayan eski eskici babası yazmıştır:
Yani ki onu oyuncakları olduğuna inandırmıştım

O günden böyle asker kaputu giyip gizli bir geyik
Yavrusunu emziren gece çamaşırcısı anası yazdırmıştır:
Ah ki oğlumun emeğini eline verdiler

Arkadaşları zakkumlarla örmüşlerdir şu şiiri:
Aldırma 128! İntiharın parasız yatılı küçük zabit
                                                                   okullarında
Her çocuğun kalbinde kendinden daha büyük bir çocuk
                                                                   vardır
Bütün sınıf sana çocuk bayramlarında zarfsız kuşlar
                                                                   gönderecek.

Grabmal des Unbekannten Schülers

Hier unter dem schwarzen Marmor liegt ein Junge,
Der wäre – hätte man ihn eine Pause noch atmen lassen –
Nach vorn an die Tafel getreten, in der Naturkundestunde.
In Vaters Staatsbürgerkunde aber ist er ums Leben gekommen.

Die Frage, politisch schon falsch – erst recht für Naturkunde, war:
– Wohin mündet denn Trans-oxa-nien?
Ein Finger der letzten Reihe, er weiß die einzig richtige Anwort:
– Ins verdorrte Herz eines Aufstands der bleichen Kinder des Volks!

Ein Tuch, auch diesen Tod zu vertuschen, blaurot mit Häkelrand,
Legte sein Vater um, der Lumpen gesammelt einst, und rang um Worte:
Ich habe ihn glauben gemacht, wahrscheinlich, es handle
                                                 sich um Spielzeug.

Die Mutter, ein heimliches Rehkitz säugt sie seit jenem Tag,
Im Tarnkittel der Militärs, nachts geht sie der Wäscherei nach,
Gab zum Druck: Ach, unnötig schwer haben sie's meinem
                                                 Sohn gemacht.

Seine Freunde flochten aus Oleander dieses Gedicht:
Bleib ruhig, Eins-Zwei-Acht! In den staatlich geförderten
                                                 Selbstmordkadettenschulen
Trägt jeder Schüler einen noch größeren Jungen im Herzen.
Geschlossen wird die Klasse zur jährlichen Jugendfeier ohne
                                      Umschläge Vögel schicken für dich.

EMİNE SEVGİ ÖZDAMAR

1969 wohnte ich zusammen mit Ece Ayhan, seiner Mutter und seinem Geliebten Mehmet, einem blonden Bauernjungen, in einem kleinen Haus über den steilen Hügeln Üsküdars. Wir konnten von jedem Zimmer aus den Bosporus und die Silhouette des europäischen Teils Istanbuls sehen. Mehmet war von einem Imam mehrfach vergewaltigt worden. Ece hatte ihn gerettet und unter seine Fittiche genommen. Er schickte ihn in die Schule. Mehmet besuchte damals die Mittelschule. In dieser Zeit entstand Ece Ayhans Gedichtband mit dem Titel *Gedichte für Kinder, Schulabgänger aus der siebten Klasse*. Ece erzählte mir, die Kinder der armen Leute würden es bis zur sechsten Klasse schaffen. Ab der siebten Klasse würden sie mit der Schule nicht mehr klarkommen, von zu Hause abhauen und Selbstmord begehen. Ece schnitt aus den Zeitungen Vermisstenanzeigen, er las sie mir vor, wir schauten gemeinsam die verschwommenen Fotos der vermissten Kinder an. Sie sahen so aus, als ob sie von sehr armen Fotografen gemacht worden wären. Es handelte sich meistens um Jungen im Mittelschulalter. Die Stimme in den Vermisstenanzeigen war oft diejenige des Vaters: »Mein Sohn, bitte komm nach Hause zurück. Deine Mutter ist sehr krank. Wir werden nicht böse mit dir sein.« Ece schnitt auch die Nachrichten über Selbstmorde aus den Zeitungen aus.

Im ganzen Haus gab es einen einzigen, kleinen Blechofen. Er wurde nur zum Abendessen mit zwei, drei Holzscheiten gefeuert. Nach kurzer Zeit ging das Feuer aus. Ece saß in eine Decke gehüllt in diesem kalten Raum und schrieb bis zur Morgendämmerung Gedichte auf Zeitungsränder. Auch ich saß in eine Decke gehüllt und las Bücher. Manchmal weinte ich still für Sacco Vanzetti oder für Gorkis Mutter. Gegen Morgen gab mir Ece die Gedichte, die er über Nacht geschrieben hatte: »Lies mal, Frau Sevgi. Was sagst du dazu? Mal sehen, ob sie dir gefallen.« Ece liebte die ägyptische Sängerin Umm Kalsum: »Wenn sie einen Raum betritt, stehen alle Männer auf, auch die Könige. Du bist auch so ein Mädchen. Wenn du in einen Raum kommst, stehen auch alle Männer auf.« Er schenkte mir meinen Künstlernamen »Emine«, weil er sich wie Umm Kalsum anhörte.

Ece liebte auch Kavafis, Seferis und Faulkner. Er besaß keine eigene Bibliothek. Er brachte Bücher in einer Tasche nach Hause, las aus jedem gleichzeitig, tat sie in seine Tasche zurück und brachte sie weg. Er verbannte die Bücher von zu Hause. In dem Haus gab es keine Sessel, keine Sofas und keinen Tisch. Es gab nur Betten und einen Stuhl. Wir aßen auf dem Fußboden. Es gab Bohneneintopf und Brot. Zum Frühstück schwarzen Tee und Oliven.

Oft kamen in der Nacht junge Dichter zu Besuch, Verehrer von Ece. Sie klopften an der Balkontür. Immer wenn Ece die Tür aufmachte, schlichen sich Katzen ins Haus. Ece liebte Katzen sehr. Er zeigte mir Katzen in Istanbuler Gassen und sagte: »Guck mal. Istanbuler Katzen schauen erst nach rechts, dann nach links, erst dann überqueren sie die Straße.«

Ece war von Beruf Verwaltungsbeamter. Er war Landrat gewesen. Ein Staatsbediensteter, der immer gegen den Staat war, ein großer Anarchist. In seinem Privatleben genauso wie in seinen Büchern.

Ece hat sich vor niemandem gebeugt.

ECE AYHAN (ÇAĞLAR) geboren 1931 in Datça (Muğla), gestorben 2002 in İzmir, studierte Politikwissenschaften an der Universität Ankara und war als Beamter sowie als Landrat tätig. Später arbeitete er bei verschiedenen Verlagen als Redakteur. Seine letzten Tage verbrachte er in İzmir. Ece Ayhans erstes Gedicht erschien 1954 in der Zeitschrift *Türk Dili* (Die Türkische Sprache). Er gilt als einer der wichtigsten Vertreter der »Zweiten Neuen« und beeinflusste als solcher viele junge Poeten seiner Generation. Sein Werk ist sowohl geprägt vom Slang und der Kultur der Straße als auch von historischen Texten. • *Grabmal des Unbekannten Schülers* (*Meçhul öğrenci anıtı*, 1977) wurde von Klaus-Detlev Wannig übersetzt.

EMİNE SEVGİ ÖZDAMAR geboren 1946 in Malatya, besuchte von 1967 bis 1970 die Schauspielschule in Istanbul, ging dann nach Deutschland, wo sie 1976 in der Regie der Ostberliner Schaubühne mitarbeitete. Von 1979 bis 1984 war sie als Schauspielerin beim Bochumer Schauspielhaus engagiert, in dessen Auftrag auch ihr erstes Theaterstück *Karagöz in Alamania* entstand. Neben ihrer Arbeit am Theater betätigt sie sich auch als Filmschauspielerin und Malerin. Seit 1982 ist Emine Sevgi Özdamar freie Schriftstellerin. Nach der Publikation des Erzählbands *Mutterzunge* (1990) und eines weiteren Theaterstücks wurde ihr 1991 der Ingeborg-Bachmann-Preis für ihren ersten Roman *Das Leben ist eine Karawanserei* verliehen. Emine Sevgi Özdamar hat zahlreiche Theaterstücke, Erzählbände und Romane veröffentlicht, für die sie mit mehreren Preisen ausgezeichnet wurde, darunter der Adelbert-von-Chamisso-Preis (1999) und der Kleist-Preis (2004). Heute lebt sie in Berlin.

NÂZIM HİKMET

Bugün pazar

Bügün pazar.
Bugün beni ilk defa güneşe çıkardılar.
Ve ben ömrümde ilk defa gökyüzünün bu kadar benden
                                                uzak
                bu kadar mavi
                bu kadar geniş olduğuna şaşarak
                kımıldanmadan durdum.
Sonra saygıyla toprağa oturdum,
dayadım sırtımı duvara.
Bu anda ne düşmek dalgalara,
bu anda ne kavga, ne hürriyet, ne karım.
Toprak, güneş ve ben ...
Bahtiyarım ...

Heute ist Sonntag

Heute ist Sonntag.
Heute ließen sie mich zum ersten Mal hinaus in die Sonne.
Doch zum ersten Mal in meinem Leben stand ich wie gebannt
                         und staunte, wie fern
                         wie blau,
                         wie weit der Himmel war.
Dann setzte ich mich ehrfürchtig auf die Erde,
lehnte den Rücken an die Mauer.
In diesem Augenblick kein Eintauchen in die Wellen,
kein Kampf, keine Freiheit, und auch nicht meine Frau.
Die Erde, die Sonne und ich ...
Ich bin glücklich ...

SENNUR SEZER

Was assoziiert man mit dem Sonntag nicht alles: Man muss früh morgens nicht aufstehen. Und selbst wenn man aufwacht, darf man sich ruhig noch einmal im Bett umdrehen. Denn unter der Woche wacht man in Gedanken an etwas auf, das einem am Arbeitsplatz Sorgen bereitet, und vor lauter Angst, zu spät zu kommen, verschluckt man sich beim Frühstück und wird ärgerlich, dass man vom Frühstückstisch aufstehen muss. Schließlich hat man überhaupt keine Lust, auf die Straße zu gehen, weil man weiß, dass einem an den Bushaltestellen der Straßenschlamm entgegenspritzt und die Busse vollgestopft sein werden. Und genau in diesem Moment flüstert dir eine Stimme ins Ohr: »Es ist Sonntag.« Jetzt liegt es an dir, ob du liegen bleibst und weiterschläfst oder ob du dich aufrichtest und aufstehst. Du bist frei, denn »heute ist Sonntag«.

Dieses Gedicht ist wie ein Lichtblick in der Enge eines Internats, in der verrauchten Luft einer Werkstatt, in dem nach Arznei riechenden Krankenhaus und in der Dunkelheit des Gefängnisses. Es ist ein Hoffnungsschimmer für viele müde, verdrossene Menschen.

»Sonntag« bedeutet eine Atempause, ein kleiner Urlaub vom Alltag. Der Dichter lässt den Leser an diesem Wohlgefühl teilhaben. Auch wenn wir den Namen des Dichters und des Gedichts sowie dessen Hintergrund nicht kennen, spüren wir, dass das Gedicht etwas Positives ausstrahlt.

Der zweite Vers des Gedichts spricht dieses positive Gefühl aus: »Heute ließen sie mich zum ersten Mal hinaus in die Sonne«. Etwas Helles blendet uns. In die Sonne hinausgelassen werden, ins Helle, ins Warme. So wie man zu einem Kranken sagt: »Geh möglichst oft in die Sonne. Dann wirst du schnell genesen.«

Der Ausdruck »zum ersten Mal« weist darauf hin, dass es vorher untersagt gewesen war. Derjenige, der im Gedicht spricht, kennt die Sonne, er hat sie vermisst, durfte sie aber nicht sehen. Er war von der Sonne ferngehalten worden. Wie lange? Man weiß es nicht. Und er kann offenbar nicht selbst entscheiden. Nicht: »Ich ging hinaus in die Sonne«, sondern: »Sie ließen mich hinaus in die Sonne«. Eine Frage beschäftigt mich: Wer sind »sie«? Aber das braucht uns nicht zu stören, denn er wurde ja in die Sonne gelassen. Und außerdem ist Sonntag.

Dann erzählt der Dichter, was er erlebte, wie ihm der Himmel »zum ersten Mal in meinem Leben« fern schien. Und wir quälen uns mit der Frage: »In was für einem Loch steckt er wohl?« Die Ferne des Himmels vermittelt einem das Gefühl des Wachsens. Und während man zum Wort »Himmel« zurückkehrt, um den Vers noch einmal zu lesen, gleitet der Blick zu »wie blau«, »wie weit«. Der Himmel wölbt sich über dem Gedicht. Das weite Blau leuchtet in ein tiefes Loch hinein. Wir erstarren. Weil unser Auge bei dem Vers »stand ich wie gebannt« hängen bleibt? Vielleicht.

Bei dieser Helligkeit können wir doch nicht reglos stehen bleiben, wir betrachten sie vielmehr ganz entspannt, während wir uns hinsetzen. Das erlebt auch der Dichter im Gedicht. Wir sehen jemanden, der sich mit dem Rücken an die Wand lehnt, der sich kurz auf den Boden setzt und den Himmel betrachtet. Was er wohl denkt? Was für ein Mensch ist er? Eine Frau, ein Mann? Das bleibt im Dunkeln.

Dann ist da noch so ein tiefblauer Ausdruck, als vermischten sich die Wellen mit der Weite des Himmels. Denkt er dabei ans Meer? Oder daran, den Träumen hinterherzulaufen? Dann ein Satz, der alle Träume beiseitewischt: »In diesem Augenblick kein Eintauchen in die Welle«. Auch an »Kampf, Freiheit, seine Frau« denkt er nicht. Da er es aber erwähnt, handelt es sich offenbar um einen Mann. Vielleicht ist er ein Soldat.

Damit steht für uns fest: Es handelt sich um den Brief eines Kriegsgefangenen. Er hat tagelang im Dunkeln verbracht. Dann bringen sie ihm vielleicht nach langer Zeit wieder Brot und etwas

Sauberes zum Anziehen. Er schaut sie fragend an. Sie lachen, denn sie wissen, dass er übermüdet ist und ihm deshalb der richtige Tag nicht mehr einfällt: »Heute ist Sonntag.« Dann entlassen sie ihn aus der Dunkelheit, in die Sonne. Im Innenhof bleibt er wie gebannt stehen und blinzelt. Was für ein tiefes Blau, was für eine wohltuende Wärme. Er dachte immer, der Himmel befände sich nur ein wenig über seinem Kopf. Wie fern er nun ist! Und es stimmt nicht, dass der Himmel düster ist. Er ist doch so weit und blau! Himmelblau. Was spürt er unter seinen Füßen? Erde. Bestellte Erde. Unser Feld, unser Garten, unsere Weiden, unsere Mutter. Wie warm sie unter der Sonne geworden ist. Man muss sie berühren, um dieses unangenehme Gefühl loszuwerden, das der Steinboden bei einem hinterlassen hat. Aber ohne sie zu stören. Am besten, man setzt sich, ehrfürchtig. Direkt vor diese Mauer. Den Rücken kann man ruhig an die Mauer lehnen. Die Mauer hat ja die Wärme aufgesogen. Oh, diese dunkle Zelle hast du ertragen und dabei an Kampf, Freiheit und deine Frau gedacht. Hast Träume gesponnen. Lass die Träume jetzt sein. Spür die Sonne. Schöpfe neue Kraft. Du bist wie der erste Mensch, ganz auf dich gestellt.

Manchmal bedeutet Glück, das zu bekommen, was einem gefehlt hat. Warum sollte es nicht glücklich machen, die Erde und die Sonne tief im Inneren zu spüren?

Jetzt lese ich das Gedicht noch einmal und schaue mir seinen eigentlichen Titel an: »Briefe eines Mannes in Isolationshaft«. »Isolation« bedeutet, allein in eine Zelle gesperrt zu sein. Man hört keine andere Stimme. Nur Träume helfen einem, das auszuhalten. Oder indem man an den Kampf denkt, an die Freiheit, an die Frau, die man liebt. Und an das Glück, das dir hilft, durchzuhalten. Wenn man plötzlich wieder unter der Sonne steht, nimmt man nur den eigenen Körper wahr, um nicht verrückt zu werden.

Unter dem Gedicht steht ein Datum: 1938. Der Autor des Gedichts ist Nâzım Hikmet. Ich könnte herausfinden, was ihm in jenem Jahr geschehen war. Auch die übrigen Stellen im Gedicht geben vielleicht Hinweise darauf. Aber das wird nichts an der Realität des Mannes im Gedicht ändern, der froh zum Himmel schaut und die Augen zukneift. Auch im Jahr 2008 gibt es irgendwo auf der Welt einen Kranken, einen Gefangenen, der staunt, wenn er die Sonne wieder sieht. Immer wenn es mir nicht gut geht, lese ich dieses Gedicht, um die Freude und das Glück jenes Gefangenen und jenes Kranken zu teilen und so freier zu atmen.

NÂZIM HİKMET (RAN) Biografie siehe Seite 241. • Das Gedicht *Heute ist Sonntag* (*Bugün pazar,* 1938. Deutsch bereits erschienen in: Nâzım Hikmet: *Die Luft ist schwer wie Blei*. Frankfurt: Dağyeli-Verlag, 1988) wurde von Helga Dağyeli-Bohne und Yıldırım Dağyeli übersetzt.

SENNUR SEZER Biografie siehe Seite 61. • Der Essay wurde von Eric Czotscher übersetzt.

AHMED ARİF

Otuz üç kurşun

I
Bu dağ Mengene dağıdır
Tanyeri atanda Van'da
Bu dağ Nemrut yavrusudur
Tanyeri atanda Nemruda karşı.
Bir yanın çığ tutar, Kafkas ufkudur
Bir yanın seccade Acem mülküdür
Doruklarda buzulların salkımı
Firarî güvercinler su başlarında
Ve karaca sürüsü,
Keklik takımı ...

Yiğitlik inkâr gelinmez
Tek'e-tek döğüşte yenilmediler
Bin yıllardan bu yan, bura uşağı
Gel haberi nerden verek
Turna sürüsü değil bu
Gökte yıldız burcu değil
Otuzüç kurşunlu yürek
Otuzüç kan pınarı
Akmaz,
Göl olmuş bu dağda ...

Dreiunddreißig Kugeln

I
Dies ist der Berg Mengene
Wo der Morgen dämmert über Van
Dies ist des Berges Nemrut Spross
Wo die Sonne ihre ersten Strahlen wirft gegen den Nemrut-Berg
Hier lawinenschwanger, der Kaukasus am Horizont
Dort ein Gebetsteppich hingebreitet zum persischen Land
Auf den Gipfeln Gletschertrauben
An Bächen und Lachen flüchtige Tauben
Ein Sprung Rehe dort
Eine Rebhuhnschar

Unbestreitbarer Heldenmut
Unbezwungen Mann gegen Mann
Seit eintausend Jahren hier heimisch schon
Wie nur erzählen davon
Kein Kranichzug
Kein Sternbild am Himmel
Ein Herz mit dreiunddreißig Kugeln
Dreiunddreißig Quellen von Blut
Sprudeln nicht
Gerinnen zum See auf diesem Berg

2

Yokuşun dibinden bir tavşan kalktı
Sırtı alaçakır
Karnı sütbeyaz
Garip, ikicanlı, bir dağ tavşanı
Yüreği ağzında öyle zavallı
Tövbeye getirir insanı
Tenhaydı, tenhaydı vakitler
Kusursuz, çırılçıplak bir şafaktı

Baktı otuzüçten biri
Karnında açlığın ağır boşluğu
Saç, sakal bir karış
Yakasında bit,
Baktı kolları vurulu,
Cehennem yürekli bir yiğit,
Bir garip tavşana,
Bir gerilere.

Düştü nazlı filintası aklına,
Yastığı altında küsmüş,
Düştü, Harran ovasından getirdiği tay
Perçemi mavi boncuklu,
Alnında akıtma
Üç topuğu ak,
Eşkini hovarda, kıvrak,
Doru, seglâvi kısrağı.
Nasıl uçmuşlardı Hozat önünde!

2

Da springt ein Hase auf unten am Weg
Der Buckel graublau
Milchweiß die Brust
Eine Berghäsin, einsam und trächtig,
Wild pocht der Ärmsten das Herz bis zum Halse
Sie dauert den Menschen
Einsamkeit ringsumher, einsam die Zeiten
Der Morgen blitzblank, ohne Fehl

Einer der Dreiunddreißig
Schwer lastet ihm Hunger im Magen
Wirr die Haare, der Bart
Läuse am Kragen
Die Arme gefesselt
So wirft der unerschrock'ne Teufelskerl
Einen Blick zum einsamen Hasen hin
Und einen zurück.

Es fällt seine schlanke Flinte ihm ein
Schmollend unter dem Kissen
Es fällt das Stutfohlen ihm ein, aus Harran geholt
Mit blauen Steinen durchwirkt seine Mähne
Auf der Stirn eine Blässe
Drei Fesseln schneeweiß
Unbändig im Passgang, kokett
Rotbraun die rassige Stute.
Vor Hozat da warn sie geflogen.

Şimdi, böyle çaresiz ve bağlı,
Böyle arkasında soğuk bir namlu
Bulunmayaydı,
Sığınabilirdi yüceltilere.
Bu dağlar, dost dağlar, kadrini bilir,
Evelallah bu eller utandırmaz adamı,
Yanan cıgaranın külünü,
Güneşlerde çatal kıvılcımlanan
Engereğin dilini,
İlk atımda uçuran
Usta elleri ...

Bu gözler, bir kere bile faka basmadı
Çığ bekleyen boğazların kıyametini
Karlı, yumuşacık hıyanetini
Uçurumların
Önceden bilen gözleri ...
Çaresiz
Vurulacaktı,
Buyruk kesindi,
Gayrı gözlerini kör sürüngenler
Yüreğini leş kuşları yesindi ...

Wäre er jetzt nur nicht hilflos gebunden
Spürte nicht eiskalt
Den Lauf jetzt im Rücken
Wäre stattdessen in schwindligen Höhen geborgen!
Diese Berge, brüderliche Berge, sie kennen seine Macht.
Dieser Hände, bei Gott, braucht er sich nicht zu schämen
Der Zigarette glimmende Glut
Der Giftnatter gespaltene Zunge
Von der Sonne entflammt
Treffen beim ersten Schuss
Diese Meisterhände.

Diese Augen, kein einziges Mal je getäuscht
Das Verhängnis lawinenträchtiger Wände
Den Verrat lauernd in Spalten
Unter samtweichem Schnee
Sahen stets sie voraus, diese Augen
Wehrlos
Sollen sie brechen
Fest steht der Befehl
Blindem Getier bleiben nun diese Augen zum Fraß
Den Aasgeiern sein Herz.

3
Vurulmuşum
Dağların kuytuluk bir boğazında
Vakitlerden bir sabah namazında
Yatarım
Kanlı, upuzun ...

Vurulmuşum
Düşüm gecelerden kara
Bir hayra yoranım çıkmaz
Canım alırlar ecelsiz
Sığdıramam kitaplara
Şifre buyurmuş bir paşa
Vurulmuşum hiç sorgusuz, yargısız

Kirvem hallarımı aynı böyle yaz
Rivayet sanılır belki
Gül memeler değil
Domdom kurşunu
Paramparça ağzımdaki ...

3
Getroffen bin ich
In einsamer Schlucht
Zur Stunde des Morgenbegets
Hingestreckt
Blutüberströmt liege ich da

Getroffen bin ich
Schwärzer als finsterste Nacht ist mein Traum
Kein Zeichen der Hoffnung darin
Lang vor der Zeit wird das Leben genommen
Kein Wort in den Büchern davon
Chiffriert gab der Paşa Befehl
Erschossen ohne Verhör, ohne Urteilsspruch

So schreib auf, Onkel, was mir geschah
Wie ein Gerücht mutet es an
Doch es sind keine rosigen Knospen
Die Dumdum-Geschosse
Die den Mund mir zerfetzten

4
Ölüm buyruğunu uyguladılar,
Mavi dağ dumanını
Ve uyur – uyanık seher yelini
Kanlara buladılar.
Sonra oracıkta tüfek çattılar
Koynumuzu usul – usul yoklayıp
Aradılar,
Didik – didik ettiler
Kirmanşah dokuması al kuşağımı
Tespihimi, tabakamı alıp gittiler
Hepsi de armağandı Acemelinden ...

Kirveyiz, kardeşiz, kanla bağlıyız
Karşıyaka köyleri, obalarıyla
Kız alıp vermişiz yüzyıllar boyu,
Komşuyuz yaka yakaya
Birbirine karışır tavuklarımız
Bilmezlikten değil,
Fıkaralıktan,
Pasaporta ısınmamış içimiz
Budur katlimize sebep suçumuz,
Gayrı eşkiyaya çıkar adımız
Kaçakçıya
Soyguncuya
Hayına ...

Kirvem, hallarımı aynı böyle yaz
Rivayet sanılır belki
Gül memeler değil
Domdom kurşunu
Paramparça ağzımdaki ...

4
Sie vollstreckten das Todesurteil
Tauchten die blauen Nebel der Berge
Die schlaftrunken erwachende Brise des Morgens
In Blut.
Dann stellten sie die Gewehre beiseite
Tasteten sachte uns ab
Suchten
Durchsuchten uns von oben bis unten
Meine rote Leibbinde aus Kermanschaher Gewebe
Meine Gebetskette, meine Tabakdose nahmen sie mit
Alles Gaben aus persischen Händen

Verwandte sind wir, Brüder, blutsverwandt
Heiraten Mädchen aus Dörfern und Zelten hüben wie drüben
Seit Jahrhunderten miteinander verschwägert
Nachbarn sind wir, Schulter an Schulter
Auch unsre Hühner scharen sich zusammen
Nicht aus Unkenntnis
Aus Armut vielmehr
Blieben Ausweispapiere uns fremd
Das reißt uns nun in den Tod, das nur ist unsre Schuld
Banditen nennt man uns
Schmuggler
Räuber
Verräter ...

So schreib auf, Onkel, was mir geschah
Wie ein Gerücht mutet es an
Doch es sind keine rosigen Knospen
Die Dumdum-Geschosse
Die den Mund mir zerfetzten

5
Vurun ulan,
Vurun,
Ben kolay ölmem.
Ocakta küllenmiş közüm,
Karnımda sözüm var
Haldan bilene.
Babam gözlerini verdi Urfa önünde
Üç de kardaşını
Üç nazlı selvi,
Ömrüne doymamış üç dağ parçası.
Burçlardan, tepelerden, minarelerden
Kirve, hısım aşiret çoçukları
Fransız kurşununa karşı koyanda

Bıyıkları yeni terlemiş daha
Benim küçük dayım Nazif
Yakışıklı
Hafif
İyi süvari
Vurun kardaş demiş
Namus günüdür
Ve şaha kaldırmış atını.

Kirvem hallarımı aynı böyle yaz
Rivayet sanılır belki
Gül memeler değil
Domdom kurşunu
Paramparça ağzımdaki ...

5
Schießt nur, ihr Lumpen
Schießt!
So einfach sterb ich nicht
Unter der Asche noch schwelt die Glut
Im Bauch lauern Wörter
Auf den, der versteht.
Seine Augen schloss mein Vater vor Urfa
Auch drei seiner Brüder
Drei schlanke Zypressen
Drei Felsen noch lechzend nach Leben.
Von Burgen, von Bergen und Minaretten
Widersetzten sich Brüder, Blutsverwandte
Dem Beschuss der Franzosen.

Mein blutjunger Onkel Nazif
Kaum spross ihm der Flaum auf den Lippen
Ein stattlicher Junge
Nahm das Leben noch leicht
Ein herrlicher Reiter
Schießt, Brüder, rief er
Dies ist der Tag der Ehre
Und spornte sein Pferd, dass es sich bäumte

So schreib auf, Onkel, was mir geschah
Wie ein Gerücht mutet es an
Doch es sind keine rosigen Knospen
Die Dumdum-Geschosse
Die den Mund mir zerfetzten

REFİK DURBAŞ

Seit Jahren steht Ahmed Arif mit seinem Gedichtband *Vor Sehnsucht nach dir trug ich die Sträflingsketten ab* als heller Stern über dem Weg der türkischen Poesie. Inzwischen ist es viele Jahre her, dass er von uns ging. Doch weite Kreise tragen seine Dichtung nach wie vor im Herzen und auf der Zunge.

Im Januar 1990, kurz vor seinem Tod, befragte ich Ahmed Arif; daraus entstand dann das Buch *Ahmed Arif erzählt: Mein Herz ist eine Grube Dynamit*. Als das Interview in der *Cumhuriyet* in Ausschnitten vorabgedruckt wurde, stiegen die Verkaufszahlen der Zeitung, obwohl gleichzeitig der Preis erhöht worden war – ein Zeichen für die ungebrochene Sympathie, die Ahmed Arif in der Bevölkerung genoss.

In dem Interview kam der Autor auch auf den Hintergrund seines beliebten Gedichts *Dreiunddreißig Kugeln* zu sprechen: »Hier und da fanden sich erste Nachrichten über das Ereignis, worauf das Gedicht anspielt, in den Zeitungen. Es begann etwas durchzusickern. Im Parlament wurde sogar eine Eingabe dazu gemacht.

Die kurdische Frage existierte unterschwellig immer, nur auf der politischen Bühne war sie neu. Die Geschichte der *Dreiunddreißig Kugeln* ist eine verzwickte Angelegenheit. Die Dokumente liegen vor, ebenso die Gerichtsprotokolle. Im Bericht der parlamentarischen Untersuchungskommission finden sich haarsträubende Dinge. Es heißt dort, es habe sich nicht nur um dreiunddreißig Personen gehandelt. In jener Zeit, also in der Zeit der Einparteienherrschaft bis 1946, wurden an verschiedenen Orten im ganzen Land ähnliche Verbrechen verübt, Tausende staatlicher Morde. Die Leute waren eigentlich unschuldig. Wieso aber traf es ausgerechnet sie? Und warum gerade dreiunddreißig?

Es waren nicht dreiunddreißig, sondern zweiunddreißig Personen, darunter auch ein junges Mädchen. Hauptmann Vahdet Yüzgeç sagte: ›Ein türkischer Soldat schießt nicht auf Frauen.‹ Also holten sie das Mädchen heraus und erschossen den Rest.«

Ahmed Arif erfuhr all dies aus einer Reportage von Zahir Güvemli, die in der Zeitung *Hürriyet* erschienen war. Beim Lesen drehte sich ihm der Kopf. Gleich darauf wurde eine Pressezensur verhängt, die dann über zwanzig Jahre in Kraft blieb. In dieser Reportage schilderte Zahir Güvemli die Geschichte eines Vaters und seines Sohnes. Das Kind war acht oder zehn Jahre alt und rief seinem Vater zu: »Papa, ich habe Angst!«

Für dieses Kind wurde im ganzen Land Geld gesammelt. Man dachte, man könnte dieses Kind mit Geld retten.

»Als ich das las«, so Ahmed Arif, »verlor der Vorfall um die *Dreiunddreißig Kugeln* an Bedeutung für mich. Denn ich war ahnungslos. Wie sollte man darüber schreiben? Denkbar waren ein Theaterstück, eine Erzählung oder ein Roman.«

Und dann berichtete er, wie es zu dem Gedicht kam: »Es wurden also zunächst fünfundvierzig bis fünfzig Personen festgenommen. Baki Vandemir war dabei; er war, wenn ich mich nicht irre, damals der kommandierende General. ›Wir bringen die vor Gericht‹, schlug er vor. ›Warum sollen wir uns die Hände schmutzig machen? Es gibt doch Gerichte. Sollen die entscheiden, was hier zu tun ist.‹ So übergaben sie die Leute dem Gericht, und die Staatsanwaltschaft überprüfte die Fälle. Der eine oder andere hatte sich etwas Unbedeutendes zuschulden kommen lassen. Damals gab es noch Wegezoll. Da hatte zum Beispiel einer die sechs Lira nicht bezahlen können. Blieb man die schuldig, wurde man zu öffentlichen Arbeiten herangezogen oder musste ins Gefängnis. Dann gab es kleinere Diebstähle. Solche gewöhnlichen Vergehen wurden aussortiert. Übrig blieben dreiunddreißig Personen. Diese dreiunddreißig hatten mit Gericht, Polizei oder Gendarmerie nie vorher zu tun gehabt. Kein Einziger war vorbestraft. Also ließ man sie laufen. Wären sie bloß nie freigekommen! Wären bloß auch sie in Haft geblieben! Dann wären sie nicht gestorben, wären nicht ermordet worden. Die anderen saßen ihre Strafen ab und kamen anschließend frei.

Als nun diese dreiunddreißig Personen freigelassen wurden, war ein junges Mädchen darunter, die Tochter von Mehmedi Mısto. Der hatte einen türkischen, einen iranischen und einen sowjetischen Pass und arbeitete für den türkischen Geheimdienst. Ein Funktionär also. Zudem war er Oberhaupt eines Clans, er lebte aber nicht in der Türkei. Die ganze Sache kam überhaupt erst durch einen Brief von ihm ans Tageslicht. ›Ich besitze Eigentum in der Türkei. Das wird geplündert. Der Landrat kümmert sich nicht darum.‹ Solcherlei Beschwerden reichte er ein, doch niemand nahm ihn ernst. Ganz im Gegenteil: Der Mann wurde beschimpft und beleidigt. Man schrieb ihm böse Antwortbriefe: ›Wir werden deiner Tochter dies und deiner Frau jenes antun.‹ Ich habe mir diese Briefe in den Akten mit den Protokollen der Kommission selbst angesehen.

Das ist die Vorgeschichte. Schließlich kam es zu Plünderungen in Özalp. Und niemand konnte dafür zur Rechenschaft gezogen werden. Hier und da wurden ein paar Unglückliche festgenommen, offenbar aus Gründen persönlicher Feindschaft. Es gab dort einen öffentlichen Schreiber, der war blind und spielte eine wichtige Rolle. Dieser Mann war der Anführer einer Bande und Anstifter der Verleumdungskampagne. Und noch ein anderer, der war beim Geheimdienst tätig. Mit der Verleumdung kochte die Sache dann hoch.«

Zu den Reaktionen auf *Dreiunddreißig Kugeln* bemerkt Ahmed Arif: »Man fragt mich, warum ich das geschrieben habe. Sind bestimmte Themen etwa verboten? Wenn ich nicht darüber geschrieben hätte, wer dann?

Und ich will noch Folgendes dazu sagen: Ich habe *Dreiunddreißig Kugeln* in Form einer Trauerode geschrieben. Es ist eine klassische Klage. Im Türkischen gibt es ja diese mündlich tradierten Klagen, sogenannte ›Şivan‹. In diesem Stil habe ich das Gedicht abgefasst. An eine Veröffentlichung dachte ich damals nicht.

Enge Freunde fragten mich, warum ich das Gedicht aufgeschrieben hätte. ›Hättest du stattdessen über Mustafa Suphi geschrieben!‹, ereiferten sie sich. Doch ich wusste ja überhaupt nichts über Mustafa Suphi. Außerdem lag das so weit zurück. Dieser Vorfall aber stand lebendig vor meinen Augen. Also hielt ich dagegen: ›Wenn in dem Reichenviertel Bahçelievler ein Irrer dreißig Hühner stehlen, abschlachten und auf die Straße werfen würde, stünde das am nächsten Tag vierspaltig in der Zeitung *Ulus*. Doch hier handelt es sich nicht um Hühner, sondern um dreiunddreißig unserer Mitmenschen! Sie hatten nichts verbrochen, waren Unschuldslämmer. Vielleicht unschuldiger als wir alle. Das Einzige, was man ihnen vorwerfen könnte, ist, dass niemand für sie eintrat. Allein waren sie, das ist alles.‹

Es waren Junge und Alte darunter. Man hat sie getötet, erschossen. Einer überlebte. Das erfuhr ich erst sehr viel später. Er schleppte sich nach Iran. Dort wurde er behandelt. Jahre später schrieb er einen Brief. So kam das Ganze heraus. Dieser Mann, der damals nur verwundet wurde, hatte einen Bruder oder einen Cousin. Das war ein hartnäckiger Kerl, ein Jurist. Er bombardierte İsmet Paşa mit Telegrammen. Für die Demokratische Partei war es ein gefundenes Fressen, sie schlachtete die Sache politisch aus.

Es war also ein Ereignis, das das Volk verletzt hat. Wie gesagt, ich behandelte es in Form einer Trauerode. Mein Herz schäumte über. Den Schmerz, den eine Dorffrau, also etwa die Mutter oder die Schwester eines der Ermordeten, empfand, den spürte ich genauso.

Natürlich hatte das Gedicht auch in anderer Hinsicht Folgen. Wegen *Dreiunddreißig Kugeln* wurde ich verschleppt und verprügelt, eine ganze Nacht lang. ›Sag es auf!‹, befahlen meine Peiniger, doch ich weigerte mich. Das war 1950 oder 1951. Es war noch nirgendwo eine einzige Zeile davon erschienen.

Ich studierte an der Universität Ankara. Bis dorthin, wo heute die Atatürk-Sporthalle steht, reichte damals der Sportplatz. Die Kinder trainierten dort. Ringsum war ein Drahtzaun gezogen.

Nachdem sie mich verprügelt hatten, warfen sie mich über diesen Zaun. Da lag ich dann. Straßenköter kamen und schnüffelten an mir. Ich kam fast um vor Angst, sie könnten mich für tot halten und anfressen. Am Morgen tauchten Arbeiter der Müllabfuhr auf und fanden mich. Sie erbarmten sich, holten mich heraus und riefen ein Taxi. ›Hast du Geld, Junge?‹, fragten sie noch. Das konnte ich bejahen. So gelangte ich nach Hause, wo ich eine Woche lang das Bett hütete.

Ich wohnte damals in einer Art Herberge mit zwanzig oder dreißig Zimmern. Es dauerte eine geschlagene Woche, bis ich wieder auf die Beine kam. Ich erzählte damals niemandem von dem Vorfall, nicht einmal meinen engsten Freunden.

Nachdem ich diese Prügel bezogen hatte, gab ich das Gedicht Onkel Salim, also Salim Şengil. Er publizierte es. ›Hör zu, Abi‹, warnte ich ihn, ›es besteht ein Publikationsverbot zu diesem Vorfall. Wir werden noch Ärger kriegen.‹ Doch er entgegnete nur: ›Was kümmerts dich?‹ und druckte das Gedicht in Fortsetzungen ab.

Onkel Salim war wirklich ein guter Mann. Jedes Mal gab er mir einhundert Lira. Mit keiner Arbeit hätte ich damals so viel Geld verdient, nicht einmal als Beamter.

So druckte Onkel Salim das Gedicht also Vers um Vers in seiner Zeitschrift *Seçilmiş Hikâyeler* (Ausgewählte Erzählungen) ab.

Bei einem Mann, sein Name ist mir entfallen, muss ich mich entschuldigen. Er war Lehrer für Philosophie. Eines Tages kam er mit zwei Freunden zu der Zeitung, bei der ich arbeitete. Er stellte sich vor, wir tranken Tee und unterhielten uns. Damals gab es die Lehrergewerkschaft TÖS. Mitten im Gespräch sagte ich: ›Mensch, lasst doch von solchen Sachen ab! Seid richtige Lehrer! Nehmt eine Stelle an, heiratet, gründet eine Familie!‹ Der Mann erwiderte: ›Du redest wie meine Mutter.‹ Und ich hielt dagegen: ›Ich meine das nicht als Kritik oder gar Beleidigung. Wenn deine Mutter so redet, hat sie doch recht. Ich küsse ihr die Hände. Sie ist auch meine Mutter. Es ist doch kein Beruf, ständig im Gefängnis zu hocken.‹ Daraufhin der Mann wieder: ›Hör zu, Ahmed Abi! Mit meiner Mutter hat es eine eigene Bewandtnis, das will ich dir gern erzählen. Ich war gerade aus dem Gefängnis entlassen worden. Wir hockten bei uns zu Hause, tranken Tee und Kaffee. Ab und zu gingen wir zu siebt oder acht in die Kneipe. Wir hatten alle zusammen im Gefängnis gesessen. Von meiner Mutter hörten wir immer wieder: ›Lasst doch endlich dieses Gerede! Gründet eine Familie, sucht euch einen Job.‹ Eines Tages sagte einer meiner Freunde: ›Tante, ich werde dir ein Gedicht vorlesen.‹ Er nahm deinen Band *Vor Sehnsucht nach dir trug ich die Sträflingsketten ab* und las *Dreiunddreißig Kugeln*. Weißt du, was meine Mutter sagte? ›Geht doch alle ins Gefängnis, Jungs!‹, sagte sie. ›Ich kümmere mich schon um euch.‹ Und sie erzählte uns die Hintergründe dieses Vorfalls, und zwar in aller Ausführlichkeit.‹

Das hatte ich natürlich nicht ahnen können,
das also steckt hinter dem Gedicht.
Was bleibt mir da noch zu sagen?«

Ahmed Arif wird mit seinem Gedicht und mit seiner Persönlichkeit auch in der Zukunft einem hellen Stern gleich über dem Weg unserer Poesie stehen.

AHMED ARİF geboren 1927 in Diyarbakır, gestorben 1991 in Ankara, studierte Philosophie an der Universität Ankara. Wegen seines politischen Engagements wurde er inhaftiert und musste sein Studium aufgeben. Später arbeitete er als Korrektor und Journalist. Seine Gedichte – meist über das Leid der Kurden – erschienen zwischen 1948 und 1954 und stießen auf großes Publikumsinteresse. Sein einziges Buch, der Gedichtband *Hasretinden prangalar eskittim* (Aus Sehnsucht nach dir trug ich die Sträflingsketten ab, 1968) gehört zu den meistgedruckten Lyrikbänden in der Türkei. Ahmed Arifs Gedichte zeichnen sich durch eine kraftvolle und zugleich empfindsame Sprache aus. • *Dreiunddreißig Kugeln* (*Otuz üç kurşun*, 1968; Erstfassung ca. 1955) wurde von Sabine Adatepe übersetzt.

REFİK DURBAŞ geboren 1944 in Erzurum, war lange Zeit bei der türkischen Tageszeitung *Cumhuriyet* als Korrektor beschäftigt. Momentan leitet er das Literaturressort der Zeitung *Sabah*. Seine zunächst von der Strömung der

»Zweiten Neuen« beeinflussten Gedichte erschienen ab 1962 in verschiedenen Zeitschriften. Inzwischen kennt man Refik Durbaş als einen Dichter, der die Welt der Märkte, der Arbeitermädchen und der Teehäuser thematisiert. Für seinen Gedichtband *Çırak aranıyor* (Lehrling gesucht) erhielt er 1979 den Yeditepe-Preis, 1983 wurde er mit dem Behçet-Necatigil-Preis und 1993 mit dem Halil-Kocagöz-Preis ausgezeichnet. • Den Essay übersetzte Sabine Adatepe.

A. KADİR

Kanlı şiirler

1

Dağlardan devedikeni getirdim bir avuç,
bir avuç kanlı devedikeni dağlardan.
Kanlı toprak getirdim dağlardan bir avuç,
bir avuç kanlı toprak dağlardan.
Sustum, hıncımı bastım kanıma
açarken zindanların avlusunda kanlı güller.

Kan içinde sarıldım dört yanımdan.

2

Dört yanımda kan içinde birleştiler.
Kan içinde gözleri ölümün.
Bakamaz o gözler aydınlığa,
aydınlıklar kanlı değil.

Ölülerim diri diri, kan yeleli.
Ölülerim doludizgin şafaklarda.

3

Batıramam lokmamı ben bu aşa,
kanla beslenirken tarlalarda tohum,
ağaçlar kanlı kanlı düşünürken,
şıp şıp damlarken kan yapraklardan,
kanlı alın teri kururken ışığında suyumun.

Batıramam lokmamı ben bu aşa.

Blutige Gedichte

1
Von den Bergen brachte ich Disteln, eine Handvoll,
eine Handvoll blutige Disteln von den Bergen.
Blutige Erde brachte ich von den Bergen, eine Handvoll,
eine Handvoll blutige Erde von den Bergen.
Ich schwieg, ertränkte meinen Zorn in meinem Blut
und in den Höfen der Kerker erblühten blutige Rosen.

Von Blut bin ich umgeben ringsumher.

2
Rings um mich sind sie im Blut vereint.
Blutig sind des Todes Augen.
Diese Augen können das Licht nicht schauen,
es ist nicht blutig, das Licht.

Meine Toten sind lebendig, mit blutigen Mähnen.
Meine Toten sind zügellos im Morgengrauen.

3
Ich kann mein Brot nicht in diese Suppe tunken,
wenn die Saat auf den Feldern von Blut sich nährt,
wenn die Bäume blutig nur denken,
wenn das Blut von ihren Blättern tropft,
wenn der blutige Schweiß auf meiner Stirn im Lichte meines
              Wassers trocknet.

Ich kann mein Brot nicht in diese Suppe tunken.

4

Gözlerin akı gencecik.
Açılırlar kansız dünyalara.
Sarmış kollar aydınlıkları,
varmış kollar mutluluklara.

Döken kimler karanlığa bu kanı?
O gözler kalkacaklar ellerden.
O gözler konacaklar ellere.
Eller kapı kapı vuracak:
Bunları bir bir tanı.

Ölüler yalınayak, başaçık.
Gözlerin akı gencecik.
Açılırlar kansız dünyalara.

Eller ellere verir,
gözleri gözleri görür,
kapılar kapıları tanır.

Kan köpük denizler gecelere,
geceler sabahlara uzanır.

4

Das Weiße der Augen ist ganz jung.
Sie öffnen sich blutlosen Welten.
Die Arme haben das helle Licht umschlungen,
die Arme haben das Glück errungen.

Wer hat dieses Blut ins Dunkle vergossen?

Jene Augen werden die Hände verlassen.
Jene Augen werden die Hände besetzen.
Die Hände sollen klopfen an jede Tür:
Finde sie, einen nach dem anderen.

Die Toten sind barfuß barhäuptig.
Das Weiße der Augen ganz jung.
Sie öffnen sich blutlosen Welten.

Die Hände geben den Händen,
ihre Augen sehen die Augen,
die Türen finden die Türen.

Blutschäumende Meere erstrecken sich in die Nacht,
die Nacht in den Morgen.

5

Vurur ayışığı kamış tarlasına,
yüzer kan içinde kamış tarlası.
Benim gibi gençti beni öldüren,
çiçeği burnunda bir Amerikalı.

Vurur ayışığı kamış tarlasına.

Nasıl sileceksiniz siz bu kanı,
ey üsttekiler, duyuyor musunuz,
nerden bulacaksınız onca gücü?

Ey üsttekiler, üsttekiler,
biz bu kamışlardan çoğuz,
kır kır bitmez.

Yüzer kan içinde kamış tarlası.

Nasıl sileceksiniz siz bu kanı,
ey üsttekiler, üsttekiler,
insan toprağına öyle sarılmış ki,
öldür gitmez.

Vurur ayışığı kamış tarlasına.

Nasıl sileceksiniz siz bu kanı,
ey üsttekiler, üsttekiler,
nerden bulacaksınız onca suyu?

Ey üsttekiler,
ellerinizdeki kanı silmenize,
duyuyor musunuz,
denizleriniz yetmez.

5

Der Mond wirft sein Licht auf das Schilfrohrfeld,
das Schilfrohr schwimmt im Blut.
Er war so jung wie ich, der mich getötet hat,
ein Amerikaner, noch grün hinter den Ohren.

Der Mond wirft sein Licht auf das Schilfrohrfeld.

Wie wollt ihr euch reinwaschen von diesem Blut,
oh ihr dort oben, hört ihr,
wo nehmt ihr die Kraft dafür her?

Oh ihr dort oben, ihr dort oben,
wir sind zahlreicher als das Rohr im Schilf
man kann uns nicht vernichten.

Das Schilfrohrfeld schwimmt im Blut.

Wie wollt ihr euch reinwaschen von diesem Blut,
oh ihr dort oben, ihr dort oben,
der Mensch ist so mit seinem Land verwachsen,
dass selbst, wenn ihr ihn tötet, er nicht geht.

Der Mond wirft sein Licht auf das Schilfrohrfeld.

Wie wollt ihr euch reinwaschen von diesem Blut,
oh ihr dort oben, ihr dort oben,
wo nehmt ihr so viel Wasser her?

Oh ihr dort oben,
das Blut von euren Händen zu waschen,
hört ihr,
reichen eure Meere nicht aus.

KEMAL ÖZER

Zu meiner Wahl des Gedichts *Blutige Gedichte* von A. Kadir haben verschiedene Faktoren beigetragen. Ich möchte sie gern aufzählen und werde mich wie bei konzentrischen Kreisen vom weitesten zum engsten vorarbeiten. Der weiteste dieser Kreise reicht bis in die Entstehungszeit der Poesie, in eine Zeit, in der der Dichter Sprachrohr der Gemeinschaft war, in der er lebte; zurück in jene glückliche Zeit, in der Dichtung fast schon ein Gemeinschaftsprodukt von Dichter und Gesellschaft war.

Der zweite Kreis betrifft einen Aspekt, der sich parallel zu den Phasen, die er durchläuft, in der Geschichte der türkischen Dichtung manifestiert. Zu den bekanntesten Dichtern, die die mündliche und schriftliche Dichtung Anatoliens seit dem 13. Jahrhundert in dieser Tradition hervorgebracht hat, zählen Yunus Emre, Pir Sultan Abdal, Dadaloğlu, Karacaoğlan, Namık Kemal, Tevfik Fikret und Nâzım Hikmet.

Der dritte Kreis hängt zusammen mit den konstituierenden Elementen, die der am Ende dieser Traditionskette stehende Nâzım Hikmet in die moderne türkische Dichtung eingeführt hat. Diese Tradition, die vor allem darin besteht, Sprachrohr der Gesellschaft zu sein und deren kollektives Gewissen darzustellen und zu aktivieren, hat Nâzım Hikmet um die Wissenschaftlichkeit der Weltanschauung und Vielstimmigkeit der Ästhetik bereichert. Diese neuen Elemente haben sich bis heute in seinem Sinne weiterentwickelt.

A. Kadir ist einer der bedeutendsten Dichter, die den Weg, auf den Nâzım Hikmet die moderne türkische Dichtung lenkte, beschritten haben. Seine Gedichte wurden zu seinen Lebzeiten von ihm und seinen Anhängern gemeinsam rezitiert, ja fast in Gemeinschaftsarbeit geschaffen, und sie bestechen durch ihre Natürlichkeit und Aufrichtigkeit. Diese Eigenart begeistert mich, erweckt in mir eine Fülle von Assoziationen und führt mich in die Entstehungsjahre des Gedichts zurück.

A. Kadirs Dichtung zeigt gleichzeitig, ganz in der Tradition der anatolischen Dichtung, Spuren einer schroffen und aufmüpfigen Sprechweise, die als Zeichen seines Hangs zur Opposition und seiner von Angriffslust geprägten Persönlichkeit gelten können. Doch sie besitzt außerdem Qualitäten, die diese Tradition durch ihren charakteristischen Stil bereichern. Da ich Modernität nicht darin suche und sehe, täglich etwas Neues zu erfinden, sondern vielmehr darin, der Tradition etwas hinzuzufügen, nötigen mir diese Eigenarten Respekt ab.

Beides – die Begeisterung und der Respekt – war ausschlaggebend für meine Wahl A. Kadirs. Meine Entscheidung für die *Blutigen Gedichte* hat indes noch andere Gründe. Betrachten wir einmal das Entstehungsjahr des Gedichts, 1971, so sehen wir einen politischen Wendepunkt in der Türkei: die Tage nach dem Militärputsch vom 12. März. Mit diesem Gedicht wollte A. Kadir eine Parallele zwischen den Geschehnissen in seinem Heimatland und den weltpolitischen Ereignissen wie dem Vietnamkrieg und der palästinensischen Intifada aufzeigen und diese auf einen gemeinsamen Nenner bringen.

Gleichzeitig wird klar, dass das Gedicht mit der durch seine Struktur geschaffenen Atmosphäre und der ihm innewohnenden Bildwelt die Realität, die es wiedergeben, und die Reaktion, die es hervorrufen will, den Leser zu sensibilisieren versucht.

Das zeigt, dass wir es mit dem erfolgreichen Werk eines Meisters seiner Zunft zu tun haben, der sich nicht mit Wahrheiten begnügt, die auch außerhalb eines Gedichts gesagt werden können, sondern der weiß, dass die Dichtung ein ganz eigenes Forum darstellt. Nicht zuletzt habe ich dieses Gedicht deshalb ausgewählt, weil es uns eine bedrückende Atmosphäre nahebringt, die heutzutage sowohl bei uns in der Türkei als auch anderswo in der Welt immer noch aktuell ist.

A. KADİR (MERİÇBOYU) geboren 1917 und gestorben 1985 in Istanbul, schloss 1936 die Militärschule Kuleli (Istanbul) ab, besuchte anschließend die Militärakademie Ankara, wurde jedoch 1938 wegen seines politischen Engagements der Schule verwiesen. Noch während seines Militärdienstes veröffentlichte er (zeitweise unter dem Pseudonym Ali Karasu) seine ersten Gedichte. Mit der Konfiszierung seines ersten Gedichtbands *Tebliğ* (Die Mitteilung, 1943) wurde A. Kadir aus Istanbul verbannt. Erst 1947 kehrte er nach Istanbul zurück. Die Hauptthemen seines ersten Gedichtbands, wie Heimatliebe, das Leben der Arbeiterklasse oder den Pazifismus, nahm A. Kadir in seinen späteren Gedichten immer wieder auf. Für seine Übersetzung der *Ilias* erhielt er 1959 gemeinsam mit Azra Erhat den Übersetzerpreis der Türkischen Sprachgesellschaft. • *Blutige Gedichte* (*Kanlı şiirler*, 1971) wurde von Johannes Neuner übersetzt.

KEMAL ÖZER Biografie siehe Seite 153. • Den Essay übersetzte Johannes Neuner.

İLHAN BERK

Acının adı

Yavaş sessiz senin buyruğunda toplanır altın yavaş sessiz
Yavaş sessiz senin buyruğunda dağılır buğday yavaş sessiz
Yavaş sessiz senin buyruğunda bolünür halkın ekmeği.

Seninle hızla kararır bozulur ipek seninle hızla
Hızla düğümlenir bulanır su seninle
Körelir seninle hızla emeğin tarihi,

Ve seninle yavaş yavaş çıkar bakıra kuvarsa tunca yavaş
yavaş acının uzun uzun yazılan adı.

Der Name des Leids

Langsam und stumm wird Gold gehortet, auf deinen Befehl,
                                             langsam und stumm
Langsam und stumm wird Weizen verteilt, auf deinen Befehl,
                                             langsam und stumm
Langsam und stumm wird das Brot des Volkes geteilt,
                                             auf deinen Befehl.

Durch dich, schnell wird die Seide geschwärzt und zerschlissen
Schnell staut sich das Wasser und verfault, durch dich
Die Geschichte der Arbeit verkümmert schnell, durch dich.

Durch dich erscheint allmählich und langsam der Name
Des Leids auf Kupfer, Quarz und Bronze endlos lang.

LEYLÂ ERBİL

Wenn man nur ein einziges Gedicht aus der zeitgenössischen türkischen Dichtung auswählen darf, dann ist das allen anderen Gedichten gegenüber ungerecht. Wenn es um die vormoderne Lyrik ginge, dann würde ich, ohne lange zu zögern, Ahmet Haşim nennen. Doch unsere zeitgenössische Dichtung ist ein unendlich großes, immer weiter wachsendes Ganzes, das zugleich aus vollkommen eigenständigen Teilen besteht. Die Dichter sitzen gleichsam um einen Gobelin herum und sticken gemeinsam an einem Bild, dabei ergänzen sie einander und sind untrennbar miteinander verbunden.

Unsere zeitgenössische Lyrik ist ein sonderbares Gebilde: Obwohl jede Generation glaubt, sich von den vorangegangenen Generationen zu unterscheiden und sie zu bekämpfen, knüpft sie doch jeweils an die vorangegangene an und lässt daraus eine neue Strömung entstehen.

Wollte man also aus all diesen Gedichten – seien sie von Nâzım Hikmet, der Garip-Bewegung, der Generation nach 1940, der »Zweiten Neuen«-Strömung oder der allerjüngsten Dichtung – ein einziges auswählen, so ließe man jeden Sinn für Gerechtigkeit außer Acht. Dass ich es hier trotzdem tue, ist etwas anderes. Zudem speiste sich die Prosa schon immer und auch heute noch – und wenn ich von mir sprechen darf, tun es auch meine Texte – aus der Gesamtheit unserer Dichtung, aus dieser ewigen Sinfonie, gespielt von einem alles überdauernden Orchester, ihrem Zwist, Klang und Rhythmus, ihrer Bildwelt, Poetik und ihrer Ästhetik.

Ich selbst habe ein sehr subjektives, emotionales und sentimentales Verhältnis zur Dichtung. Ich liebe alle Dichter, aber die, die ich bemitleide, liebe ich noch mehr. Dabei weiß ich nicht einmal genau, warum sie mir leid tun. Vielleicht ist dieses Gedicht deshalb so einprägsam, weil es gerade nicht zu denen gehört, die mitreißend und heldenhaft, wild und unerbittlich sind. Ich weiß, dass der Begriff »Mitleid« unzureichend und wenig aufschlussreich ist, aber wenn ich spüre, auf so ein »bedauernswertes« Gedicht gestoßen zu sein, dann lasse ich mich sehr schnell voll und ganz darauf ein. Und eben aus diesem Grund habe ich ein x-beliebiges Gedicht aufgeschlagen. Hier ist es.

Ich weiß nicht, ob man es näher erläutern muss, denn jede Erklärung würdigt die Verse letzten Endes herab. Meiner Meinung nach befasst sich das Gedicht mit der Realität, die sich trotz all der erlittenen Qualen nicht in das Bewusstsein der Menschheit hat einprägen können. Ich glaube, in dem Gedicht werden die unaufhörlichen Qualen, die die Menschheit aufgrund kriegerischer und blutiger Auseinandersetzungen erlitten hat, in ihrer ideologischen und historischen Verquickung widergespiegelt. Wie bedrückend und einsam es doch ist! Es ist ein stummes Gedicht, stumm wie das Volk.

Natürlich wird es einige geben, die denken: »Was sind schon die Qualitäten solcher Gedichte, man schreibt sie, aber ist das Dichtung?« Egal! Vielleicht werden mich heute Nacht Nâzım Hikmet, Rıfat Ilgaz, Ahmed Arif, Melih Cevdet, Ahmet Oktay, Metin Eloğlu, Can Yücel und Şükran Kurdakul im Traum heimsuchen, und ich hätte es verdient. Aber wie ich oben schon erklärt habe, liebe ich das Gedicht wegen des eigentümlichen Kunstgriffs, Zeit und Raum in den Begriff »Leid« zu packen.

Ich bin mir nicht einmal sicher, ob ich dieses Gedicht wirklich mag oder nicht. Vielleicht liebe ich bei Berk vor allem die Brüchigkeit, die Unschuld, das kindliche Wesen, das nie zu reifen vermag, sowie seine komischen Bilder und die Art, wie er verkehrte Bilder verwendet. İlhan Berk schreibt: »Meine Kindheit war das Mittelalter.« Was blieb einem Fünfjährigen, der im Mittelalter aufwuchs, auf der Straße Eis verkaufte und viel Leber aß, schon anderes übrig, als Poet zu werden?

Vielleicht ist İlhan auch eine Katze, denn wie wir wissen, landet er immer auf allen vieren. Eigentlich muss er einem überhaupt nicht leid tun. Seine Gedichte täuschen Größe vor, aber es sind keine »großen« Gedichte. Shakespeares Sonette beispielsweise sind prunkvoll; sie haben Größe, aber sie berühren mich nicht. İlhans Verse jedoch lese ich prustend. Er will, dass wir über das Leben lachen, und er will sein eigenes Leid lachend erzählen. Weil İlhan Berk bewusst riskiert, dass seine Gedichte lächerlich wirken, und weil er gleichzeitig mit künstlichem Lächeln auf das Leben blickt, ist er für mich ein großer Dichter. Aber auf mich wirkt nicht nur sein Lachen, sondern die ganze Person unnatürlich: die Art wie er herumläuft, wie er sich hinsetzt und wieder aufsteht. Auch körperlich wirkt Berk künstlich. Sein Kopf, seine Beine, Arme und Finger sehen aus wie angestückt. Wenn er in Bodrum mit einem windgeblähten indigoblauen Segel wie ein Vampir auf Gedichtejagd geht, ist er mitleidslos. Und dann dieser schreckliche Strudel gleich unterhalb seines Adamsapfels. Da öffnet sich ein wahrer Dichterschlund. Wer das einmal gesehen hat, kann seinen Blick nicht mehr davon lösen. Deshalb ließ er einmal ein Foto ausschließlich von diesem »tiefen Leid« machen und verteilte es an alle.

Ich kenne İlhan Berk nun seit fünfzig Jahren. Seit meiner ersten Zeile, als noch keiner Notiz von mir nahm, hat er mich stets unterstützt, und er hat nachdrücklich meiner Kunst sein Vertrauen geschenkt. Und je mehr er meine Kunst verstand, umso schöner wurden seine eigenen Gedichte. So ist das also mit der Kunst, die uns beide verbindet, sie ist unvergleichlich.

İLHAN BERK Biografie siehe Seite 49. • Das Gedicht *Der Name des Leids* (*Acının adı*, 1979) wurde von Angelika Gillitz-Acar und Angelika Hoch übersetzt.

LEYLÂ ERBİL geboren 1931 in Istanbul, studierte englische Literatur an der Universität Istanbul, brach ihr Studium ab und arbeitete als Büroangestellte und Übersetzerin. Für die Türkische Arbeiterpartei engagierte sie sich im Bereich von Kunst und Kultur, bevor sie sich schließlich ganz dem Schreiben widmete. Als Schriftstellerin experimentiert Leylâ Erbil gerne mit neuen Erzähltechniken. In ihren Büchern thematisiert sie die Rolle der Frau. Ihr Werk umfasst neben Romanen, Erzählungen und Übersetzungen auch literaturwissenschaftliche Essays. 1979 erhielt sie die Ehrendoktorwürde der Universität Iowa in den USA. 2002 und 2004 wurde sie vom türkischen PEN als erste türkische Schriftstellerin für den Literaturnobelpreis nominiert. Leylâ Erbil lebt und arbeitet in Istanbul. • Den Essay übersetzten Angelika Gillitz-Acar und Angelika Hoch.

TURGUT UYAR

acının coğrafyası

kente kapandık kaldık tutanaklarla belli
sirk izlenimlerinden seçmen kütüklerinden
yüzlerimiz temmuzdan ötürü sallanır ve uzar
ve her köşe bir tuzaktır
birer darağacıdır her meydan saati
öğle vaktini kesinlikle gösteren
oysa hep güçlü dağları görmenin zamanıdır

çığlığım uzun uzun kalır içimde
yani güller giyinmiş bir adam nerde ben nerde
rüzgâr bir dirimi dört yöne bölerken tepelerde
ve gece duruşmasından yeni çıkmışken
sabahın terazisi eksik tartar gölgemi

artık öyle açık ki kuşkuya yer yok
kim gelirse gelsin acıya hep yer vardır
tutanaklarda duvar diplerinde ve bazı yerlerde
örneğin Çukurova ve Mekong köylerinde
acıdır ağacın gölgesini yapan
bunu herkes bilir

    kutsal acı besleğen acı sütünü emiyoruz
    yatıyoruz seninle terli döşeklerde
    saati seninle kuruyoruz bir çalar saati
    sen donatıyorsun kalbimizi
    kalbimizi çoğu zaman yeterli ve ürkek
    kendi çoğunluğunu kendi üreterek

geografie des leids

eingesperrt in der stadt bleiben wir mit protokollen
von zirkusimpressionen aus wahlregistern
verzerrt und lang gezogen unsere gesichter weil juli ist
an jeder ecke lauert gefahr
jeder uhrenturm ein galgen
der pünktlich die mittagszeit zeigt
wo doch immer zeit ist die hohen berge zu sehen

mein schrei verharrt viel zu lange in meinem innern
ein mann der einst rosen trug bin ich das noch
während der wind auf den hügeln das eine leben in die vier
                                                himmelsrichtungen verweht
wird eben dem nächtlichen verhör entronnen
auf der waage des morgens mein schatten zu leicht befunden

alles offenbar kein zweifel mehr bleibt
wer kommen will soll kommen für das leid ist immer platz
in den protokollen am fuß der mauern an manchen orten
wie in den dörfern der Çukurova und des Mekong
selbst der schatten des baums erzeugt nur leid
das weiß doch jedes kind

      wir saugen bittere milch sie nährt das heil'ge leid
      wir schlafen zusammen auf verschwitzten matratzen
      mit dir ziehen wir die uhr auf sie schlägt eins
      du rüstest unser herz
      unser herz ist meist tüchtig und genügsam
      und besorgt sich seine mehrheit selbst

kente kapandık kaldık iki cadde iki alan bir saat
mutsuzluk acıya varana kadar
artık yeminimiz bir tatar gölgesi gibi
öyle bir gölge ki belki çok dardır
kısa vakitlerinde aceleci akşamın

artık öyle açık ki kuşkuya yer yok
acıya hep yer vardır aramızda
dört cepli yeleğim aynı kolaylıkla taşır her şeyi
bozuk paraları da umutsuzluğu da
aynı kolaylıkla tutmuş gibi olurum
güneşin yedi renk ayasını

biliyor musun güçlü dağları görmenin zamanıdır
şimdi bir bağırsan çok iyi biliyorum
ya da üstüste silâh atsan
kent tepinir belki bütün kuşlar uçar
belki değil mutlaka
ama
bir tanesi mutlaka kalır

eingeschlossen in der stadt bleiben wir zwei straßen zwei plätze eine uhr
bis die hoffnungslosigkeit das leid erreicht
unser eid fast wie ein tatarenschatten
ein solcher schatten vielleicht ganz schmal
in den kurzen geschäftigen abendstunden

alles offenbar kein zweifel mehr
für das leid gibt es immer platz zwischen uns
meine weste hat vier taschen und trägt leicht jedes ding
kleingeld ebenso wie hoffnungslosigkeit
genauso leicht würde ich tragen
die siebenfarbige skala der sonnenscheibe

weißt du es ist zeit die berge zu sehen
wenn du schreist versteh ich das gut
oder eine salve nach der anderen abfeuerst
die stadt zuckt vielleicht zusammen alle vögel fliegen auf
nicht vielleicht ganz bestimmt
aber
einer bleibt bestimmt zurück

SEMİH GÜMÜŞ

Es scheint mir, dass Turgut Uyar, nachdem er allmählich einen Platz in der türkischen Lyrik eingenommen hatte, sich diesen erhalten konnte. Ich glaube aber gleichzeitig, dass er nicht genügend gelesen und verstanden wurde. Während Edip Cansever und Cemal Süreya, deren Namen in der »Zweite Neue« genannten Bewegung oft zusammen erwähnt wurden und mit der Zeit enthusiastische Leser gewinnen konnten, überging man Turgut Uyar mit Schweigen.

Die Blicke in Turgut Uyars Gedichten sind immer auf denselben Punkt gerichtet, auf das Antlitz der unsichtbaren Zukunft, und es ist, als ob er ständig grübelte. Man liest seine Gedichte wie Gedankenlyrik. Ich weiß nicht, ob *geografie des leids* mein Lieblingsgedicht von Turgut Uyar ist, aber es ist zumindest eines meiner liebsten. *geografie des leids* erweckt in mir den Eindruck, dass es sich am ehesten dem Menschen öffnet. Es kommt mir vor wie ein Gedicht, das den Leser am Ärmel zupfen und aufwecken will. Was ganz im Gegensatz dazu steht, dass die Gedichte der Bewegung »Zweite Neue«, zu der Turgut Uyar gezählt wird, von Kritikern und Lesern als verschlossen und fast schon unverständlich abgestempelt werden.

Ich erinnere mich, dass mich der Band mit dem Titel *Sie versammelten sich*, der 1974 veröffentlicht wurde und in dem *geografie des leids* steht, sehr beeinflusst hat. Nicht nur wegen der gedanklichen Tiefe, die einen fasziniert, sondern auch wegen der poetischen Formen, die diese gedankliche Tiefe verdichten. Damit zeigt Uyar einen Willen zur formalen Gestaltung, die an eine große, dichterische Tradition anknüpft. Mit ein Grund für den Einfluss, den *Sie versammelten sich* auf mich, den damals Achtzehnjährigen, ausübte, war auch die gesellschaftliche und politische Sensibilisierung, die sich in den düsteren und bedrückenden Jahren des Militärregimes von 1971 bis 1973 entwickelte. *geografie des leids* gehört zu den Gedichten, die beispielhaft zeigen, dass die Dichter, die man in politische Isolation drängen wollte, indem man sie mit dem Etikett »Zweite Neue« versah, ihre eigenen gesellschaftlichen und politischen Empfindungen durchaus in ihre literarischen Gebilde einarbeiteten.

geografie des leids erzählt von den Gefühlen, die das Eingesperrtsein in einer Stadt in diesen albtraumartigen Tagen hervorrief. Dabei wurde zu einer Zeit, als man sich nach einer Freiheit sehnte, die der Unendlichkeit der Natur gleichkam, das Leben des städtischen Individuums total eingeschränkt, und der Zwang, sich einzuigeln, und die Unfähigkeit, den Kopf zu erheben, hat uns verstummen lassen. Doch es gab in dieser vom Leid belagerten Stadt auch eine Rettung für die Menschen aus diesem Albtraum. Denn der Tag wird kommen, an dem die ganze Stadt wieder zu Leben erwacht, der Tag, an dem eine Stimme oder ein Atemzug diese Freiheit wieder bringen wird.

Turgut Uyar gelingt es meisterhaft, von seinen ersten Gedichten bis zu *geografie des leids* die Topografie des Leids und der Hoffnungslosigkeit darzustellen. Er ist ein Dichter, dessen Schatten schon mit Leid aufgewogen werden kann. Vielleicht stehen mir seine Gedichte deshalb so nahe.

Das Individuum, das in die *geografie des leids* gepresst wird, ist bereit, die ganze Hoffnungslosigkeit allein zu ertragen. Wenn es auf die Spuren schaut, die solche Ereignisse in seiner Persönlichkeit hinterlassen, hält es auch die Last des Gefühls aus, das die Hoffnungslosigkeit in ihm verstärkt. Wenn man aber ganz allein die verpestete Luft der Außenwelt einatmet, empfindet man sie als unerträglich.

Das Gedicht entstand in einer dunklen Epoche, die von Gewalt und Terror geprägt war. Aus diesem Grund verwendet Uyar keine historischen Bilder, sondern spielt auf aktuelle Situationen an. Die Weltfluchttendenz des Dichters speist sich in dem Gedichtband

Sie versammelten sich und inbesondere in *geografie des leids* aus den eigenen realen Erlebnissen. In jeder Zeile des Gedichts lassen sich die einzelnen Stadien der poetischen Entwicklung Turgut Uyars ablesen. Die Meinung, Turgut Uyar sei ein Dichter, dessen Gedichte man nicht nach den einzelnen Zeilen und Teilen des Gedichts bewerten könne, muss man deshalb revidieren. Vielmehr besitzt jede einzelne Zeile ein besonderes Gewicht. Die fünf- oder siebenzeiligen Abschnitte können auch mit der ihnen eigenen Bedeutung jeweils gesondert betrachtet werden.

Die Bildwelt, Tonfolge, die Assonanz und die Zeilenstruktur sind typisch für Turgut Uyar, daran erkennt man auch jedes seiner Gedichte. Und *geografie des leids* zeigt, in welcher beeindruckenden Weise ein Dichter die politische und gesellschaftliche Sensibilität dieser dunklen Ära unseres Landes zum Ausdruck bringen konnte.

TURGUT UYAR Biografie siehe Seite 74. • Das Gedicht *geografie des leids* (*acının coğrafyası*, 1971) wurde von Uta Schlegel übersetzt.

SEMİH GÜMÜŞ geboren 1956 in Ankara, ist Absolvent der Politikwissenschaftlichen Fakultät der Universität Ankara. Von 1978 an arbeitete er für verschiedene Presseorganisationen. Mit Freunden gründete und leitete er in Ankara die Zeitschrift *Yarın* (Morgen). Später ließ Gümüş sich in Istanbul nieder, wo er im Verlagshaus Adam als Lektor und bei der Zeitschrift *Adam Öykü* als Chefredakteur arbeitete. Nach seinem Ausscheiden bei *Adam* 2005 setzte Gümüş seine Arbeit als freier Schriftsteller fort. Seine Rezensionen, Analysen, Essays und literarischen Kritiken erscheinen in vielen verschiedenen Zeitschriften, namentlich in den Literaturbeilagen der Zeitungen *Cumhuriyet* und *Radikal*. • Den Essay übersetzte Uta Schlegel.

EDİP CANSEVER

Tragedyalar III

Episode
Çünkü bu kahverengi akşam saatlerinde
Her şeyi en soğuk ölçülere vuruyoruz
Bir uzak han kavramına. Hanların
Rahmindeki bir yolcuya, bir semendere
Ve soğuk bir çağdan geçiyoruz. Çağlardan
Başımızda siyahtan bir hale.

Koro
Birdenbire yapayalnızsanız her yerde
Ve bundan korkuyorsanız
En küçük şeylerden bile. Örneğin birine saati sorsanız
Karşıdan karşıya geçseniz bir caddede
Sesinizi alçaltıp dikkatle bakaraktan çevrenize
Biriyle bir şeyler konuşsanız
Ve her gün kitaplar, dergiler alsanız. Postacı her gün
                                          mektup getirse
Sözgelimi bir resmi dairede
Fazlaca oyalansanız
Şöyle bir iki otobüs kaçırsanız üst üste, neden olmasın
Kaldı ki, hiçbir şey yapmasanız bile
Tuhaftır
Sanki herkes kuşkuyla bakacaktır yüzünüze.

Tragödien III

Zwischenspiel
Denn in diesen kaffeebraunen Abendstunden
Messen wir alles mit den kältesten Maßen
Nach dem Begriff einer fernen Karawanserei
Im Schoße der Herbergen treffen wir einen Wanderer und einen
                                            Salamander
Und durchqueren ein kaltes Zeitalter
Auf unsere Häupter drückt der Nimbus düsterer Jahrhunderte.

Chor
Wenn ihr auf einmal überall mutterseelenallein seid
Und euch davor fürchtet
Selbst vor den kleinsten Dingen: Wenn ihr etwa nach der Uhrzeit fragt
Oder eine Straße überquert.
Ihr senkt die Stimme und schaut euch vorsichtig um,
Wenn ihr mit jemandem sprecht.
Und wenn ihr jeden Tag Bücher, Zeitschriften kauft, der
                                    Postbote täglich Briefe bringt.
Oder sagen wir, wenn ihr in einem Amt
Die Zeit vertrödelt.
Wenn ihr nacheinander zwei Busse verpasst, warum auch nicht?
Und selbst wenn ihr gar nichts tut,
Ist's doch seltsam –
Als ob euch jeder argwöhnisch beäugte.

Ve işte bir lokantaya girdiniz, garsonla çene çaldınız
Şarapla yiyecek bir şeyler söylediniz, hepsi bu kadar
Biraz da güldünüzdü aklınızdan geçen bir şeye
Ya gülünç bir olaya, ya önemsiz bir söze
Ama az ötede düşmeleriyle oynayan
Ve yiyen tırnaklarını bir adam
Duraksız sizi izliyordur belki de.

Ya da bir dernekte üyesiniz, azıcık mutlusunuz
Ya da küçük bir memur bir banka servisinde
Durmadan suçlusunuz
Durmadan suçlusunuz
Durmadan suçlusunuz ve artık kendinizi
Gücünüz yok ödemeye.

Giderek siz oluyorsa bütün bir kalabalık
Yüzünüz yüzlerine benziyorsa, giysiniz giysilerine
Ansızın bir hastanın kendini iyi sanması gibi
Gücünüz yetse de azıcık bağırsanız
Bir yankı: durmadan yalnızsınız
Durmadan yalnızsınız.

Ihr seid in einem Lokal, plaudert mit dem Kellner.
Ihr habt Wein bestellt und was zu essen – das ist alles –
Ihr lacht über etwas, was euch plötzlich wieder einfällt.
Eine komische Situation oder ein banales Wort.
Aber ganz in eurer Nähe spielt ein Mann mit seinen Knöpfen,
Kaut an seinen Fingernägeln
Und beobachtet euch anscheinend unentwegt.

Oder ihr seid Mitglied in irgendeinem Verein und für einen
                                        Moment glücklich
Oder ein kleiner Beamter in einer Bankfiliale
Immer seid ihr an allem schuld.
Immer seid ihr an allem schuld.
Immer seid ihr an allem schuld und mittlerweile
Reicht eure Kraft nicht aus, das alles zu begleichen.

Wenn ihr immer mehr in der Masse aufgeht
Euer Gesicht dem der anderen gleicht, so wie eure Kleidung deren
                                        Kleidung
Wie ein Kranker, der sich wieder gesund fühlt,
Fangt ihr an zu schreien, ganz leise, so weit eure Kräfte reichen
Ein Echo sagt: Ihr seid immer allein
Allein, allein, allein …

Episode
Yani bizim hiç korkmadığımız şeyler
Doğrusu en çok korktuğumuz şeylerdir gerçekte
İçimizde kahverengi bir dağ ölüsü yatar
Bir yarasa ayaklanır. Aç gözlü bir kuş
Varır kocaman bir şey olmanın bilincine
Birden bir ses biçiminde, radyomuzun içinde
Duyurur iki caz parçası arasından biri
Ya gülünç bir yas töreni
Ya toptan bir öldürme.

Belki de
Soğumaya yüz tutmuş bir fincan sütlü kahve
Dönüşür ellerimizde kanlı, kırbaçlı
Bastırılmış bir greve, yırtılmış dövizlere
Örneğin üç yüz ölü, bir o kadar yaralı
Ve sömürge şapkalı ve sten tabancalı
Gözü dönmüş biriyle
O güvenlik manşetleri birtakım gazetelerde.

Yani bizim hiç korkmadığımız şeyler
Belki en çok korktuğumuz şeylerdir gerçekte
Ki bütün işkenceler, ezinler ve kırımlar
Damlayan bir musluktur yerine göre
Yoksa bir enkaz altında bir ölüm
Ya da puslu bir havada, bir cinayette
Bir ölüm
Ölümün anlamı ne?

Zwischenspiel
Das heißt, die Dinge, die wir gar nicht fürchten,
Fürchten wir eigentlich am meisten.
In unserem Innern liegt ein kaffeebrauner Berg-Kadaver
Eine Fledermaus flattert auf,
Ein gieriger Vogel kommt zum Bewusstsein seiner Größe.
Auf einmal zelebriert eine Stimme in unserem Radio
Zwischen zwei Jazzstücken
Eine lächerliche Trauerzeremonie
Oder ein Morden en gros.

Vielleicht aber
Verwandelt sich auch eine Tasse Milchkaffee, die gerade abkühlt,
In unseren Händen in einen blutigen,
Zusammengeknüppelten Streik, in zerrissene Parolen,
Dreihundert Tote zum Beispiel und noch mal so viele Verletzte.
Dazu ein Irrer
Mit Kolonialistenhut und Maschinengewehr der Marke Sten
In den Schlagzeilen einiger Zeitungen zur Sicherheitslage!

Das heißt, die Dinge, die wir gar nicht fürchten,
Fürchten wir vielleicht doch am meisten,
Sodass all die Folter, Unterdrückung und die Massenmorde so
                                                 viel gelten
Wie ein tropfender Wasserhahn
Wie der Tod unter Trümmern
Oder ein Mord bei Nacht und Nebel
Ein Tod
Was bedeutet der Tod?

Koro

Sizin hiç korkmadığınız şeyler ya da hep öyle sandığınız
Beslenir kimi zaman da sevgilerle
Çok içten bir selamla ve içten bir gülümsemeyle
İşte her sabah rastladığımız birinin
Durakta, yolda, işyerinde
Ya da bir meyhanenin kuytu bir köşesinde
Yıllarca süren o dostça ilişkinin
Ve hatta bir sevgilinin
Yerine
Kin dolu gözleriyle bir ölüm yargıcı gibi
Biri
Kapkara giysilerle, özenti bir zincirle
Öyle
Dikilmiş sorguya çekiyorsa sizi
Ve sakın sormayın işte: bir hesap yanlışlığı mı, değil mi
Vakit yok öğrenmeye.

Canım en basiti, arkanızdaki bir duvarın
Mineler, sarmaşıklar, o yaban gülleriyle
Örtülü bir duvarın ansızın
Kanlı, kireçli bir taş yağmuru halinde
Korkunç bir silah olduğunu yerine göre
Düşünün
Ve sakın sormayın işte: bir hesap yanlışlığı mı değil mi
Vakit yok öğrenmeye.

Chor
Dinge, die ihr nicht fürchtet oder das doch immer glaubtet
Werden manchmal auch genährt von Liebesgefühlen,
Von einem aufrichtigen Gruß oder Lächeln.
Und jemand, den ihr täglich an der Haltestelle,
Unterwegs oder am Arbeitsplatz
Oder in der ruhigen Ecke einer Kneipe trefft,
Verwandelt sich plötzlich
Von einem langjährigen Bekannten oder gar geliebten Freund
In einen
Todesrichter mit hasserfüllten Augen,
In
Pechschwarzer Kleidung, mit einer unechten Kette,
Sodann
Pflanzt er sich vor euch auf zum Verhör.
Fragt dann bloß nicht: Ist doch sicher nur ein banaler
                                       Rechenfehler, nicht wahr?
Es bleibt keine Zeit, das zu erfahren.

Mein Lieber, wie geht das denn, denkt man das Einfachste:
Eine mit Eisenkraut, Efeu und Hundsrosen
Überwucherte Mauer wird plötzlich
Zu einem blutigen Kalksteingeriesel
Zu einer schrecklichen Waffe.
Aber Vorsicht,
Fragt nur nicht: Ist doch sicher nur ein Rechenfehler?
Es bleibt keine Zeit, das zu erfahren.

Ya da bir düşte yürüyor gibi
Islak mavi bir sabahtı, açtınız pencerenizi
Şöyle bir gerindiniz, gökyüzüne baktınız
Tutarak sapından bembeyaz bir karanfili
Sevinçle okşadınız
Ve içerde kahvaltınız bekliyordu sizi
Öyle ki, kahvenizi içiyordunuz, birazdan çıkacaktınız
Tam o sıra kapının zili
Tuhaf şey ... bu saatte ... kim olabilir ki
Ve işte az önce aldınızdı gazeteleri
Öyleyse?
Yaktınız bir sigara daha, kapıya yöneldiniz
Bırakıp masaya kahvenizi
Kilidi çevirdiniz, açtınız kapıyı usulca
Bir kurşun!
Birden o zamansız, o yersiz başdönmesi
Hani av araçları satılan bir dükkân vardı
İçi doldurulmuş çulluklar, kardelen çiçekleri
Bir kurşun!
Geçerken uğrardınız, iyiydi, cana yakındı
Yeleğinden çıkmazdı elleri
Bekârdı, umutsuzdu, yalnızdı
Ve belki ...
Bir kurşun!
Sormayın kendinize: bir vahşet mi bu, değil mi
Düştünüz sırtüstü yere ve işte avlandınız
Sadece avlandınız
Ağız dil bilmez söylemeyi.

Oder wie es manchmal in Träumen der Fall ist,
An einem blauen feuchten Morgen habt ihr das Fenster geöffnet,
Rekelt euch und schaut in den Himmel
In der Hand eine weiße Nelke,
Die ihr voll Freude streichelt,
Und drinnen wartet das Frühstück auf euch.
Als ihr dann den Kaffee getrunken habt und losgehen wollt,
Klingelt es –
Seltsam, um diese Zeit, wer kann das sein?
Die Zeitungen hattet ihr doch gerade geholt ...
Was dann?
Ihr zündet noch eine Zigarette an, geht zur Tür
Und stellt den Kaffee auf den Tisch.
Ihr dreht den Schlüssel um und öffnet vorsichtig.
Da! Ein Schuss!
Auf einmal dieses ungewohnte, dumpfe Schwindelgefühl.
Da gab es doch dieses Geschäft für Jagdbedarf voller Rebhühner und
Schneeglöckchen ...
Ein Schuss!
Auf dem Nachhauseweg schautet ihr immer vorbei. Er war so
                                      nett und sympathisch.
Seine Hände kamen nie aus seiner Weste hervor.
Er war Junggeselle, hoffnungslos und einsam
Vielleicht ...
Ein Schuss!
Fragt euch bloß nicht: Dies ist doch Gewalt, nicht wahr?
Ihr seid rücklings zu Boden gestürzt. Also wurdet ihr gejagt.
Einfach nur gejagt wie ein Wild.
Euch fehlt die Sprache, um das Geschehen in Worte zu fassen.

Ötede
Islak mavi bir sabahtı. Gökyüzü
Bembeyaz karanfiller, pencere
Kahveniz, masanız, kahvaltınız
Bir yankı
Ve bütün çay fincanları: durmadan yalnızsınız
Durmadan yalnızsınız.

Ağıt
Gün bitti. Saat kaç. Bitecek mi bir gün savaşımız
Hak edilmiş hüzünlerimiz olacak mi bizim de
Dönüp dönüp arkamıza baktığımız
Bir dünya kalıntısı üstünde
Hak edilmiş hüzünlerimiz olacak mı bizim de.

Koro Başı
Daha bir süre böyle
Silahlar eleştirecek sizi belki de
İşte siz
Toplayıp susacaksınız içinizdeki ölüleri
Bakmadan geçeceksiniz o duvar diplerine
Gözleriniz olacak, yüzünüz, elleriniz
Ne korku, ne kin, ne de yenilme
Ve asıl günleriniz olacak, günleriniz
Duyup da bilmediğiniz, bilip de tatmadığınız
Dünyanın tekdüzenli renginde.

Da drüben
War immer noch ein feuchtblauer Morgen,
Der Himmel, weiße Nelken, das Fenster
Euer Kaffee, euer Tisch, euer Frühstück
Ein Echo
Und all die Teetassen: Ihr seid immer und ewig allein
Allein, allein, allein!

Klage
Der Tag geht zu Ende. Wie spät? Wird unser Kampf eines Tages enden?
Werden auch wir einmal die verdiente Schwermut empfinden dürfen,
Wenn wir uns umwenden und zurückblicken
Auf den Überresten dieser Welt stehend
Werden wir die Melancholie empfinden dürfen, die uns geziemt?

Chorleiter
Die Waffen werden euch vielleicht
noch eine Weile zurechtweisen
Ihr aber
Werdet die Toten in euch versammeln und schweigen
Ohne hinzuschauen an der Mauer vorbeigehen,
Obwohl ihr Augen, Gesicht und Hände habt
Weder Furcht noch Hass, noch Niederlage empfinden.
Und die entscheidenden Tage werden kommen,
Tage, von denen ihr nur gehört habt, ohne sie zu kennen, die
     ihr kanntet, aber nie wirklich gekostet habt
In der monotonen Farbe der Welt.

MELİSA GÜRPINAR

Der Dichter und der Leser sind wie Seelenverwandte, die sich im Reich der Worte treffen. Solange sie sich nicht unsichtbar umarmen, kann kein Gedicht zum Leben erweckt werden. Aus diesem Grund sind die Autoren der abgegriffensten Bücher in unserer Bibliothek auch diejenigen, die ein ganzes Leben mit uns teilen. Allerdings gehört dieses Leben weder uns noch ihnen ganz. Die Menschheitsgeschichte ist eine endlose Geschichte von Leben und Verfall. Jeder Vers, jede Zeile zerrt die albtraumartigen Wahrnehmungen der Tragödien und Komödien, die wie ein unterirdischer Strom durch uns hindurchfließen, ans Licht.

Auch ich habe so ein Buch zu Hause, dessen Seiten völlig zerlesen sind. Genauer gesagt, es gibt ein langes Gedicht, das ich nie habe vergessen können: *Die Tragödien*.

Die 1964 erschienenen *Tragödien* sind der siebte Gedichtband von Edip Cansever, sie bieten aber meiner Meinung nach eine Quintessenz all dessen, was er vorher und nachher geschrieben hat. In diesem Buch wird nämlich die eigentliche Tragödie der Menschheit definiert. Die meisten Katastrophen der Welt werden von den Mächtigen über die Menschen gebracht. Edip Cansever ist sich dessen bewusst. Sein Schmerz bleibt kalt und trocken, fast ohne Tränen. Deshalb braucht er abends vielleicht den Alkohol zum Aufwärmen und Benetzen der Seele, als Trost sozusagen. Vor allem ist dies aber als Zeichen des Widerstands gegen die in der Gesellschaft verkümmerten Werte zu verstehen. Außerdem war unter den Intellektuellen der Existenzialismus eine damals weitverbreitete Denkrichtung. Dieser verlangte, dass man sich erst einmal selbst infrage stellt, um ein Individuum werden zu können. Mit diesen Diskussionen trat zudem die Hilflosigkeit der Individuen unter dem Druck der politischen Systeme in aller Nacktheit hervor. Die Entsprechung dieser Hilflosigkeit in der dichterischen Terminologie lautete »Einsamkeit«. Selbst die Thematik des natürlichen Todes überließ in der Lyrik ihren Platz dem unerwarteten Tod und dem Mord; Todesarten, die den Menschen von den neuen Göttern empfohlen wurden.

Auch Cansever gründet seine Lyrik auf die drei Säulen Tod, Einsamkeit und Alkohol. Später gewinnt er die Details für diese Themen aus der Realität. Damals spielte im westlichen Denken das Sinnlose und Absurde eine große Rolle. In den Wurzeln des Absurden steckt eine Realität, die den Modernismus überwindet. Und die Dichter mischen sich, wenn sie wollen, unter dem Schutz der Sinnlosigkeit in jeden Kampf ein. Auch Cansevers Wesen ist der Welt zugewandt. In seinen Gedichten finden sich viele Spuren von dem, was damals in Afrika geschah: Zeugnisse von den Unabhängigkeitsbewegungen, von Verrat, von abgekarteten Verhandlungen und von allgemeinem Gemetzel. Diese Spuren sieht er vielleicht wie ein Weiser zuerst im Rakıglas, und dort nehmen sie dann Gestalt an.

Wenn auch der lyrische Fluss in den *Tragödien,* von den Dialogen mal abgesehen, sich an klassischen Begriffen wie Chor, Chorleiter, Klage oder Zwischenspiel orientiert, gibt es doch in diesem Gedicht, in dem es von Bezügen zum Modernismus und zum Stadtleben nur so wimmelt, weder einen realen Bezug zur Mythologie, wie man ihn bei vielen Dichtern findet, noch wird die Mythologie als Märchen oder intellektuelles Symbol gebraucht. Es wird durch diese Überschriften lediglich angedeutet, dass dem Gedicht tragische Elemente zugrunde liegen. Die Tatsache, dass das Wort Tragödie im Plural gebraucht wird, scheint darauf hinzudeuten, dass es nicht nur in dem Buch, sondern auch außerhalb unendlich viele Tragödien gibt.

Wenn ich mich daran erinnere, wie ich in den Jahren, als mein Leben ganz eng mit der Poesie, dem Theater und der Mythologie verbunden war, mit meinen Freunden die *Tragödien* inszenierte, verstehe ich besser, dass ich dieses Unternehmen heute für eines der konsequentesten meiner Jugendzeit halte – auch wenn diese Äußerung nicht so recht zur Schamhaftigkeit einer orientalischen Dichterin passen mag. Auf einer leeren Bühne haben wir in schwarzer Ballettkleidung zur Filmmusik von *Alexis Sorbas* diese Verse rezitiert – oder vielmehr dargestellt. Damals waren wir noch optimistisch. Wir fanden die Energie in uns, so viel Hoffnungslosigkeit zu spielen. Wenn ich heute die vergilbten Seiten der *Tragödien* umblättere, wird mir bewusst, was für eine kleine Figur ich doch in dieser Welt bin, in der die Rollen jeden Tag neu verteilt werden, und dass das Schicksal, das mich ereilte, mir längst vorbestimmt war. Heutzutage berichten Nachrichtensprecher, Könige, Ammen, Priester und Totengräber in den visuellen und den Printmedien in einer kaltblütigen Sprache, die mit der Sprache der Lyrik nichts mehr gemein hat, über die bevorstehenden Katastrophen. Man weiß schon vorher, dass wieder Bomben wie Feuerwerkskörper auf die Menschen niederprasseln. Jede Art des Terrors lastet wie eine Art göttliche Wut über den Straßen, zwischen den Zeilen, sogar in den Gesprächen. Die Erde, der Himmel verschwinden, selbst der Boden entgleitet uns unter unseren Füßen. Man muss es für die Welt als Chance begreifen, dass es in dieser todesschwangeren Atmosphäre die Dichter sind, die im Allgemeinen die Menschheitstragödien voraussehen und so einfühlsam sind, sie in Poesie umzuwandeln. Dichter mögen zwar selbst nicht frei sein, ihre Seelen aber schon. Bislang wurde noch keine Technologie geschaffen, die ihre Seelen kaufen könnte.

Wie schade, dass die Popkultur von der ausweglosen Lage, in die die Schwachen dauernd geraten, keine Notiz nimmt. Wenn wir doch über das alles heute mit Edip Cansever sprechen könnten, uns schweigend gegenübersitzen könnten an einem Tisch. Wie unsere Seelen.

EDİP CANSEVER Biografie siehe Seite 167. • Das Gedicht *Tragödien III* (*Tragedyalar III*, 1964) wurde von Uta Schlegel übersetzt.

MELİSA GÜRPINAR geboren 1941 in Istanbul, studierte an der Istanbuler Wirtschaftsakademie, wechselte dann an das städtische Konservatorium, um im Fach Schauspiel 1964 ihren Abschluss zu machen. Melisa Gürpınar war als Chefredakteurin einer Literaturzeitschrift tätig, gründete ein Theater und war zeitweise verantwortlich für die Verwaltung einer Druckerei. Außerdem erteilte sie Schauspielkurse. Seit 1996 ist Melisa Gürpınar als freie Autorin tätig, schreibt Essays und Gedichte für Zeitungen und Literaturzeitschriften. Mehrere Theaterstücke von ihr wurden auf der Bühne gespielt. • Den Essay übersetzte Uta Schlegel.

ATTİLÂ İLHAN

Eski sinemalar

Karanlığa dağılan o çocuk ben miyim?
Beni mi kovalıyor tabancalı adamlar?
Issız sarayların güngörmez prensiyim
Yalnızlığımı belki bir aşk tamamlar
Bilmek zor hangi filmin neresindeyim
Ne yapsam içimde eski sinemalar

Galiba tahta bacak korsan gemisindeyim
Prensesler cariyem, Akdeniz bana dar
Günlerdir Texas'ta eşkiya izindeyim
Hızlı tabanca çeken üstüme kim var?
Tarzan zor durumda, yetişmeliyim
Ne yapsam içimde eski sinemalar

Kanlı bir sarışınla Şangay trenindeyim
Takma kirpiklerinde hülyalı dumanlar
Yabancılar lejyonunda Fransız teğmeniyim
Belki harp divanından idamım çıkar
Bitmiyor nedense başlayan hiçbir film
Ne yapsam içimde eski sinemalar

Alte Filme

Jenes Kind dort im Dunkel: Das wirklich bin ich?
Diese Männer mit Colts da: Verfolgen die mich?
Ein Prinz, im öden Schloss verwunschen und gefangen
Hoff ich, durch Liebe bald an den Tag zu gelangen.
Um welchen Film, welche Szene dreht es sich hier?
Was immer ich mache: Alte Filme laufen in mir.

Ich Pirat mit Holzbein segle im Mittelmeer,
Prinzessinnen sind mir Beute; endlos ist mein Begehr.
Viehdiebe verfolg ich durch Texas Tag um Tag:
Wer zieht den Colt schneller, als ich es vermag?
Tarzan, du bist in Not: Zu Hilfe eile ich dir.
Was immer ich tue: Alte Filme laufen in mir.

Die Killerblondine – nach Shanghai dampft der Zug –
Blickt lüstern mich an: Blond und Blick sind Lug und Trug.
Als Offizier diente ich der Fremdenlegion;
Ein Kriegsgericht berät meine Exekution.
Kein Film je findet ein Ende in dieser Manier
Was immer ich lasse: Alte Filme laufen in mir.

ATTİLÂ İLHAN

ATİLLA DORSAY

Vor dem Gedicht war das Kino. Jedenfalls war das für meine Generation so, und ich glaube, für zahllose andere auch. Damals war das Telefon eine nur in wenigen Wohnungen vorhandene Segnung, das Radio ein Luxus, der Kühlschrank hatte den mit Fliegengitter geschützten Vorratsschrank noch nicht verdrängt, Märchen sprachen bloß aus ganz dünnen Büchern mit ganz dicken und groben Seiten zu uns, und es war noch nicht daran zu denken, dass die Bilder gezähmt und in menschlichen Behausungen gefangen würden: In dieser Zeit war die leicht ergraute Leinwand des Kinos unseres Viertels gleich um die Ecke der einzige Spiegel für unsere Träume. Die alles beherrschende Kultur war nicht die der Unterhaltung, sondern die des Überlebens, es dauerte die Melancholie der Nachkriegszeit immer noch an, und die einzige Zuflucht vor der bitteren Realität war eine Handvoll schlecht übersetzter, beim Übersetzen gekürzter, geschmacklos gedruckter Bücher: Sich am Wochenende in den dunklen Vorführsaal zu retten und für die Dauer eines Films in unendlichen Träumen zu versinken, war ein für die Generationen von heute kaum noch zu verstehender Segen, ein Privileg, ein unglaublicher Genuss.

Und die Fantasiebilder, die über die Leinwand huschten, waren für uns wirklicher als die Wirklichkeit. Wir glaubten alles, was man uns zeigte. Wir verliebten uns in jede Blondine, verfolgten jeden Cowboy, lieferten uns mit jedem Gangster Feuergefechte und erlebten jedes Abenteuer bis in unser Mark mit. Das Kino war die einzige gemeinsame Form der Unterhaltung, die Unterschiede des Alters, Geschlechtes, der Klasse und der ethnischen Herkunft auslöschte und den ganzen Saal in gemeinsamen Emotionen vereinte. Erst Jahre später sollten wir erkennen, wie soziologisch wichtig dieser gemeinsame Bilderkonsum war. Als diese Gemeinsamkeit immer schwächer wurde, es immer mehr Auswahl gab, der Konsum von Bildern immer einfacher und der Zuschauer in zahllose Kategorien eingeteilt und atomisiert wurde, gewann für uns die Großartigkeit dieser einstmals gemeinsam erlebten Begeisterung erst richtig an Bedeutung. Willkommen, Nostalgie!

Und ja, »Abenteuer« war für unsere kleinen Körper und jungen Seelen die beliebteste Gattung. Wer schon als Kind ins Kino gegangen ist und sich am meisten von Abenteuerfilmen in Bann ziehen ließ, kann folgerichtig die Parvenüs von Zuschauern und Kritikern nicht recht leiden, die erst später mit dem Kino auf eine intellektuelle Weise und als Kunstform in Berührung kamen. Denn wir hatten eine absolut bedingungslose Leidenschaft für das Kino, fanden selbst in den miesesten Streifen zehn Minuten oder eine Viertelstunde, die wir genießen konnten, und lernten sie mit unseren Gefühlen und Instinkten zu lieben, bevor wir sie mit unserem Intellekt, unserer Vernunft und unseren Kenntnissen beurteilten. Diese Liebe ist einzigartig und so leicht weder zu erklären noch zu verstehen.

Vermutlich kann nichts diese Ausführungen so gut veranschaulichen wie Attilâ İlhans Gedicht *Alte Filme*. Wie leicht und wie hinreißend war es für uns, sich mit jedem Film zu identifizieren! Wir lebten tatsächlich mit jedem Film, waren mal ein Cowboy in Texas, mal ein Gangster in Chicago. Von Piratenfilmen waren wir begeistert, sogar von denen, in denen Bob Hope oder Danny Kaye das Abenteuer zum Gespött machten. Natürlich liebten wir alle Blondinen, allen voran Marlene Dietrich in *Shanghai Express*, und wir trauerten um Marilyn Monroe (das tun wir noch immer). Aber auch zu den Brünetten sagten wir nicht Nein: Erst recht nicht, als die wunderschöne Hedy Lamarr in *Samson und Delilah* die Haare abschnitt. Als Humphrey Bogart Ingrid Bergmans Abschiedsbrief las, wurden die Regentropfen, die auf die Zeilen fielen, zu unseren Tränen und flossen aus unseren Augen. Wir waren mit Rhett Butler über Scarlett verbittert, und als Jean Gabin verfielen wir Michèle Morgans verträumten Blicken. Wir kämpften in der Legion und an den Fronten des Zweiten Weltkriegs. Wenn wir Amerikaner waren (und wir waren oft Amerikaner), waren wir den Japanern feind oder den Rothäuten. Dann waren wir für die Länge eines Films Gene Kelly und flogen durch die Lüfte, sangen im Regen und betrachteten Cyd Charisses schwanenanmutige Beine mit seltsamen Gefühlen, in die sich der Sinn für Schönheit und sexuelles Verlangen mischten.

Und in all diesen Geschichten und Märchen, die wir im Kino erlebten, fanden wir ein wenig auch uns selbst; jenseits jeglicher Flucht in den Nervenkitzel bildete sich ein wenig auch unsere Identität durch diese visuellen Abenteuer.

Und als letzte Bemerkung: Wie gern hätte ich dieses Gedicht geschrieben!

ATTİLÂ İLHAN geboren 1925 in Menemen (İzmir), gestorben 2005 in Istanbul, wurde schon im ersten Jahr seiner Gymnasialzeit der Gründung einer Geheimorganisation für schuldig befunden und mit einem Schulbesuchsverbot belegt. Sein Jura-Studium an der Universität Istanbul brach İlhan 1949 ab, um sich dem Komitee zur Rettung Nâzım Hikmets in Paris anzuschließen. Bei seiner Rückkehr in die Türkei wurde er Mitglied der Sozialistischen Partei und arbeitete als Chefredakteur, Autor und Berater für verschiedene Zeitungen. Attilâ İlhans erstes Gedicht *Balıkçı türküsü* (Das Lied des Fischers) erschien 1941 in der Zeitung *Yeni Edebiyat*. 1946 wurde er durch seinen zweiten Preis bei einem Gedichtwettbewerb einem breiteren Publikum bekannt. Attilâ İlhan gilt mit seinen Gedichten, Romanen und Drehbüchern als einer der eindrucksvollsten und kreativsten Charaktere der türkischen Literatur des 20. Jahrhunderts und beeinflusste maßgeblich spätere Dichtergenerationen. • *Alte Filme* (*Eski sinemalar,* 1977) wurde von Christoph K. Neumann übersetzt.

ATİLLA DORSAY geboren 1939 in İzmir, ist Filmkritiker. 1964 schloss er sein Architektur-Studium an der Staatlichen Akademie der Schönen Künste ab. Von 1966 bis 1969 arbeitete er als Stadtplaner und Architekt für die Baubehörde der Stadt Istanbul. 1966 begann er auch, Filmkritiken u. a. in der angesehenen Tageszeitung *Cumhuriyet* zu veröffentlichen. Als Schriftsteller erregte Atilla Dorsay mit seinem 1977 erstmals erschienenen Buch *Mitos ve kuşku* (Mythos und Zweifel) Aufmerksamkeit, für das er 1979 mit dem Preis der Türkischen Sprachgesellschaft ausgezeichnet wurde. Ab 1982 war Dorsay Mitglied des Organisationskomitees der Istanbuler Kinotage und des Internationalen Istanbuler Filmfestivals. 1976 gründete er eine Vereinigung der Filmkritiker. • Den Essay übersetzte Christoph K. Neumann.

REFİK DURBAŞ

Kampana

Gün doğmadan açıyorum dükkânı
kuşlar uykuda daha, ağaçlar uykuda, yüreğim uykuda
ağzımda akşamdan kalma kıyak bir cigara
kulağımda elektrik zilleri, sirenler
Usta çayı demledim, bakır tavında

Bingöl'den geleli dört yıl
fincan kadar bir dükkân
işliğini giy
ortalığı süpür
tezgâhı düzenle

En tiz çan bakır, kalay ve fosfattan dökülür
fil kadar çanlar dökmüş ustam
biri Galata'daki büyük kilisenin avlusunda
biri bizim orda Güllübağ istasyonunda kampana
biri Fatih-Harbiye tramvayında
biri solgun bir fesleğen gibi duruyor ustamın çocukluk
                                                                                                anılarında
(En çok bu çanı seviyorum nedense)
Her gün öğle paydosunda bu çanı anlatıyor ustam
askerden daha yeni gelmiş o zaman
bileğinde bir döğme ki hâlâ durur
bir mavi ejderha, sular içinde, kolları arasında bir kadın
gövdesi ejderha, başı aynı insan sureti
askerliğinden kalan tek hatıra
o zaman elektrik nerde, sirenler nerde
iş gani, parada bereket, gücü kuvveti yerinde

Die Glocke

Vor Sonnenaufgang öffne ich die Werkstatt
die Vögel schlafen noch, die Bäume schlafen, mein Herz schläft
in meinem Mund die feine Zigarette von gestern Abend
in meinem Ohr elektrische Klingeln, Sirenen
Meister, der Tee ist fertig, das Kupfer siedet

Vor vier Jahren aus Bingöl gekommen
ein Schuhkarton von einer Werkstatt
Kittel anziehen
Boden fegen
Werkbank herrichten

Die hellsten Glocken werden aus Kupfer, Zinn und Phosphat gegossen
Elefantengroße Glocken goss mein Meister
eine ist in Galata, im Hof der großen Kirche
eine Glocke in unserer Heimat, am Bahnhof Güllübağ
eine in der Straßenbahn von Harbiye nach Fatih
eine in den Kindheitserinnerungen meines Meisters, wie
                              verwelktes Basilikum
(Irgendwie mag ich diese Glocke am meisten)
Jeden Tag in der Mittagspause erzählt mein Meister von dieser Glocke
er war damals gerade vom Militär zurück
eine Tätowierung am Handgelenk, die immer noch da ist
ein blauer Drache, im Wasser, in den Klauen eine Frau
der Körper ist Drache, der Kopf gleich dem eines Menschen
die einzige Erinnerung ans Militär
wo war er damals, der elektrische Strom, wo die Sirenen
Arbeit gabs reichlich, Geld im Überfluss, er strotzte vor Kraft

körüğe bastıkça, örse vurdukça genişliyor dükkân
sanki Kızılırmak'tır, tarihi şanlı Toroslar, sanki
                              Haymana ovası
sınırsız boşluğunda bir güz sabahının

Bir günde dökermiş fil kadar çanı derler

Şimdiyse küsmüş bakıra, kalaya, fosfata, kömüre
çekice, eğeye, tuza, keskiye, örse, ekmeğe
ışıl ışıl bir sevince, alınterindeki rüzgâra
seste yansayan cevhere
öfkeye

Şimdiyse yırtık bir resim gibi rafların rutubetli kokusunda

Bingöl'den geleli dört yıl
çekicin sapı kırık
ustamın gönlü
sanırsın çan değil döktüğü bir küskünlüğün izdüşümü

Tuvalet penceresinin karşısı koca bir han
çoğu terzi, konfeksiyoncu, ütücü bir sürü kız
ne zaman pencereden baksam saçlarını tarıyor biri
hafifçe dizleri açılmış birinin, yüzünde bir dalgınlık esintisi
bana mı bakıyor içimdeki suya mı düşüyor ağzının gölgesi
biri sürfüle mi, teğel mi ne, elinde iğneler iplikler yüksükler
soluk bir çay bardağına damlıyor alınteri
usulca bir cigara yakıyorum
gözbebeğimde Cemil kalecilerin korkulu rüyası, her
                                        maçta üç çeken

mit jedem Drücken des Blasebalgs, mit jedem Schlag auf den
                              Amboss wuchs der Betrieb
als wär's der Rote Fluss, der glorreiche Taurus, die Haymana-Ebene
in der grenzenlosen Leere eines Herbstmorgens

Einen Tag brauchte er, um so eine elefantengroße Glocke zu
                              gießen, sagt man

Doch jetzt ist er das Kupfer leid, das Zinn, das Phosphat und die Kohle
den Hammer, die Feile, das Salz, das Messer, den Amboss und das Brot
die helle Freude und den Luftzug auf seiner schweißnassen Stirn
den reinen Klang des Läutens
die Wut

Doch jetzt ist er wie ein zerrissenes Bild auf modrigen Regalen

Vor vier Jahren aus Bingöl gekommen
der Stiel des Hammers zersplittert
das Herz meines Meisters
man meint, es sind nicht Glocken, die er gießt, sondern
                              Abbilder seiner Wut

Gegenüber dem Toilettenfenster ein großes Geschäftshaus
einige Mädchen, die meisten Schneiderinnen, Näherinnen, Büglerinnen
wann immer ich aus dem Fenster schaue, kämmt eine ihre Haare
eine sitzt da mit leicht gespreizten Beinen und verträumtem Blick
schaut sie mich an, fällt der Schatten ihres Mundes auf das Wasser in mir.
ob nun Heftnaht oder Reihnaht, in den Händen Nadeln, Fäden,
                              Fingerhüte
mein Schweiß tropft von der Stirn in ein trübes Teeglas
bedächtig zünde ich mir eine Zigarette an
mein Herz schlägt für Cemil, den Albtraum aller Torhüter, der
                              in jedem Spiel drei Mal trifft

gözbebeğinde Türkân Şoray, Fatma Girik, Arzu Okey
en çok da Gökben bir şarkıda:

Ben dün gece bir rüyada
Yaşıyordum sanki
Dansettim kollarında
Genç kızlar dolandı
Sağında solunda
Sen ise beni seçtin
Cennete döndü dünya.

Bir cigara, bir cigara daha
zülfünü okşayıp işareti çakıyor hemen
Akşam sekizde, otobüs durağında ama ablamı ekersem
ve patlıyor birden ağzındaki ciklet

Ustam çok kızıyor böyle sık sık tuvalete gitmeme
bu yaşta cigara, ciğerlerin zift tutacak, ben askerken
öksürüğü geliyor derinlerden

Bingöl'den geleli dört yıl
dişleri aşınmış eğenin, tutmuyor kerpeten
aşınmış yüreğimdeki ülüzgâr
sanırsın çan değil döktüğüm bir özlemin izdüşümü

En tiz çan bakır, kalay ve fosfattan dökülür
fil kadar çanlar dökmek istiyorum
hiç olmazsa bizim orda Güllübağ istasyonunda kampana
                                                              kadar
ama hep aynı kömür yanıyor ocakta

ihr Herz schlägt für Türkân Şoray, Fatma Girik, Arzu Okey
und vor allem für Gökben, die in einem Lied singt:

Gestern Nacht war
Wie ein Traum für mich
Ich tanzte in deinen Armen
Junge Mädchen umschwärmten dich
Zur Rechten und zur Linken
Du aber erwähltest mich
Das war das Paradies auf Erden

Eine Zigarette, dann noch eine
sie streicht sich über die Locke, gibt mir ein Zeichen
(*Heute Abend um acht an der Bushaltestelle, wenn ich meiner*
Schwester entwische)
die Kaugummiblase in ihrem Mund zerplatzt

Mein Meister schimpft sehr, dass ich so oft zur Toilette gehe
rauchen in dem Alter, deine Lunge wird geteert, als ich beim
Militär war
kam der Husten von ganz tief unten

Vor vier Jahren aus Bingöl gekommen
die Zähne der Feile sind abgewetzt, die Zange greift nicht mehr
der Wind in meinem Herzen ist erstorben
man meint, es sind nicht Glocken, die ich gieße, sondern
Abbilder einer Sehnsucht

Die hellsten Glocken werden aus Kupfer, Zinn und Phosphat
gegossen
ich möchte Glocken gießen, elefantengroß
wenigstens so groß wie die Glocke in unserer Heimat,
am Bahnhof Güllübağ
doch in der Esse glühen stets die gleichen Kohlen

hep aynı öksürük aynı ses ustamın puslu anılarında
sanki hiç Fener-Beşiktaş maçına gitmemiş
hiç film görmemiş Türkân Şoray'lı, Ayhan Işık'lı, Arzu
                 Okey'li
hiç ağlamamış Orhan Gencebay'ı, Selâhattin Cesur'u
                dinlerken
(Akşam Orhan Gencebay'ın Dertler Benim Olsun
             pilağını alayım
bir de resmini aynanın kenarına asmak için)

Hiç sevgilisi de olmamış galiba bir otobüs durağında
                 bekleyen

En tiz çan bakır, kalay ve fosfattan dökülür
davara tak dağlardan dağlara ulaşsın sesi
paytona tak şeneltsin yolları sesi
arabaya tak hele bir de yanında mavi boncuklar olursa
trene tak bir gurbetten bir gurbete dolaşsın sesi
ama hep aynı cevher süzülüyor alınterimden
aynı ülüzgâr çekicin suyunda, alevin yalazında,
pazularımda

Fincan kadar bir dükkân
ocağı yak
madeni hazırla
ateşi körükle
bağlanmış bir kez nasibin, zor zanaat
vuruyorum vuruyorum vurdukça büyüyor avuçlarımda
                 nasır

das immer gleiche Husten, das gleiche Läuten in den nebligen
                            Erinnerungen meines Meisters
als wär' er nie zum Spiel Fenerbahçe gegen Beşiktaş gegangen
als hätte er nie einen Film mit Türkân Şoray, Ayhan Işık oder
                            Arzu Okey gesehen
als hätte er nie geweint beim Hören von Orhan Gencebay und
                            Selâhattin Cesur
(Heute Abend kaufe ich mir Orhan Gencebays Platte Überlass
                            die Trauer mir
und sein Bild, um es an den Spiegel zu hängen)

Er hat wohl auch nie eine Geliebte gehabt, die an der
                            Bushaltestelle auf ihn wartete

Die hellsten Glocken werden aus Kupfer, Zinn und Phosphat gegossen
häng sie dem Vieh um, dass ihr Läuten von Berg zu Berg getragen wird
häng sie an Kutschen, dass ihr Läuten die Menschen auf die
                            Straßen treibt
häng sie ins Auto, möglichst zusammen mit einem blauen
                            Talisman gegen den bösen Blick
häng sie in Züge, dass ihr Läuten von der Fremde in die Heimat gelangt
Doch entspringt dem Schweiße meines Angesichts stets der
                            gleiche edle Klang
Der gleiche Wind auf dem Wasser des Hammers, den Flammen
                            des Feuers
meinen Muskeln

Ein Schuhkarton von einem Laden
Esse anfeuern
Metall vorbereiten
Kohlen ins Feuer werfen
mein Schicksal ist mir nun einmal bestimmt, das schwere Handwerk
ich schlage und schlage, je mehr ich schlage, desto mehr
                            Schwielen bekommen meine Hände

daha yeni terlemiş bıyıklarım
büyüyor kollarımda sapına sevgilimin adını kazıdığım
                                                çekiç
vurdukça büyüyor sabır ve küçülüyor nedense
                              sefertasımda lokma

Bingöl'den geleli dört yıl
Usta çayı demledim, kalay tavında

Bingöl'den geleli dört yıl
telsiz duvaksız bir külüstür ocak
körüğü pas tutmuş bir usta
sanırsın çan değil döktüğü bir yangının izdüşümü

Gün batarken kapıyorum dükkânı

von meinem Schnurrbart beginnt der Schweiß zu tropfen
der Hammer, in dessen Stiel ich den Namen meiner Geliebten
                        geritzt habe, wächst in meinen Händen
je mehr ich schlage, desto größer meine Ausdauer und desto
                             weniger das Essen in meiner Schale

Vor vier Jahren aus Bingöl gekommen
Meister, der Tee ist fertig, das Zinn siedet

Vor vier Jahren aus Bingöl gekommen
die Esse ist uralt und schmucklos
der Blasebalg des Meisters verrostet
man meint, es sind nicht Glocken, die er gießt, sondern
                             Abbilder eines Feuerbrands

Bei Sonnenuntergang schließe ich die Werkstatt

KONUR ERTOP

Refik Durbaş ist ein Arbeiterkind und war auch selber in früher Jugend schon als Arbeiter und Straßenverkäufer tätig. In Werken wie *Lehrling gesucht* (1978) und *Der Tee geht aufs Haus* (1980) thematisiert er diese Welt der Lehrlinge und die abenteuerlichen Lebensgeschichten der Arbeiterkinder. Der in Erzurum geborene Dichter verbrachte zunächst einen Teil seines Lebens in İzmir. Während seiner Universitätszeit in Istanbul und zu Beginn seiner Tätigkeit als Journalist richtete er dann sein Augenmerk auf Menschen, die sich in kleinen Betrieben und schlecht gehenden Werkstätten über Wasser zu halten versuchten. Der bescheidene, warmherzige Durbaş unterhielt freundschaftliche Beziehungen zu den Menschen dort und ging bei ihnen ein und aus.

Das Gedicht *Die Glocke* entstammt seinem Buch *Lehrling gesucht,* das mit den Anfangszeilen eines anderen Gedichts beginnt: »Unendlicher Dank und Lobpreisungen gebühren diesem Volk, das eine Handvoll Erde mit dem Licht seiner Seelen erstrahlen lässt. Dieses ist es, das das Feuer im Innern des Stahls anfacht, die Baumwolle des Wassers webt und in der Finsternis nach Kohle sucht. Nur dieses erstickt die Unterdrückung mit seinem Schmerz und entzündet so das Licht der Morgendämmerung. Seine Geschichte ist voller Trauer und Melancholie.«

Die Gedichte in *Lehrling gesucht* handeln sehr häufig von Arbeitern, Werkstätten, Fabriken, von der Gewerkschaftsbewegung, den Arbeitermärschen, Streikzelten und Menschen, die im Kampf gegen die Unterdrückung ihr Leben ließen. In *Die Glocke* wird nun das Leben in einem kleinen Istanbuler Handwerksbetrieb für Glockengießerei aus Sicht eines Lehrlings beschrieben, den es aus der Provinz in die Großstadt verschlagen hat. In Bingöl, einer armen Stadt in Ostanatolien, ist dieser Lehrling geboren und aufgewachsen. Kurz bevor er nach Istanbul kommt, erschüttert ein verheerendes Erdbeben die Region. Viele Menschen verlassen die Stadt und machen sich auf in die Fremde, um dort ihren Lebensunterhalt zu verdienen.

Im Gedicht wird das, was der junge Mann an seinem Arbeitsplatz während eines Tages erlebt, mit vielen Einzelheiten wie in einer Erzählung geschildert: Zu den allmorgendlichen Aufgaben des jungen Mannes gehört es, vor Tagesanbruch aus dem weit entfernt gelegenen Viertel, in dem er wohnt, zu seinem Arbeitsplatz zu gelangen, den Laden aufzuschließen, das Kupfer zum Schmelzen zu bringen, Tee zu kochen, zu fegen und die Werkbank herzurichten.

Mittels der Erinnerungen seines Meisters, die der Lehrling an uns weitergibt, erfahren wir etwas über die Geschichte der Glockenherstellung, die Ende der Siebzigerjahre im Niedergang begriffen ist. Der Meister sieht in der Zeit vor der Verbreitung elektrischen Stroms, vor dem Übergang zur Herstellung moderner Sirenen das Goldene Zeitalter seines Handwerks. Die Glocken, die er einst für Kirchen und Bahnhöfe hergestellt hat, schmücken jetzt nur noch seine Erinnerungen. Aus einem gut verdienenden Arbeiter, der in einer florierenden Branche tätig war, ist mit der Zeit ein zorniger, verbitterter und kraftloser alter Mann geworden. Beim Lesen des Gedichts wird man so Zeuge einer Zeit, in der die Produkte kleiner Handwerksbetriebe ihr Ansehen zunehmend verloren haben.

Während Durbaş in seinem Gedicht einerseits diese beiden Zeitabschnitte anhand konkreter Beispiele einander gegenüberstellt, reflektiert er andererseits minutiös das Seelenleben der Personen. Wenn etwa die schönen Tage, die der Meister in der Vergangenheit erlebt hat, in Erinnerung gerufen werden, dann erzählen die Halbverse, wie durch die Betätigung des Blasebalgs und die Schläge auf den Amboss die winzige Werkstatt gleichsam wächst, und sie werden dabei unterstützt von Assoziationen an die endlose anatolische Hochebene.

Die Welt des Lehrlings hingegen beschränkt sich auf belanglose

Ereignisse des Alltags und die minderwertigen Produkte der Massenkultur. In dieser Welt leben Mädchen aus den Geschäften der Umgebung, bekannte Fußballspieler jener Zeit, berühmte Filmschauspieler, Pornodarsteller und populäre Sänger. Der junge Mann unterhält heimliche Beziehungen zu den Arbeitermädchen aus den benachbarten Betrieben. In den Liedern, die seine Welt erfüllen, spiegeln sich zum einen die Hoffnungen wider, die er hegt, zum anderen aber seine Unzufriedenheit, seine Hilflosigkeit und sein Leid.

Im Gedicht *Die Glocke* wird auch auf eine in der Türkei weitverbreitete Musikform eingegangen, die damals entstanden ist. Diese Musikrichtung wird Arabesk genannt und ist hauptsächlich durch die moderne arabische Musik inspiriert. Die Arabeskmusik, der offizielle Rundfunkanstalten lange Jahre keinen Platz in ihren Programmen einräumen wollten, hört man oft in öffentlichen Verkehrsmitteln. Der Glockengießerlehrling nimmt sich vor, abends auf dem Nachhauseweg die Platte eines bekannten Arabeskkünstlers, *Überlass die Trauer mir,* zu kaufen. In Liedern wie diesem erzählen einsame Liebende, deren Geliebte unerreichbar sind, wie sie mit ihrem Leben hadern, und sie beklagen ihr Schicksal. Auch Refik Durbaş nimmt sich in seinen Gedichten dieser »kleinen Leute« an, die von der Arabeskmusik angesprochen werden, wobei er sich der Sprache und des Ausdrucks arabesker Liedtexte bedient.

REFİK DURBAŞ Biografie siehe Seite 273. • Das Gedicht *Die Glocke* (*Kampana,* 1978) wurde von Johannes Neuner übersetzt.

KONUR ERTOP geboren 1936 in Istanbul, studierte Türkische Sprache und Literatur an der Universität Istanbul und arbeitete dann für die Tageszeitung *Cumhuriyet* sowie für die *Meydan-Larousse-Enzyklopädie*. Konur Ertops Aufsätze und Rezensionen erschienen ab 1956 in der Zeitschrift *Türk Dili* (Türkische Sprache), in deren Redaktion er auch mitarbeitete, und u. a. in der Tageszeitung *Cumhuriyet*. • Den Essay übersetzte Johannes Neuner.

TURGUT UYAR

Meymenet Sokağı'na vardım

Bana köfteler hazırlayın salatalar hazırlayın bir de pencere
Oturup umutla bir şeyler unutayım
Siyah şarabın tadını bilirim orman gibi
Siyah şarap siyah üzümlerden yapılır kokulu mahzenlerde
Durdum bunları söylerim alışamadım
Küçük küçük muştular üçüncü kat korkmadan aşk
En uzakta körler vardır aşkolsun derim onlara
Tutarlar güneş ışığını maviye boyarlar yahut mora
Gönendiklerini mi söylesem mutsuzluklarını mı
Kalkalım Meymenet Sokağına varalım vaktidir.

Dört adam Meymenet Sokağı'nda durup bir eve baktılar
Durdum ben de baktım ahşap bir evdi
İstesek bakmazdık düşünün ama istedik baktık
Kararmış tahtalarda yerleşmiş mutluluklar gördük
O bildiğimiz eskimiş güneşten dipdiri ışıklar
Bir de kız gördük onaltısında sevilmeyi özler
Meymenet Sokağı eğri büğrüydü ama loştu
Görseniz loştu
Meymenet Sokağının tadını hep bilirim ama gidemem
Oturur dosya düzenlerim akşama kadar
Daracık boş zamanlarımda durup sokakları düşünürüm
Deniz kıyılarına inen ufak tefek sokakları
Doksaniki dosya düzenlerim başlarım yeryüzünü sevmeye

Ich bin in der Straße des Glücks angelangt

Bereiten Sie mir Köfte, Gurkensalat und den Fensterplatz
Ich will mich hinsetzen mit der Hoffnung, einiges zu vergessen
Ich kenne den Geschmack von dunkelrotem Wein, dunkel wie der Wald
Schwarzer Wein gekeltert aus schwarzen Trauben in muffigen
                                         Kellergewölben
Ich sage das alles so hin aber ich kann mich noch nicht daran gewöhnen
Winzig kleine gute Botschaften, im dritten Stock hemmungslose Liebe
Weit in der Ferne Blinde, ich rufe ihnen zu, bravo, gut gemacht
Sie halten das Sonnenlicht fest färben es blau oder violett ein
Soll ich jetzt sagen die sind doch zufrieden oder über ihre
                                         Hoffnungslosigkeit klagen
Los steht auf es wird Zeit wir wollen in die Straße des Glücks gehen

Vier Männer standen in der Straße des Glücks und schauten ein
                                         Haus an
Auch ich blieb stehen und blickte hinüber es war ein Holzhaus
Denkt mal, hätten wir nicht gewollt, hätten wir das nicht getan
                                         aber wir wollten
Auf den schwarz versporten Brettern sahen wir festgewachsenes Glück
Lebhafte Lichter aus der uns wohlbekannten, abgenutzten Sonne
Und ein Mädchen sahen wir, sechzehn Jahr, voll Sehnsucht nach Liebe
Die Straße des Glücks war schief und krumm aber lauschig
Wenn Ihr hinschaut sie war lauschig
Den Geschmack der Straße hab ich immer auf der Zunge aber
                                         ich kann nicht hingehen
Ich sitze da und ordne Akten bis zum Abend
In meiner knappen freien Zeit denke ich dauernd an die Straßen
Die winzig kleinen Straßen die zum Meer führen
Zweiundneunzig Akten ordne ich fange die Erde an zu lieben

TURGUT UYAR

Alışmadığım şeyleri sevmeye çabalarım
Bir vakit var yeşille beşbuçuk arasında
Evrenin sevişmek için yorulduğu yumuşadığı isteklendiği

Ellerim kollarım sevinir ben sevinirim sokaklarda
Durmaz yaşarım koyu koyu
Dünyada Meymenet Sokağı var başka sokaklar var hep
                                                                  sokaklar
Sokakları gerinerek sevmeye başlamaklar
Ağaçlarla şaraplarla ben varım
En uzaktaki körler var aşkolsun onlara
Daha ellialtı dosya var düzenliyeceğim
Gökyüzünün kalkıp dudaklarıma bir değmesi var
Oysa kapılar var duvarlar var perdeler var

Bir bıraksalar
Sonra başka şeyleri özlemeye

Bemühe mich Dinge zu lieben die mir ungewohnt sind
In der Zeit zwischen Grün und halb sechs
Wenn der Kosmos ermüdet und abschlafft und Lust kriegt auf Liebe

Meine Hände und Arme freuen sich ich freue mich auf den Straßen
Immerfort lebe ich so streng und düster
Auf der Welt gibt es die Straße des Glücks und andere Straßen
                                          Straßen über Straßen
Immer wieder von Neuem sich strecken dabei die Straßen lieben
Ich bin da und mit mir die Bäume und viel Wein
Die Blinden in der Ferne ihnen gilt das Bravo, gut gemacht
Noch sechsundfünfzig Akten muss ich ordnen
Der Himmel wölbt sich und berührt meine Lippen
Sonst nur Türen, Mauern und Vorhänge

Wenn man mich nur einmal ließe
Würde mich später dann nach anderen Dingen sehnen

HATİCE MERYEM

Vor Jahren war ich einmal mit einer jungen Frau kurz befreundet. Sie arbeitete damals in einer Bankfiliale, in der ich eine Überweisung von einigen Kuruş abholen wollte, die mein Verleger mir für eine Veröffentlichung geschickt hatte. Für diesen winzigen Betrag musste ich Ewigkeiten in der Schlange stehen und meine Zeit vergeuden und hätte doch viel lieber an meinem Buch weitergearbeitet, über dem ich damals tagelang brütete. Als ich an die Reihe kam, versuchte ich, den Bankangestellten, die ich für ziemliche Schlafmützen hielt, nicht in die abgestumpften Augen zu schauen, und fragte nur, ob auf meinen Namen eine Überweisung angekommen sei, während ich darüber nachdachte, wie viel Aufwand die Künstler unseres Landes doch für ein paar Kuruş betreiben müssen. Dass diese Frau sich durch einen gewissen Eifer und Elan von den anderen unterschied, war mir gleich aufgefallen. Oder soll ich besser so sagen, sie tat alles, um mich auf sie aufmerksam zu machen? Wie auch immer, als ich endlich an der Reihe war und sie mir sagte, dass bislang keine Überweisung eingetroffen sei, verblüffte sie mich mit der Frage: »Sie sind Schriftstellerin, nicht wahr?«

Ich fragte: »Wie bitte?«, damit sie den Satz noch einmal wiederholte, vielleicht auch, damit alle anderen es auch hören sollten.

»Ich sagte: Sie sind Schriftstellerin, nicht wahr?« Diesmal sprach sie laut und deutlich.

Ich antwortete nur kurz angebunden mit Ja.

Da richtete diese Frau mit weit geöffneten Augen folgende Rede, die mich damals sehr erstaunte, an die anderen genervten Kunden, die in der Schlange warteten, und an ihren Vorgesetzten, der nur zwei Tische weiter saß und – wie ich mir zumindest ausmalte – sich selbst das Leben zur Hölle machte, weil er unglücklich verheiratet war. »Verehrte Frau, ich schreibe auch Erzählungen. Ich habe nur bisher noch nichts veröffentlicht. Aber meinen Freunden gefällt sehr, was ich schreibe. Es wäre mir eine Ehre, wenn Sie mir vielleicht eines Tages erlauben würden, Ihnen etwas vorzulesen. Schreiben macht für mich den eigentlichen Sinn des Lebens aus. Sie werden es vielleicht nicht glauben, aber eigentlich hasse ich die Wechselgeschäfte und Kurse, den ganzen Tag Geld zu zählen und die Buchführung zu machen, und ich frage mich jedes Mal, was ich eigentlich hier soll.«

Ihr Redeschwall schien durch nichts zu bremsen zu sein, war wie ein Papierdrache, der sich von der Schnur gelöst hatte, doch ich war gezwungen, ihn zu unterbrechen. »Ich wohne hier ganz in der Nähe. Wenn Sie wollen, können Sie heute Abend kurz anrufen und dann vorbeikommen.« »Danke!«, erwiderte sie und sah mich dabei mit vor Dankbarkeit überquellenden Augen an, dass ich mich fühlte, als hätte ich einem armen Bettler, der schon den ganzen Tag lang seinen Hintern durchgesessen hatte, ohne auch nur Geld für eine Schachtel Zigaretten zusammenzukriegen, plötzlich einen Berg Geld in den Schoß geworfen.

Meine Einladung aber bereute ich schon im selben Moment. Zu viel Dank für so eine belanglose Einladung, dachte ich mir abschätzig und verließ die Bank.

Später erzählte sie, während sie in meinem nach Büchern und Räucherstäbchen duftenden Wohnzimmer am Mokka nippte, dass sie sich schon lange auf dieses Gespräch vorbereitet hätte. Ich fand, ehrlich gesagt, ihre übertriebene Art unangenehm: dieser Redeschwall, der ungehemmt hervorsprudelte, ihre übermäßige Begeisterung, die sie zur Schau trug, und ihre großen Augen, die sie meines Erachtens ständig grundlos weit aufriss, als ob sie noch viel sehen wolle, und nicht zuletzt dieser ungestillte Lebenshunger. Und was sie nicht alles erzählte! Dass sie die ganze Nacht über Bücher lese und deshalb immer abends in der Bank die Kasse nicht stimme; dass sie eines Tages sicher nur schreiben würde und einfach ziellos umherziehen und dazu nach Malta fahren würde; dass sie alles über Malta gelesen hätte und fest entschlossen sei, dort in einem dieser typischen Marmorhäuser, die mit dem Alter immer weißer werden, zu leben.

Gezwungen höflich erwiderte ich: »Natürlich, wenn Sie ein Ziel vor Augen haben, werden Sie es auch erreichen. Wir sind alle unseres Glückes Schmied« und gab ähnlich abgedroschene Floskeln zum Besten, wobei ich viel zu oft zwischen Küche und Wohnzimmer hin- und herlief und damit andeutete, dass ich sie eigentlich so schnell wie möglich loswerden wollte. Immerhin war sie verständnisvoll.

»Ich will mal besser gehen. Sie sind ein beschäftigter Mensch und haben sicher viel zu denken und zu schreiben. Wer weiß, was Ihnen gerade im Kopf herumgeht. Da will ich Sie nicht länger aufhalten.« Sie redete wirklich ununterbrochen.

Als ich sie an der Tür verabschiedete, bedankte sie sich wieder tausend Mal für diese wunderbare Begegnung – so sagte sie wirklich – und entschuldigte sich noch, weil sie keine ihrer eigenen Geschichten dabeihabe. Dann band sie umständlich und etwas verlegen ihre seltsamen Schuhe zu und ließ mich so lange warten. Ich hätte ihr Wert beigemessen, meinte sie noch, und sie würde diese Begegnung nie vergessen. Wann immer sie sich später an diesen Augenblick erinnern würde, dächte sie über Menschen und Literatur nach.

Eigentlich hätte ich die Tür schließen sollen, sobald sie auf der Treppe war, so sehr war ich genervt, aber um nicht grob zu wirken, schaute ich ihr noch nach. Nachdem sie ein paar Stufen gegangen war, blieb sie abermals stehen und drehte sich um: »Verehrte Frau, es gibt ein Gedicht von Turgut Uyar. Ich weiß nicht, ob ich es ganz aufsagen kann. Wenn Sie also erlauben ... Es fasst in ein paar Versen prägnant zusammen, womit ich Sie schon stundenlang belästigt habe.« Ohne meine Erlaubnis abzuwarten, fing sie an: »Ich erinnere mich noch an den Geschmack der Meymenet-Straße, aber ich gehe nicht mehr hin, sondern brüte bis in den Abend über Akten.«

Anschließend folgte ein theatralischer Seufzer: »Ich weiß, dass ich momentan nur über Akten sitze, aber der Tag wird kommen, an dem ich in die Meymenet-Straße gehen werde, und das Wissen darum macht mich schon jetzt glücklich. Das verdanke ich Ihnen. Noch einmal vielen Dank!«

Das musste es sein, was man einen starken Abgang nennt. Ich ging geradewegs zu meinem Bücherregal. Ich erinnerte mich nicht mehr, in welchem Band von Turgut Uyar dieses Gedicht stand, suchte und fand es. Las es gleich.

Ein paar Tage später schon hatte ich die ganze Angelegenheit vergessen. Ich war immer noch mit der Überweisung, die ich nicht erhalten hatte, beschäftigt. In einem Moment, als mein Selbstbewusstsein mir sagte, dass ich eine gute Schriftstellerin und eine starke Persönlichkeit sei, griff ich zum Telefonhörer. Es stellte sich heraus, dass mein Verleger die Überweisung ganz schlicht an eine andere Bankfiliale geschickt hatte. Diese Auskunft beruhigte und erstaunte mich zugleich. Erstaunte mich, weil ich mir nicht erklären konnte, warum ich unbedingt in die Bank gehen musste, in der die Frau arbeitete, die behauptete, selbst Geschichten zu schreiben, und auf mich vom ersten Moment an abstoßend gewirkt hatte, und wieso es zu der letzten Szene kommen konnte, die mit dem Gedicht von Turgut Uyar endete.

Wahrscheinlich war ich heimlich ein wenig neidisch. Ja, neidisch auf ihre ungebrochene und überschäumende Lebensfreude, ihren unumstößlichen Willen, ein Ziel anzugehen, und offensichtlich auch darauf, dass Literatur und das Leben bei ihr parallel verliefen, aber am allermeisten auf jene letzte Szene, die sie mir vorgespielt hatte. Aus diesem Grund schaute ich tatsächlich ein paar Tage später bei ihr herein. Wie beim letzten Mal wurde ich mit übertriebener Freude empfangen. Sie könne sofort einen Tee bestellen. Höflich lehnte ich ab und schlug vor, dass wir uns, wenn sie dazu Lust hätte, stattdessen in ihrer Mittagspause in einem alten Café in Kalamakis treffen könnten, das von einem alten Armenier geführt wurde.

Das Meer schlug hohe Wellen, und es schien, je mehr Wellen an die Küste prallten, umso mehr redete diese Frau. In die Wellen schauend, dachte ich, dass jemand, der so gesprächig war, nicht schreiben könne. Ihre Lage schien jemandem zu ähneln, der lange eingesperrt gewesen war und eigentlich weniger das Sprechen selbst vermisst hatte als vielmehr jemanden, von dem er dachte, er könne ihn verstehen. Sie redete vom Uringeruch in den Vorstadtzügen und dass sie jeden Morgen und Abend mit diesen Zügen in die Stadt hinein- und wieder herausfahren müsse, von den armen Menschen in den Waggons, welche Bücher sie gelesen hatte und welche sie gerne lesen würde, von ihrer verbotenen Liebe zu einem verwitweten Mann, was seine erste Frau für ein übles Weib gewesen sei, dass er nur an Sex dächte, dass aber doch diese Liebe in ihrem Leben das Schönste sei – kurz, sie redete über alles, was ihr gerade in den Sinn kam, und dabei zitterten ihre Hände, ihre Augen waren wieder weit aufgerissen und wurden feucht, als ob das salzige Wasser des Marmara-Meeres in ihnen brannte.

Einige Male trafen wir uns noch. Zuletzt wieder in demselben Café. In der Hand hielt sie einen Brief auf Englisch, den sie mir zeigte, die Augen groß wie Untertassen. »Das hier ist das Ticket, das mich davor bewahren wird, mein Leben lang nur in einer Bank Geld zu zählen, und das mich in die Straße des Glücks bringen wird, von der ich schon immer geträumt habe.« Sie hatte alle nötigen Formalitäten erledigt, um in England bei einer jüdischen Familie leben zu können, und sollte in zwei Wochen in ein Flugzeug steigen, um in ihre Meymenet-Straße zu gelangen. Diesmal war ich nicht mehr neidisch. Mein Herz war von unerklärlicher Freude erfüllt. Ich umarmte und küsste sie und gratulierte ihr. Ich sagte, dass ich momentan wegen meiner Veröffentlichung sehr beschäftigt sei und, falls wir uns nicht mehr vorher sähen, ich ihr schon jetzt alles Gute für die Reise wünschen würde. So trennten wir uns. Ich sagte ihr auch, sie könne mir schreiben, habe aber dann nie mehr etwas von ihr gehört.

Dann sah ich sie fünf Jahre später auf der Kulturseite einer Zeitung. Sie hatte tatsächlich ihren ersten Erzählband herausgebracht, und ein Journalist hatte sie zu Hause besucht, um sie zu interviewen. Ich las es schnell. Sie erzählte von früher. (Sie war noch immer sehr gesprächig, glaube ich.) Sie erwähnte vor allem die schrecklichen Tage in der Bank, dass sie, um Schriftstellerin zu werden, sich sowohl von ihrer Familie getrennt als auch ihre Stelle bei der Bank und ihr recht hohes Gehalt aufs Spiel gesetzt habe, wie sie, bevor sie ging, an die Tür geklopft habe (sie schien noch immer gerne zu übertreiben), wie sie sich nach England aufgemacht habe, um möglichst viel zu lesen und zu schreiben, dass man sein eigenes Leben umkrempeln könne, wenn man es nur wirklich wolle – sie hatte sich mittlerweile offenbar auch solche prahlerischen Redensarten angeeignet –, dass sie jahrelang mit großer Sorgfalt an ihren Erzählungen gearbeitet habe und dass sie, während sie die Geschichten schrieb, eigentlich Folgendes damit habe sagen und jenes noch habe betonen wollen.

Nachdem ich das Gespräch gelesen hatte, als ob ich nach etwas suchte, was ich aber nicht fand, mich dadurch gekränkt und irgendwie enttäuscht fühlte, sah ich noch einmal zerstreut auf das Foto. Sie hatte einen roten Pullover mit V-Ausschnitt an, und ihr Blick wirkte seltsam, fast schon ein wenig irr. Dieser Blick schien mir der einer Anfängerin zu sein, die noch nicht gelernt hat, wie eine Autorin zu posieren. Plötzlich verstand ich, was ich in dem Interview gesucht und nicht gefunden hatte. Es war die Meymenet-Straße. Diese junge Bankangestellte mit ihren großen Augen war letztlich in die Meymenet-Straße gelangt, war mit unschuldigem Blick diese Straße entlangspaziert und hatte sich hingestellt, hatte zuerst das Holzhaus betrachtet, dann die vier Männer, die gerade dasselbe Holzhaus anschauten. Darauf hatten sich die fünf zusammengetan und das ganze Glück gesehen, das auf den schwarz versporten Brettern festgewachsen war. Sie hatte Ungerechtigkeiten erlitten, wie alle Menschen, die mit Träumen herumlaufen und in Illusionen leben, und ihr Verstand konnte das nicht fassen.

Ich legte die Zeitung zur Seite und machte mich daran, ihr einen Gratulationsbrief zu schreiben. Ich habe auch tatsächlich einen geschrieben. Eine kurze Gratulation. Zu guter Letzt habe ich ihren Namen auf den Umschlag geschrieben: An Frau Hatice Meryem. Adresse bekannt.

TURGUT UYAR Biografie siehe Seite 74. • Das Gedicht *Ich bin in der Straße des Glücks angelangt* (*Meymenet Sokağı'na vardım*, 1959) wurde von Uta Schlegel übersetzt.

HATİCE MERYEM geboren 1968 in Istanbul, studierte Finanzwesen und arbeitete bei einer Bank. 1994 gab sie diese Anstellung auf, um nach London zu gehen. Dort verdiente sie sich ihren Lebensunterhalt mit Putzen, Babysitten, Bügeln und dem Austragen von Zeitungen. Nach ihrer Rückkehr übernahm sie von 1996 bis 2001 die Leitung der Satirezeitschrift *Öküz*. Im Jahr 2000 erschien ihr Erzählband *Siftah* (Erste Tageseinnahme). Seitdem veröffentlichte sie weitere Erzähl- und Essaybände. • Den Essay übersetzte Uta Schlegel.

Die Herausgeber

ERIKA GLASSEN geb. 1934, studierte Islamwissenschaft in Freiburg i.Br. und Basel und gehörte nach ihrer Habilitation 1977 in Islamwissenschaft zum Lehrkörper der Universität Freiburg i. Br. In den Jahren 1981–1983 wirkte sie als Referentin und 1989–1994 als Direktorin am Orient-Institut der Deutschen Morgenländischen Gesellschaft mit Sitz in Beirut und einer Zweigstelle in Istanbul. Gemeinsam mit Jens Peter Laut gibt sie die Türkische Bibliothek heraus.

TURGAY FIŞEKÇI geb. 1956 in Balıkesir, schloss 1979 sein Jura-Studium ab und arbeitete später bei verschiedenen Zeitungen und Zeitschriften als Redakteur und Lektor. Außerdem fungierte er als Herausgeber einiger führender türkischer Literaturzeitschriften. Turgay Fişekçis Gedichte erscheinen seit 1977 regelmäßig in einer Literaturzeitschrift. Seine Gedichtbände wurden mit diversen Preisen ausgezeichnet, darunter mit dem renommierten Behçet-Necatigil-Lyrikpreis.

Die Übersetzer

SABINE ADATEPE geb. 1963, studierte Turkologie, Iranistik und Germanistik in Hamburg, wo sie nach einem vierjährigen Aufenthalt in Istanbul seit 1999 als freie Übersetzerin, Publizistin und Dozentin für Deutsch als Fremdsprache wieder lebt.

CORNELIUS BISCHOFF geb. 1928, machte in Istanbul das Abitur. Während der Schulzeit war er als Deutscher in der Türkei (1944–1945) interniert. 1948 begann er ein Jurastudium in Istanbul, ging 1949 an die Juristische Fakultät Hamburg und schloss 1954 mit dem Staatsexamen ab. Seit 1978 Tätigkeit als literarischer Übersetzer und Drehbuchautor.

NEVFEL CUMART geb. 1964, studierte Turkologie, Arabistik und Islamwissenschaft und lebt seit 1993 freiberuflich als Schriftsteller, Übersetzer und Journalist in Stegaurach bei Bamberg. Neben Lyrikbänden veröffentlichte er auch eine Sammlung mit Erzählungen.

ERIC CZOTSCHER geb. 1963, Diplomübersetzer für Türkisch und Arabisch. War fünf Jahre als Auslandskorrespondent in Dubai und drei Jahre in Istanbul, wo er nebenbei als Techno-DJ arbeitete. Seit 2001 Redakteur am F.A.Z.-Institut in Frankfurt am Main.

HELGA DAĞYELI-BOHNE geb. 1940, und YILDIRIM DAĞYELI geb. 1942, übersetzen seit den Siebzigerjahren gemeinsam aus dem Türkischen Autoren wie Yaşar Kemal, Nâzım Hikmet, Sait Faik und aktuell Nalan Barbarosoğlu und Ahmed Arif. Yıldırım Dağyeli gründete 1982 den Dağyeli Verlag, der heute von seiner Tochter weitergeführt wird.

MONIKA DEMIREL geb. 1960 in Wiesbaden, arbeitete nach dem Diplomübersetzerstudium in Heidelberg zunächst als Lehrerin für Deutsch als Fremdsprache, war dann einige Jahre im Ausland für die Reisebranche unterwegs, lebt seit 1993 in der Türkei.

ANGELIKA GILLITZ-ACAR geb. 1958, studierte erst Sozialpädagogik, dann Geschichte und Kultur des Nahen Orients sowie Turkologie, Geografie und Pädagogik. Lebt in München und arbeitet dort in Projekten zur Integration junger Ausländer.

ANGELIKA HOCH geb. 1969, studierte an der Ludwig-Maximilians-Universität München von 1990 bis 1997 zuerst Kunstgeschichte und anschließend Turkologie. Lebt in München.

CHRISTOPH K. NEUMANN geb. 1962, wurde 1992 mit einer Arbeit zur osmanischen Historiografie promoviert. Später übernahm er verschiedene Lehr- und Forschungstätigkeiten in Istanbul und Prag. Von 2002 bis 2008 lehrte er an der Bilgi-Universität Istanbul.

JOHANNES NEUNER geb. 1975, Diplomübersetzer für Türkisch und Französisch, studiert derzeit Volkswirtschaftslehre. Übersetzt aus dem Türkischen und unterrichtet am Sprachlehrinstitut der Universität Freiburg Türkisch.

YÜKSEL PAZARKAYA geb. 1940, studierte Chemie, dann Germanistik, Philosophie und Linguistik in Deutschland. Seit 1959 arbeitet er für türkische und deutsche Zeitungen. Neben zahlreichen Übersetzungen türkischer Poesie und Prosa hat er auch eigene Werke veröffentlicht.

UTA SCHLEGEL geb. 1970, Übersetzerin für Türkisch. lebte mehr als fünf Jahre in der Türkei und studierte anschließend Turkologie an der FU Berlin. Zurzeit Mitarbeit bei der Kulturstiftung Köln beim türkischen Kinderbuchsommer.

KLAUS-DETLEV WANNIG geb. 1945 in Berlin, studierte Germanistik und Islamkunde in Freiburg, wo er 1979 über türkische Literatur promoviert wurde, war Lektor für Deutsch in Ankara und 1987–1990 Referent am Orient-Institut der DMG in Istanbul; lehrt seit 1993 an der Universität Mersin, Türkei.

Umschlagmotiv

HÜSEYİN BAHRİ ALPTEKİN (1957–2007) studierte Ästhetik, Kunstphilosophie und Philosophie an der Sorbonne und lebte anschließend als Fotograf in Paris. Anfang der Neunzigerjahre kehrte er zurück und unterrichtete bis 2004 an türkischen Universitäten. 1990 begann Alptekin, Bilder und Objekte zu Installationen zusammenzufügen. Als Kurator organisierte er Ausstellungen und Events in Istanbul, aber auch im Ausland. Für seine künstlerischen und pädagogischen Aktivitäten wurde er 2002 von der UNESCO mit dem »Prize for the Promotion of the Arts« ausgezeichnet. Alptekins Arbeiten wurden auf zahlreichen Ausstellungen im Ausland gezeigt.

Zur Aussprache des Türkischen

Das türkische Alphabet hat 29 Buchstaben, die Buchstaben q, w und x kommen im Türkischen nicht vor. Die Vokale werden zumeist kurz ausgesprochen.

c wird wie dsch in Dschungel ausgesprochen
ç wird wie tsch in Deutsch ausgesprochen
ğ ist ein weiches g und nicht hörbar, es längt den vorhergehenden Vokal, d. h. Ağa wird wie aa'a ausgesprochen
ı ist ein dumpfes i wie das e in Ochse
j wird wie das j in Journal ausgesprochen
s wird stimmlos ausgesprochen wie das s in Bus
ş wird wie sch ausgesprochen
v wird wie w ausgesprochen
y wird wie j ausgesprochen
z wird stimmhaft ausgesprochen wie das s in Sonne
ˆ über einem Vokal längt diesen: â = aa

TÜRKISCHE BIBLIOTHEK

Herausgegeben von Erika Glassen und Jens Peter Laut
Eine Initiative der Robert Bosch Stiftung
www.tuerkische-bibliothek.de

Die Türkische Bibliothek präsentiert in zwanzig Bänden Meilensteine der türkischen Literatur von 1900 bis in die unmittelbare Gegenwart. Ob Roman, Autobiografie, Kurzgeschichten, Gedichte, Essays – alle Texte sind repräsentativ ausgewählt. Das Schwergewicht liegt auf Autorinnen und Autoren, die in ihrer Heimat viel gelesen werden, die es im deutschsprachigen Raum aber noch zu entdecken gilt.

»Die Türkische Bibliothek ist beispielhaft ausgestattet. Jeder Band ist mit einem ausführlichen, kenntnisreichen Nachwort versehen. Im Internet sind zusätzliche Informationen über den jeweiligen Autor und die Rezeption des Werkes bereitgestellt. Bravo, die bisherigen Veröffentlichungen machen Lust auf mehr.«
Christoph Burgmer, Deutschlandfunk Köln

Adalet Ağaoğlu
Sich hinlegen und sterben
Beinah zerbricht die Dozentin Aysel auf der Suche nach ihrer Identität an ihren Idealen, doch nach kurzer Zeit in einem Hotelzimmer beschließt sie den Schritt in ein neues Leben.

Sabahattin Ali
Der Dämon in uns
»Der Schriftsteller bezaubert mit einer Mondscheinfahrt auf dem Bosporus, schildert das wilde Treiben in Kneipen und Konzert-Cafés.« *Stefan Berkholz, NDR*

Yusuf Atılgan
Der Müßiggänger
»In einer klaren und nüchternen Sprache zeichnet der Roman das Psychogramm eines Außenseiters.«
Monika Carbe, Buch-PR

Leylâ Erbil
Eine seltsame Frau
»Formexperiment und Handlungsstruktur hat Leylâ Erbil als fragiles Prosagebilde gestaltet, sodass weibliches Selbstbewusstsein inmitten männlicher Konventionen umso deutlicher wird.«
Hans-Dieter Grünefeld, Der Standard

Bestellen Sie den Newsletter zur Türkischen Bibliothek:
www.tuerkische-bibliothek.de

TÜRKISCHE BIBLIOTHEK

Aslı Erdoğan
Die Stadt mit der roten Pelerine
»Das Buch hat einen ganz faszinierenden Sog, eine große poetische Intensität.« *Elke Heidenreich*

Liebe, Lügen und Gespenster
»Ein wunderbarer Erzählband, der ein ansprechendes Bild der neuen türkischen Prosa vermittelt und Welten, in die man eintauchen möchte.« *Radio Bremen*

Murathan Mungan
Palast des Ostens
»Murathan Mungan versteckt im Kleid uralter Geschichten zahlreiche zeitgenössische politische und Geschlechter-Botschaften.«
Simone Meier, Tages-Anzeiger

Ahmet Hamdı Tanpınar
Seelenfrieden
»Tanpınars *Seelenfrieden* ist der bedeutendste Roman, der je über Istanbul geschrieben wurde.«
Orhan Pamuk

Hasan Ali Toptaş
Die Schattenlosen
»Toptaş ist auch ein orientalischer, um die literarischen Errungenschaften der islamischen Mystik bereicherter Kafka.« *Stefan Weidner,
Frankfurter Allgemeine Zeitung*

Ahmet Ümit
Nacht und Nebel
»Die Kategorien von Gut und Böse geraten durcheinander, der Roman wird zum Kaleidoskop einer zerrissenen Gesellschaft.«
*Wolfgang Günter Lerch,
Frankfurter Allgemeine Zeitung*

Halid Ziya Uşaklıgil
Verbotene Lieben
Mit diesem Meisterwerk, einem Sittengemälde der mondänen Istanbuler Oberschicht am Ende des Osmanischen Reiches, beginnt die moderne türkische Literatur.

Murat Uyurkulak
Zorn
Dieser Debütroman war bei Erscheinen eine Sensation, weil er literarisch virtuos gesellschaftliche Tabus brach.

Von Istanbul nach Hakkâri
»Diese überraschungsreiche ›Rundreise in Geschichten‹ erweist sich als willkommene Einführung in jenen nahen und uns zugleich immer noch sehr fernen Kosmos Türkei.«
Paul L. Walser, Die Wochenzeitung

Bestellen Sie den Newsletter zur Türkischen Bibliothek:
www.tuerkische-bibliothek.de